MASTERI
ADVANCED SPANISH

HIPPOCRENE MASTER SERIES

This teach-yourself language series, now available in six languages, is perfect for the serious traveler, student or businessman. Imaginative, practical exercises in grammar are accompanied by cassette tapes for conversation practice. Available as a book/cassette package.

MASTERING ADVANCED SPANISH

0413	ISBN 0-7818-0081-1	$11.95 BOOK
0426	ISBN 0-7818-0089-7	$12.95 2 CASSETTES
0430	ISBN 0-7818-0090-0	$24.90 PACKAGE

MASTERING FRENCH

0746	ISBN 0-87052-055-5	$11.95 BOOK
1003	ISBN 0-87052-060-1	$12.95 2 CASETTES
1085	ISBN 0-87052-136-5	$24.90 PACKAGE

MASTERING GERMAN

0754	ISBN 0-87052-056-3	$11.95 BOOK
1006	ISBN 0-87052-061-X	$12.95 2 CASSETTES
1087	ISBN 0-87052-137-3	$24.90 PACKAGE

MASTERING ITALIAN

0758	ISBN 0-87052-057-1	$11.95 BOOK
1007	ISBN 0-87052-066-0	$12.95 2 CASSETTES
1088	ISBN 0-87052-138-1	$24.90 PACKAGE

MASTERING SPANISH

0759	ISBN 0-87052-059-8	$11.95 BOOK
1008	ISBN 0-87052-067-9	$12.95 2 CASSETTES
1097	ISBN 0-87052-139-X	$24.90 PACKAGE

MASTERING ARABIC

0501	ISBN 0-87052-922-6	$14.95 BOOK
0931	ISBN 0-87052-984-6	$12.95 2 CASSETTES
1101	ISBN 0-87052-140-3	$27.90 PACKAGE

MASTERING JAPANESE

0748	ISBN 0-87052-923-4	$14.95 BOOK
0932	ISBN 0-87052-938-8	$12.95 2 CASSETTES
1102	ISBN 0-87052-141-1	$27.90 PACKAGE

Ask for these and other Hippocrene titles at your local booksellers!

HIPPOCRENE MASTER SERIES

MASTERING

ADVANCED

SPANISH

R. CLARKE

EDITORIAL CONSULTANT
BETTY PARR

HIPPOCRENE BOOKS
New York

First published in the United States of America in 1993 by
HIPPOCRENE BOOKS, INC., New York,
by arrangement with Macmillan Education, Ltd., London.

For information, address:
HIPPOCRENE BOOKS, INC.
171 Madison Avenue
New York, NY 10016

First published in 1986 by Macmillan Education, Ltd., London.

ISBN 0-7818-0081-1

CONTENTS

Series Editor's Preface   ix
Introduction: how to use this book   xi
Acknowledgements   xiii
Guide to pronunciation   xiv

I TEACHING UNITS

1 **Arriving in Spain**   1
    Topics
    Hiring a car; Meeting friends; Introducing relatives to friends
    Grammar
    How long have you been doing this?; What was going on
    when it happened; Being emphatic; Giving orders

2 **Discussing diet**   15
    Topics
    Discussing weight problems; Finding out about
    contaminated food; Making complaints about an electric
    razor
    Grammar
    Embedded words; Saying what you fancy; Frequency;
    Nouns from adjectives; Irregular Preterite forms

3 **Making travel plans**   30
    Topics
    Making travel plans; Discussing routes; Talking about your
    career
    Grammar
    The Perfect Tense; the Future Tense; Adjectives which
    shorten; the Present Continuous Tense; Making comparisons

4 **Exploring an unknown town**   55
    Topics
    Exploring Segovia; Discussing history; Receiving messages
    Grammar
    Reflexive for passive; Prepositions followed by the infinitive;
    Tener idioms; the Present Subjunctive with querer

CONTENTS

Cosas de España 1   **70**
     El machismo español

5   Business matters   **79**
     Topics
     A business discussion; Visiting the centre of Madrid;
     Buying a lottery ticket
     Grammar
     The Conditional Tense; The Present Subjunctive with verbs
     of wishing, disbelief, and referring to the future; the
     Imperfect Subjunctive with verbs of wishing and in
     conditional clauses; idioms with dar

6   Politics in Spain   **94**
     Topics
     Galician autonomy; Spanish democracy; Recovering lost
     property
     Grammar
     The Passive Voice; Por and para; Expressing 'only'; Giving
     orders to friends – the Familiar Imperative; Possessive
     adjectives and pronouns; idioms with dejar

7   Family matters   **112**
     Topics
     Looking after ageing parents; A road accident; Marriage or
     a career?
     Grammar
     Expressing 'with me, you, him etc'; The Conditional
     Perfect Tense; The Present Subjunctive with an
     indefinite antecedent; Emphatic use of Subject Pronouns

8   Student culture   **133**
     Topics
     Talking about student matters; Discussing a student's career;
     Obtaining letters from the Poste Restante
     Grammar
     Uses of deber; Extension of the Present Continuous Tense;
     Uses of 'bastar'; The Present Subjunctive with ojalá; Diminutives

Cosas de España 2   **149**
     Los españoles se describen

9 Finding out   157

Topics

Problems with the car; Obtaining a recipe in a restaurant;
Discussing car repair

Grammar

Uses of andar; The Present Subjunctive with impersonal
expressions and after verbs of doubt; Uses of deber and hacer
falta; Uses of acabar de

10 The media in Spain   178

Topics

Discussing Spanish novels; Selecting Spanish newspapers and
magazines; Comparing Spanish and British television

Grammar

Forms of the irregular Preterite Tense; Forms of the irregular
Conditional Tense; Uses of volver a; Idioms with tener and
estar; Augmentatives

11 Obtaining services   197

Topics

Coping with a puncture; Booking rooms in a hotel; Visiting a
famous monument

Grammar

The forms of the irregular Familiar Imperative; Adjectives
with special meanings; Uses of importar; Uses of tratar de,
Hay que and tener inconveniente

12 Buying gifts   214

Topics

Buying gifts for relatives; Discussing Spanish as an international
language; Saying thank you and goodbye

Grammar

Ordinal numbers; Uses of echar de menos; Demonstrative
Pronouns; Uses of meterse and ponerse de acuerdo;
Expressing astonishment

Cosas de España 3   232

España es así

CONTENTS

II REFERENCE MATERIAL

Key to exercises 243
Grammar Summary 282
Useful books and addresses 302

SERIES EDITOR'S
PREFACE

Mastering Spanish 2, the second Spanish course in this series, is intended for students working, without a teacher, to improve their command of the spoken and written language and to learn more about Spain and the Spanish. When *Mastering Spanish* was published in 1982, the course was described as a 'carefully planned introduction to the language and a secure foundation for further study' for which the series would ultimately give additional help. This new publication amply fulfils that undertaking.

The book, with the accompanying cassette, continues to stress the importance of developing a competence in understanding and using spoken Spanish, and provides also a varied programme of reading to enable the student to learn more about the country and its people, as well as of their language. In addition to a series of dialogues based on everyday situations, there are authentic passages from contemporary Spanish sources, which give an insight into different aspects of life in present-day Spain. Additional material from Spanish literature and legend offers a glimpse of Spain's literary heritage; these selections are not associated with exercises, though guidance is given to aid understanding. A series of recorded discussions on relevant topics provides practice in listening to native speakers using the language at ordinary speed.

On the basis of this varied and interesting material, a coherent and carefully integrated programme of study includes selected vocabulary lists, clear explanations of the social background and of grammatical points, exemplified in the dialogues and selected texts, as well as a generous range of useful and practical exercises for which a key is provided in the appendix. A particularly valuable feature is the author's lively and stimulating account of important Spanish towns and regions and of different aspects of Spanish life and thought.

An advanced pronunciation-guide and a cassette are indispensable aids to the mastery of the spoken language. Understanding of the structure of Spanish is greatly helped by a summary of the grammar associated with this volume, which admirably supplements the material already presented in the first book. The author's introduction gives further information and guidance in the best ways of using this new course, which should yield rich

SERIES EDITOR'S PREFACE

rewards for all who wish to extend and deepen their knowledge of the Spanish language and those who speak it.

BETTY PARR

INTRODUCTION: HOW TO USE THIS BOOK

This book assumes a basic knowledge of Spanish such as might be gained from a careful study of *Mastering Spanish 1* or a similar course, or by attending an evening class in Spanish for one year. It seeks to extend that basic knowledge into a more formal understanding of the language, including the reading and writing skills. Each chapter deals with situations you will almost certainly encounter in dealing with Spanish speakers and you will learn the language appropriate to that situation. In addition to this transactional language which allows you to get things done, the book contains a great deal of the language of everyday discussion and argument so that you will be able to give your opinions on a wide range of topics.

DIALOGUES

The basic material for each chapter is presented in the form of dialogues; for most effective use these should be studied with the help of the cassette. The contents list shows what is covered in each chapter – the chapter title describes the main communicative aim and the topics set out the situations in which this aim is developed.

VOCABULARIES

There are two short vocabulary lists in each chapter; the first contains the key new words from the Dialogues and should be learned, and the second will assist with comprehension of the reading material. There is no final vocabulary list at the end of the book because it is assumed that you will have acquired a good Spanish dictionary and reference grammar. (Some suggestions are found on page 302.)

INTRODUCTION

EXPLANATIONS

Both background information and grammar are explained in English with
references to the Grammar Summary at the back of the book. You may
wish to study each section of the summary as its content is dealt with in
the chapters of the book. The grammar references in the explanations
indicate the relevant sections in the summary.

EXERCISES

Each chapter presents a range of exercises which will enable you to practise
in a conversational way the grammar and vocabulary of the chapter. A
number of these exercises lend themselves to practice in pairs and, if you
have a friend who is also learning Spanish, it would be ideal to tackle these
exercises together with one person taking one part of the dialogue and the
other the second role. The writing exercises take the form of letter writing,
and the letters are the type you may wish to send to Spanish firms or
friends. A listening comprehension exercise is also included with each
chapter and the cassette is essential if this exercise is to be tackled properly.
The reading exercises are always authentic material selected from genuine
Spanish sources written within the last few years.

COSAS DE ESPAÑA

These short sections, found after Lessons 4, 8 and 12, are selections from
Spanish literature and legend and are intended to introduce you to Spanish
writing of this and earlier centuries and to allow you simply to enjoy your
knowledge of Spanish. Therefore there are no exercises based on these
sections.

KEY TO EXERCISES

This contains all the answers to the exercises.

REFERENCE MATERIAL

In this section you will find the Grammar Summary which draws together
for easy reference the different grammatical subjects covered in the
explanations sections. The grammar found in *Mastering Spanish* is listed to
indicate which aspects of Spanish grammar were covered in the earlier
book and reference is occasionally made to this grammar.

THE CASSETTE

This contains all the Dialogues and Listening Comprehension material found in the book. Recorded material is indicated by the symbol 📼

TYPOGRAPHY

In this book words in Spanish are set in a different typeface so that they can be easily distinguished from the English text.

USEFUL BOOKS AND ADDRESSES

Useful reference books, grammars, dictionaries, and so on, together with relevant addresses are found in this section.

PRONUNCIATION GUIDE

This short guide will help you to pronounce Spanish correctly, especially if you use the cassette.

ACKNOWLEDGEMENTS

The author and publishers are grateful for the co-operation of the following organisations, who have kindly granted permission for the use of their publicity material and copyright work.
Cambio 16; Herederos de García Lorca; Nueva Escuela; Ediciones Cátedra, S.A.; Junta de Castilla y León; Dial Discos, S.A.; Instituto Nacional del Consumo; RACE; Europ Assistance; Radio Nacional de España; Ediciones Destino; Parador de Duque de Cardona.

Every effort has been made to trace all the copyright-holders, but if any have been inadvertently overlooked the publishers will be pleased to make the necessary arrangements at the first opportunity.

GUIDE TO
PRONUNCIATION

This guide assumes a basic knowledge of Spanish pronunciation and seeks to help students to refine their Spanish accent and intonation. Comparisons with English sounds can provide only an approximation.

THE VOWELS

a   Not quite so short as the 'a' in the c*a*t, nor quite so long as in 'f*a*ther'; more like 'u' in 'c*u*t: when followed by 'rt', it darkens somewhat to a deeper sound. For example: **Son las cuatro y cuarto.**

e   If the vowel ends the syllable, an open 'e' similar to that in 'they' but without the 'y' sound. If the syllable ends in a consonant, like the 'e' of 'pet. For example: **Me llamo Pepe.**

i   Always a short 'i' slightly longer than the 'i' in 'pit' For example: **¿Quieres un pitillo?**

o   If the vowel ends the syllable, rather like the 'o' of 'v*o*te' but without the 'u' diphthong. If the syllable ends in a consonant, the sound is rather shorter. For example: **¿Quieres un poco? Es cosa de poca importancia.**

u   The longish 'o' found in 'food'. It is not pronounced after 'q'. For example: **¿Qué quieres?** It is also silent in **'gue'** or **'gui'** unless it is marked by a diaeresis. For example: **Le gusta argüir.**

y   This is always pronounced as the 'i'. For example: **Aquí vienen Paco y Manuel.**

THE DIPHTHONGS

There is some doubt as to whether diphthongs exist in Spanish because, rather than combining to form a new sound, the diphthong basically keeps the two sounds which make it up.

ai, ay   Like the 'i' in 'slide' For example: **¿Qué hay? ¿Vamos al baile?**
au   Like the 'ou' in 'found'. For example: **Esta es la causa.**
ei, ey   Like the final 'ay' in 'day'. For example: **Ese es el rey de España.**

eu   The two individual sounds pronounced together. For example: La deuda nacional es enorme.

oi, oy   Like the sound 'oy' in 'boy'. For example: Soy inglés.

THE CONSONANTS

b and v   These are pronounced as if they were a 'b'. For example: Un vaso de vino blanco.

c   There are two distinct pronunciations:
  (a) before 'a', 'o', 'u' or a consonant, the 'k' sound of 'cat': Mi casa es blanca.
  (b) before 'e' or 'i', like the 'th' of 'thin': Son las cinco y veinticinco.
  (South American Spanish and the dialect of Andalucía lacks the 'th' sound and pronounce 'cinco' as if it began with an 's'.)

ch   Like the sound in 'church'. For example: ¿Quién es ese chico?

d   If it begins the word, or is after 'l' or 'n', it is similar to the English 'd'. For example: La dama va a la aldea.
  If it is found between vowels or after consonants other than 'l' or 'n', it softens to the sound of 'this' and sometimes disappears altogether. For example: La tienda está cerrada.

f   As in English.

g   If followed by 'e' or 'i' it is similar to the final sound of 'loch' as pronounced by a Scotsman. For example: ¿En qué página está?
  If found elsewhere, it is similar to the English of 'get'. (It is never the soft sound of 'George'.)

h   This is always silent.

j   This follows the pronunciation of 'ge' or 'gi' and is always like the final sound of 'loch'. For example: Jorge está en casa.

k   As in English.

l   As in English.

ll   This is a separate letter in Spanish dictionaries and has a special sound similar to the central sound of 'million'. For example: Me llamo Marta. (In some parts of South America the sound deteriorates to a 'y' sound. For example: Se llama Miguel.)

m   As in English

n   As in English

ñ   A separate sound found in the centre of 'onion'. For example: Ese niño es muy malo.

p   As in English

q   Always a hard 'k' sound and never as in English. For example' ¿Qué quiere usted?

GUIDE TO PRONUNCIATION

r   This is always trilled as in Scottish pronunciation of English. For example: ¿Va el rápido a Barcelona?

rr   This is strongly trilled and can change the meaning words. For example: Tráigame una pera = Bring me a pear.

       Tráigame una perra = Bring me a bitch.

s   This is usually like the 's' of 'some' and never vocalized as in 'peas' For example: La señorita se llama Isabel.

t   As in English.

v   As 'b'

w   This is found only in borrowed words and is pronounced as 'b'. For example: ¿Dónde está el wáter?

x   The pronunciation varies and can be 'ks' as in 'box', the 's' of 'some' when it falls between vowels or before a consonant. For example: Tengo un examen de inglés.

       ¿Dónde está el taxi?

       ¿Trabaja usted horas extraordinarias?

y   Similar to 'i', but often with the force of the 'y' of 'yes'. For example: Yo soy mayor que tú.

z   Like the 'th' of 'thin'. (In South America it tends to be pronounced as the 's' of 'some'. This pronunciation is called 'seseo'.)

Further notes

(1) Only four consonants are written double in Spanish, 'cc' as in 'acción', 'll' as in 'Castilla', 'rr' as in 'perro' and these are special sounds with distinct pronunciations. Only one consonant is written double without affecting the pronunciation and that is 'nn' in such words as 'innato = innate'.

(2) Very few sounds disappear in spoken English. One has been referred to – the 'd' between vowels – and the final 's' of certain words can disappear. For example: Es rojo = E rojo. This happens when the following word starts with 'r' and leads to the disappearance of the final 's' of words such as unos, los, varias, etc. For example: Hay dos ratas en la cocina.

(3) Spaniards find it difficult to pronounce words which begin with 's' plus another consonant and add an 'e' to the beginning of the word. Thus España = Spain; especial = special; estación = station'. When faced with an English word which begins with 's' plus a consonant, they will add an 'e', producing 'Esmith' for 'Smith' etc.

THE RHYTHM OF SPANISH

English is a 'stress-timed' language with a regular beat underlying the speech and giving emphasis to the important words in the sentence. For example:

> *What* is the *time* of the *train* for *Crewe*?

Since we carry these rhythms in our head, two Spaniards having a perfectly amicable discussion sound as if they were about to come to blows, because Spanish is 'syllable-timed' and lacks the regular beat of English. For example:

> ¿A qué hora sale el tren para Madrid?

English has redundant words in a sentence which do not add to the understanding but do give the mind time to catch up. Thus a question can begin with redundant sounds. For example:

> Do you want a cigarette?
> ('Do you' could be omitted.)

Spanish has less redundant sounds and sometimes the meaning can be lost because the important words begin the sentence. For example:

> ¿Quieres un cigarrillo?
> (If you miss '¿Quieres . . .' you are lost.)

So you must listen to Spanish very carefully!

PART I
TEACHING UNITS

CHAPTER 1

LLEGADA A ESPAÑA

1.1 DIÀLOGOS

Diálogo 1

Los señores Robinson prometieron volver a España para pasar unas vacaciones con sus amigos españoles, los López. Esta vez vienen acompañados de su hijo David. Llegan al aeropuerto de Barajas en Madrid y se acercan a las oficinas de Atesa, la compañía española de alquiler de coches. David va a hablar con la chica que está en el quiosco pero tiene que esperar porque ella está ocupada con un señor.

Chica: Buenas tardes, señor, ¿En qué puedo servirle?

Hombre: ¿Sabes que llevo más de diez minutos esperando aquí?

Chica: Lo siento, señor, pero estaba hablando por teléfono con un cliente y no le vi.

Hombre: Bueno, bueno. Llama al encargado.

Chica: Yo soy la encargada, señor.

Hombre: ¡Tú! Eso no puede ser. Tú no eres más que una niña. ¿Cuántos años tienes?

Chica: Yo tengo veintidós años, señor, ¿Cuántos años tiene usted?

Hombre: ¿Yo? ¿Qué derecho tienes tú de hacerme tales preguntas?

Chica: Y, ¿qué derecho tiene usted de preguntarme cuántos años tengo yo?

Hombre: Está bien ya. Yo no suelo tratar con chicas impertinentes. ¿Dónde está el encargado? Llámale.

Chica: Le aseguro, señor, que la encargada soy yo, ¿Qué quiere usted?

Hombre: (Hablando a David) Ya ve usted, señor. Estoy aquí desde hace diez minutos y esta chica no hace más que insultarme.

David: La verdad, señor, me parece a mí que es usted que está insultándola a ella.

Hombre: ¿Yo? Todos los jóvenes hoy en día sois iguales. Bueno. Me voy a alquilar un coche con la compañía Hertz, pero, te lo digo en serio, voy

CIA.	VUELO	PROCEDENCIA	LLEGADA	RETRASO	SALA
EI	596	DUBLIN	1510	1800	·
SR	650	ZURICH	1515		2
IB	341	LONDRES	1520	1525	1 ·
IB	683	FRANKFURT	1520	1515	1 ·
OA	247	ATENAS	1535	1600	·
AY	884	LISBOA	1605		· ·
IB	808	TANGER	1640		· ·
IB	532	MIZA	1640		· ·
FLIGHT NUMBER		F R O M	ARRIVAL	DELAY	HALL

LLEGADAS INTERNACIONALES

CIA.	VUELO	PROCEDENCIA	LLEGADA	RETRASO	SALA
AM	451	PARIS	1645		·
CU	475	TRIPOLI	1700		
IB	764	TRIPOLI	1705		
AZ	354	MILAN	1705		·
AZ	364	ROMA	1740		·
IB	775	COPENHAGUE	1805		· ·
IB	621	DUSSELDORN	1820		· ·
BA	458	LONDRES	1845		· ·
FLIGHT NUMBER		F R O M	ARRIVAL	DELAY	HALL

INTERNATIONAL ARRIVALS

El aeropuerto de Barajas

a escribir al director de esta compañía para decirle cómo tratan a los clientes en el aeropuerto de Barajas.

Chica: Como usted quiera, señor. Adiós y muy buenas tardes.

Diálogo 2

David: ¡Qué tipo más desagradable! ¿Hay muchos como él en España hoy en día?

Chica: Cada día hay menos, gracias a Dios, señor. Se creen muy machos porque tratan mal a las chicas como yo. Pero dejemos esto. ¿En qué puedo servirle?

David: Creo que tengo reservado un coche aquí.

Chica: Muy bien, señor. ¿Qué nombre, por favor?

David: El nombre es Robinson . . . David Robinson. Le escribí desde Inglaterra hace un mes.

Chica: Un momento, por favor, señor Robinson. Ah sí, aquí está. El señor Robinson de York, en Inglaterra.

David: Eso es.

Chica: ¿Tiene usted el recibo que le mandamos hace dos semanas?

David: ¿El recibo? Pues no, no lo tengo. Papá, ¿tienes tú el recibo de Atesa? Nos lo mandaron hace dos semanas.

Robert: No. Yo no lo tengo. ¿Lo tienes tú, cariño?

Joan: ¡Qué hombre! Te lo di hace menos de media hora y lo pusiste en el bolsillo de tu chaqueta. Sácalo. La chica está esperando.

Robert: ¿Estás segura de que me lo diste? Espera un momento. Ah, sí. Tienes razón, como siempre. Aquí está, señorita.

Chica: Gracias, señor. Un coche Tipo A por tres semanas. Pues lo siento, señor Robinson, pero no le puedo dar un coche Tipo A porque no me queda Le voy a dar un coche Tipo B, ¿Vale?

David: ¿El Tipo B es mejor o peor que el Tipo A?

Chica: Es mejor, señor. El Tipo A es un Seat Panda o un Seat 127 y el Tipo B es un Seat Fura o un Renault 5. Les puedo ofrecer un Renault 5. ¿Les vale?

David: Claro que sí.

Chica: Muy bien, señor. Aquí tiene usted las llaves y todos los documentos del coche.

David: ¿Dónde está el coche?

Chica: Vayan ustedes por el pasillo y salgan por la puerta de la derecha al fondo. Nuestro aparcamiento está enfrente y allí está su coche.

David: Muchas gracias.

Chica: A usted señor y, buen viaje. Adiós.

David: Adiós.

Diálogo 3

Los Robinson pronto encuentran su coche y conducen al centro de Madrid. Allí van a la casa de los López y Joan Robinson presenta a su hijo a sus amigos españoles.

Joan: Este es mi hijo, David. Os hablé de él el año pasado cuando estuvimos aquí.

David: Mucho gusto, señora López. ¿Cómo está usted?

María: ¡Qué hijo más formal tienes, Juana i Nos podemos tutear, ¿ verdad, David? Conozco a tus padres desde hace más de cinco años y creo que tú y yo ya somos amigos, ¿no? Estás en tu casa.

David: Gracias, María.

Juan: ¿Qué tal el viaje, Robert?

Robert: Muy bien, gracias. Sólo tardamos cuatro horas desde nuestra casa en York hasta Madrid.

Juan: Y, ¿no ha habido ningún problema en el aeropuerto con la aduana o el coche?

David: Con la aduana, no, pero había un hombre muy desagradable que quería alquilar un coche. Creo que vosotros decís 'un hombre macho', ¿no?

Juan: ¡Ah! Sí, todavía existe ese tipo de hombre en España, pero, francamente, me dan pena porque se sienten tan poco felices en la España de hoy.

María: Bueno. Hablemos de cosas más agradables, ¿no? Mañana salimos de vacaciones y lo vamos a pasar 'bomba', ya veréis.

Robert: Pues eso espero, María.

1.2 VOCABULARIO

prometer	to promise
la vez	time, occasion
acercarse	to approach
el quiosco	kiosk
el alquiler	hire, rent
llevar	to have been doing something
el encargado	boss, manager
la encargada	boss, manager
el derecho	right, permission
la pregunta	question
soler(ue)	to be used to doing
tratar con	to deal with
asegurar	to assure
desde hace	since, for
igual	same, equal
el tipo	type

el macho	male, masculine
el recibo	receipt
seguro	sure, certain
quedar	to have left
ofrecer	to offer
el pasillo	corridor
el fondo	end, back, bottom
el aparcamiento	parking lot
tutear	to talk familiarly
tardar	to take (of time)
ninguno	no, none
la aduana	Customs
dar pena	to make someone sorry
sentirse	to feel
feliz	happy
pasarlo 'bomba'	to have a good time, enjoy oneself

1.3 EXPLANATIONS

(a) El carácter español

There can be little doubt that the Spanish are among the most welcoming, hospitable and kind people in the world. The visitor to Spain who speaks even a few words of Spanish will be welcomed, literally, with open arms. If you go to a certain restaurant for dinner on two evenings, then miss one, to return again a day later, the staff will want to know what they did to offend you. You will be offered a glass of vino de la casa or a coñac, but will find you have not been charged for them when the bill arrives.

The British custom of 'standing your round' is unknown in Spanish cafés, because, to your Spanish friends, you are a guest in their country, even if you only met them that afternoon.

If you ask a passer-by the way to somewhere, to your great surprise, you will find that you are conducted there, and not left until the Spanish person is sure you are in the right place. Similarly, if you are travelling by car, and ask if a certain country road is open or closed, you may find that you are asked to follow the Spaniard's car until you discover whether the road *is* open or closed. What you do not find out is that the person you asked was not actually going in that direction at all!

El machismo español

The Spanish machista as encountered in the first dialogue of Chapter 1 is a slight blemish on this generally smiling Spanish face. Machismo is a word derived from macho, which means 'male' and is used to describe that exaggerated sense of self-importance which still afflicts a tiny minority of Spanish men. They believe that merely by existing, a man is inevitably superior to any woman. Luckily this type of aggressive male is disappearing rapidly from Spanish society to be replaced by a gentler, more caring type of person. The machistas belong to an age which is long since passed and are more to be pitied than blamed. If you have the misfortune to run across one on your travels in Spain, the best way to deal with him is exactly how the girl in the car-hire booth deals with the one found in Dialogue 1 – mock him gently, and if he uses the patronising phrase – ¡Hija mía! respond, as a Spanish woman would, – ¡Pero tú no eres mi padre! (The grammar summary, to which the grammar references refer, begins on p.282.)

(b) Saying how long you have been doing something – *grammar reference 294*
The verb llevar is used in the Present Tense + an expression of time.

Llevo diez minutos aquí.	I've been here for ten minutes.
¿Cuánto tiempo lleva usted en Madrid?	How long have you been in Madrid?
Llevo diez años en Madrid	I've been in Madrid for ten years.
¿Cuánto tiempo lleva estudiando èl español?	For how long have you been studying Spanish?
Llevo dos años estudiando el español.	I've been studying Spanish for two years.

Here the Present Participle has been added to say what you have been doing.

(c) Another way of saying what you have been doing – *grammar reference page 299*

Estoy aquí desde hace veinte minutos.	I've been here for twenty minutes.
Le conozco desde hace diez años.	I've known him for ten years.
¿Desde hace cuándo vives en Madrid?	For how long have you been living in Madrid?
Vivo en Madrid desde hace cinco meses.	I've been living in Madrid for five months.

Notice that the Present Tense in Spanish is the equivalent of the Perfect Tense in English because, to the Spanish, it is illogical to say 'I have been . . .' when you are still doing it.

(d) Expressing how long ago you did something

Use hace + the expression of time.

Le escribí hace un mes.	I wrote to you a month ago.
Llegamos hace dos días.	We arrived two days ago.

(e) Saying how long it took you to do something - *grammar reference page 296*
Use **tardar** + the expression of time.

Sólo tardamos cuatro horas.	We only took four hours.
¿Cuánto tardará usted en terminarlo?	How long will it take you to finish it?
Tardó cuatro horas en arreglarlo.	He took four hours to repair it.

(f) Expressing what was going on when something else happened

What was going on is found in the Imperfect Continuous and what happened to interrupt that action is in the Preterite Tense.

What was going on?	*What happened?*
Estababa leyendo el periódico cuando	me llamaste por teléfono.
I was reading the newspaper when	you telephoned me.
¿Qué estabas haciendo cuando	ocurrió el accidente?
What were you doing when	the accident occurred?

(g) Using Subject Pronouns to give emphasis - *grammar reference page 299*
The Subject Pronouns are rarely used (with the exception of **usted** and **ustedes**) but they can be used to give emphasis.

Yo soy la encargada, señor.	*I am* the manageress, sir.
Tú no eres más que una niña.	*You* are only a girl.
El es tu padre.	*He* is your father.
Ella habla alemán.	*She* speaks German.
Nosotros fuimos a ver al encargado.	*We* went to see the manager.
Vosotros queréis hablar con el jefe.	*You* want to talk to the boss.
Ellos saben hablar ruso.	*They* know how to speak Russian.
Ellas son inglesas.	*They* are English.

(h) Saying what you usually do - *grammar reference page 296*
You can express this by beginning the sentence: **Por lo general . . .**

Por lo general ceno a las diez.	Usually I have dinner at 10 o'clock.

A more elegant way is to use the verb **soler** + the Infinitive.

Suelo cenar a las diez.	I usually have dinner at 10 o'clock.

The form can be used to escape from difficult social situations.

No suelo beber coñac.   I don't usually drink brandy. (I'm not accustomed to drinking brandy.)

(i) The correct position of pronouns

Pronouns usually precede the verb in the order Indirect – Direct – Verb.

¿El billete? Te lo di hace un momento.   The ticket? I gave it to you a moment ago.

¿Esta pulsera? Me la regalaste el año pasado.   This bracelet? You gave it to me last year.

They must be placed on the end of the Imperative. (This affects the stress and a stress mark is usually required.)

¿Son de usted? Sí, devuélvamelos, por favor.   They are yours? Yes, give them back to me, please.

They can be placed on the end of the Present Participle:

Estoy explicándotelo.   I'm explaining it to you.

and on the end of the Infinitive:

Voy a devolvérselos mañana.   I'm going to give them back to you tomorrow.

Notice that when two third person pronouns come together, the le or les form is replaced by se:

Se lo di a usted ayer.   I gave it to you yesterday.

(j) Giving orders to more than one person: the Polite Imperative

With few exceptions, the Imperative is formed from the 1st Person Singular of the Present Tense.

salir = salg∅ = salg + a = salga
comprar = compr∅ = compr + e = compre

To form the plural, add n to the singular form.

Salgan por la puerta.	Go out through the door.

The pronoun **ustedes** can be used.

Compren ustedes en ese puesto.	Buy at that stall.

The common exception is the verb **ir** which is irregular.

Ir = V$\phi\psi$ = V + aya = Vaya.

Vayan ustedes por el pasillo.	Go along the corridor.

(k) Saying you have none – *grammar reference page 298*
The negative **ninguno** is used, and shortens to **ningún** before a masculine singular noun.

No tengo ningún dinero.	I have no money.
Ningún hombre sensato cree eso.	No sensible man believes that.

The negative agrees with the noun it qualifies.

Compra revistas pero no lee ninguna.	He buys magazines but does not read any.

1.4 EXERCISES

(The key to these exercises begins on page *243*.)

Exercise 1 ¿Qué se dice? **(Surviving in Spain)**
Fill in the gaps in the following dialogue, taking your cue from the English phrases in the brackets.

Empleado: Buenas tardes. ¿En qué puedo servirle?
Usted: (Complain that you have been waiting for ten minutes.)
Empleado: Lo siento, pero estaba ocupado con ese cliente.
Usted: (Say that's all right and add that you think you have a car reserved.)
Empleado: Muy bien. ¿Qué nombre, por favor?
Usted: (Give your name and add that you wrote to them a week ago from England.)
Empleado: Ah, sí, aquí está. ¿Tiene usted el recibo que le mandamos?
Usted: (Say you have not got it. Ask when it was sent.)
Empleado: Hace unos cinco días. ¿Está seguro de que no lo tiene?

Usted: (Say you are quite sure and do not usually lose important documents.)

Empleado: Claro que no. Bueno, no importa. ¿Quiere sentarse un momento?

Usted: (Say that's all right; you are not in a hurry.)

Exercise 2 ¿Qué se dice?

Usted: (Introduce your daughter to your Spanish friend. Explain that you spoke about her when you were in Spain last summer.)

Amigo: Mucho gusto. Estás en tu casa. ¿Qué tal el viaje?

Usted: (Say that you only took five hours from your house to Madrid airport.)

Amigo: Y, ¿no ha habido ningún problema en el aeropuerto con la aduana o el coche?

Usted: (Say you had no difficulties in the Customs, but came across a very unpleasant man who wanted to hire a car.)

Amigo: Sí, todavía existe ese tipo de hombre en España.

Usted: (Suggest you talk about more pleasant things. Point out that tomorrow you are all due to start your holidays and are sure to have a good time.

Amigo: Pues eso espero.

Exercise 3 Saying how long you have been doing something

Example: ¿Cuánto tiempo lleva usted estudiando el español? (Four years)
Llevo cuatro años estudiando el español.

1. ¿Cuánto tiempo lleva usted trabajando en la misma empresa? (Ten years)
2. ¿Cuánto tiempo lleva usted aprendiendo el alemán? (Six months)
3. ¿Cuánto tiempo lleva usted buscando a su hijo? (one hour)
4. ¿Cuánto tiempo lleva usted arreglando el coche? (twenty minutes)
5. ¿Cuánto tiempo lleva usted esperando el autobús? (half an hour)

Exercise 4 Saying how long you have been doing something

Example: ¿Desde cuándo conoces a Martín? (five years)
Conozco a Martín desde hace cinco años.

1. ¿Desde cuándo vives en Toledo? (ten years)
2. ¿Desde cuándo practicas el golf? (three months)
3. ¿Desde cuándo tocas el piano? (twenty years)
4. ¿Desde cuándo conoces a Marta? (six years)
5. ¿Desde cuándo tienes ese coche? (eight months)

Exercise 5   How long ago did you do it?
Example: ¿Cuándo llegaste a España? (two days)
Llegué a España hace dos días.

1. ¿Cuándo fuiste al cine por última vez? (three weeks)
2. ¿Cuándo saliste de Inglaterra? (five hours)
3. ¿Cuándo visitaste Madrid por última vez? (one year)
4. ¿Cuándo te casaste? (fifteen years)
5. ¿Cuándo tomaste el sol por última vez? (one month)

Exercise 6   How long did it take?
Example: ¿Cuánto tardó el mecánico en arreglar su coche? (two hours)
Tardó dos horas.

1. ¿Cuánto tardaste en llegar a Madrid? (five hours)
2. ¿Cuánto tardó el paquete en llegar a Londres? (seven days)
3. ¿Cuánto tardaron los chicos en escoger el regalo? (twenty minutes)
4. ¿Cuánto tardaron ustedes en llegar a Barcelona? (four hours)
5. ¿Cuánto tardasteis en visitar el Museo del Prado?(three hours)

Exercise 7   What were you doing when it happened?
Example: ¿Qué estaba usted haciendo cuando ocurrió el accidente?
(waiting for a bus)
Estaba esperando el autobús.

1. ¿Qué estaba usted haciendo cuando le llamé por teléfono? (having a bath)
2. ¿Qué estaban haciendo los niños cuando les viste? (playing golf)
3. ¿Qué estabas haciendo cuando vino el guardia? (watching television)
4. ¿Qué estabais haciendo cuando ocurrió el robo? (sunbathing on the beach)
5. ¿Qué estaba haciendo tu marido cuando le vi? (looking for a tobacconist's)

Exercise 8   I'm sorry but I don't usually do that
Example: ¿Quieres un cigarrillo?
Gracias; no suelo fumar.

1. ¿Quieres un coñac?
2. ¿Por qué no jugamos un partido de golf?
3. ¿Quieres otro vaso de vino?
4. ¿Vamos al cine el sábado que viene?
5. Te puedo dar un cheque, ¿verdad?

Exercise 9   What did you do with it?
Example: ¿Dónde está mi pasaporte?
¡Qué hombre! Te lo di hace un momento.

1. ¿Dónde están los billetes del avión?
2. ¿Dónde están las llaves del coche?
3. ¿Dónde está mi cartera?
4. ¿Dónde están mis gafas de sol?
5. ¿Dónde está el horario de trenes?

Exercise 10   Where do we go?
(a) Direct a group of Spaniards who are visiting your place of work to the managing director's office:

Go along this corridor. At the end, go up the stairs to the second floor. Then turn right and the office is the third door on the left.

(b) Tell a group of Spanish visitors how to reach the town centre.

Go along this street. At the end, turn left and carry straight ahead. At the end of that street, turn right and take the second street on the left - it's a wide street with lots of shops and offices. The town centre is at the end of that street.

1.5 ¿COMPRENDE USTED EL ESPAÑOL HABLADO? (LISTENING PRACTICE)

Listen to the material on the cassette and then answer the following questions in English. Look at the text *only* if you have difficulties.

1. What does the man complain about first?
2. How does the girl explain why she did not attend to him?
3. What did he buy in the shop? When? What's wrong with it?
4. What does the girl wish to know about the purchase?
5. How does the man prove he bought it in the shop?
6. What did the girl not know?
7. When does she suggest he return?
8. Why cannot he do this?
9. When will he return to the shop?
10. What excuse does the girl make?

Making a Complaint
Hombre: Oiga, señorita. ¿Quiere venir un momento?
Señorita: Sí, señor, ¿qué quiere usted?

Hombre: Pues estoy aquí desde hace más de diez minutos y no me atienden.

Señorita: Lo siento, señor. Estaba hablando por teléfono y no le vi. ¿En qué puedo ayudarle?

Hombre: Pues compré esta radio aquí anteayer pero no anda. Creo que está rota.

Señorita: A ver, señor. ¿Está seguro de que la compró en esta tienda, señor?

Hombre: ¡Claro que estoy seguro! Mire, aquí tengo el recibo. Pagué veinticinco mil pesetas y no estoy dispuesto a pagar tanto por una radio que no anda.

Señorita: Es que yo no sabía que vendíamos este modelo, señor, pero ya que veo que tiene usted el recibo, no se preocupe; y la llevaré al taller en seguida.

Hombre: ¿Cuánto tardará en arreglarla?

Señorita: No lo sé seguro, señor, todo depende de la falta que hay en la radio. ¿Puede volver mañana por la tarde a ver si está lista?

Hombre: Mañana no puedo. Tengo que ir a Barcelona y no volveré hasta muy tarde. Vendré a recogerla pasado mañana por la mañana. ¿Está bien?

Señorita: Claro que sí, señor, y perdone la molestia. Esto no suele pasar con nuestras radios, ¿sabe?

Hombre: Bueno. Hasta pasado mañana entonces.

Señorita: Adiós, señor, y muy buenas tardes.

1.6 LECTURA

Macho simply means 'male' as distinct from hembra which means 'female', but the word has developed into 'machismo' which describes the qualities found in the 'male chauvinist pig'. (Luckily, the trait is disappearing from the Spanish character, as it is in other societies.)

El machismo en España

El machismo tiene una larga historia en España. He aquí una pequeña selección de refranes españoles – es decir los proverbios tradicionales – que tratan de la mujer y su posición en la sociedad española. ¿Quiere leerlos con cuidado, y luego escribir en inglés lo que significan? Hay un pequeño vocabulario al final para ayudarle. (Las respuestas están en la página 000.)

De la mala mujer te guarda,[1] y de la buena no fíes nada.

La primera mujer es escoba, y la segunda señora.

En la vida, la mujer tres salidas ha de hacer; al bautismo, al casamiento, a la sepultura o monumento.

La mujer buena, de la casa vacía la hace llena.

La mujer casada y honrada, la pierna quebrada, mejor en casa.

La mujer cuando piensa sola, mal piensa.

Mujeres y malas noches, matan a los hombres.

La mujer en casa y el hombre en la plaza.

Las mujeres buenas no tienen ni ojos ni orejas.

Mujer ociosa no puede ser virtuosa.

La mujer sea igual o menor, si quieres ser señor.

La mujer para ser hermosa ha de tener cuatro veces tres cosas: ser blanca en tres, colorada, en tres, ancha en tres, larga en tres: blanca en cara, manos y garganta; colorada en labios, mejillas y barba; negra en cabellos, pestañas y cejas; ancha en caderas, hombros y muñecas; larga en talle, manos y garganta.

[1] Modern Spanish is guárdate.

Vocabulario

guardar	to keep, keep away from
fiar	to trust
la escoba	broom
quebrar	to break
matar	to kill
ocioso	idle
colorado	red
el labio	lip
la mejilla	cheek
la barba	chin
los cabellos	hair
la pestaña	eyelash
la ceja	eyebrow
la cadera	hip
el hombro	shoulder
la muñeca	wrist
el talle	waist

COMER PARA VIVIR, Y NO VIVIR PARA COMER

2.1 DIÁLOGOS 📻

Diálogo 1

Por la tarde de su primer día en España los Robinson van a cenar en un restaurante con sus amigos españoles, los López. Llegan al postre, y María pregunta a Joan lo que quiere tomar.

María: ¿Qué te apetece de postre, Joan?

Joan: ¡Ay, por Dios, Maria! No puedo más. No quiero engordar, ¿sabes?

Juan: ¿Tú? ¿Engordar? Pero si estás muy bien, Joan. Ni un kilito más ni un kilito menos.

María: Y, ¿no te acuerdas cómo te gustaban los postres que hacen aquí, Joan? Te encantaba la leche frita, ¿verdad? Siempre decías que no tenías cosas tan buenas en Inglaterra.

Joan: Sí, es verdad María que era muy golosa y que me encantaban las cosas dulces, pero ahora soy mucho más sensata y sólo tomo postre muy de vez en cuando.

Juan: Pero hoy es un día especial, ¿no? Vamos, Joan, esta tarde tomas leche frita y mañana te pones a régimen.

Joan: ¡Qué malo eres, Juan! Te acuerdas muy bien de cuando estuve aquí el año pasado y lo mucho que comí y también lo mucho que engordé. Esta vez voy a tomar postre cada tres o cuatro días.

Juan: Claro, pero a veces hay que olvidar todas las buenas intenciones. Te aseguro que desde mañana no te voy a dejar tomar postre nunca en toda tu estancia aquí. ¡Camarero!

Camarero: ¿Señor?

Juan: Leche frita para todos.

Camarero: Muy bien, señor. Leche frita para cinco. ¿Toman café?

David: ¿Tiene café descafeinado?

Camarero: Claro que sí, señor.

David: Café descafeinado para mí.

En el restaurante

Camarero: ¿Son cinco cafés descafeinados entonces?

Juan: No; el café descafeinado es para este señor, pero los demás vamos a tomar café.

Camarero: Muy bien, señor.

Diálogo 2

El camarero trae los cafés y los tres coñacs que también ha pedido Juan López.

María: Y ahora empieza la sobremesa, ¿verdad? La mejor parte de la cena.

David: ¿La sobremesa? ¿Qué significa eso, María?

María: ¿No sabes lo que es la sobremesa? Bueno, te lo voy a explicar. La sobremesa es cuando empezamos a charlar después de una buena cena como la que acabamos de tomar.

Robert: Había una cosa que quería preguntarte, Juan. ¿Qué pasó por fin con ese problema que existía aquí con el aceite?

Juan: Estás hablando de la colza, ¿verdad? Ese aceite de mala calidad que vendían a la gente pobre de Madrid. Fue horrible. Muchos murieron y todavía hay miles que sufren horriblemente.

María: Sí, pero ahora dicen que no fue la colza sino unos tomates envenenados con un abono alemán. Y vosotros tuvisteis mucha suerte, porque iban a exportar los tomates a Inglaterra para venderlos en los mercados de Londres.

David: ¿De veras? Pero, ¿por qué no se exportaron?

María: Porque eran de mala calidad y, por eso, los vendieron aquí en los mercados de Madrid.

David: Y era una compañía alemana la que tenía la culpa, ¿dices?

María: Sí, creo que sí. Por lo menos eso es lo que decían en los periódicos de aquí. Claro que la compañía lo niega y dicen que ellos no tenían la culpa sino los agricultores de la huerta de Valencia.

Robert: Pero, ¿no hay un ministerio para proteger los intereses de la gente de España?

Juan: Ahora, sí. Ahora tenemos el Instituto Nacional del Consumo, pero hace poco no teníamos nada y los productores hacían lo que les daba la gana.

David: Pero ahora todo ha cambiado, ¿no? ¿Hay leyes para proteger a la gente?

Juan: Sí, pero 'Allá van leyes, donde quieren reyes' como dice el refrán.

David: Lo siento, Juan, pero no comprendo eso.

María: Juan quiere decir que los fuertes mandan en todo, y que esa compañía es muy fuerte y los pobres que sufren ahora son muy débiles.

David: Ah sí, ahora comprendo.

Diálogo 3

David se ha comprado una maquinilla de afeitar eléctrica pero, al volver al hotel, se da cuenta de que no funciona. Vuelve a la tienda y pregunta por el encargado.

Encargado: Buenas tardes, señor. ¿Qué deseaba?

David: Compré esta maquinilla eléctrica aquí ayer, pero siento tener que decirle que no funciona.

Encargado: A ver. ¿Leyó usted bien las instrucciones antes de enchufarla, señor?

David: Sí, las leí muy detenidamente e hice todo lo que decían, pero la maquinilla se negó a funcionar.

Encargado: Y, ¿no la dejó caer al suelo o algo así?

David: Claro que no la dejé caer ni al suelo ni a otra parte. ¿Por qué me pregunta usted eso?

Encargado: Porque había un señor aquí hace unos días que dejó caer una de nuestras maquinillas en un baño lleno de agua y luego se quejó de que no andaba.

David: Pues yo no hice nada de eso. Compré la maquinilla aquí ayer por la tarde, volví al hotel, fui a mi habitación, enchufé la maquinilla y nada. No funcionaba.

Encargado: Muy bien, señor. Vamos a ver. Voy a enchufarla aquí ahora mismo a ver lo que pasa. (Pausa) Tiene usted razón, señor. Perdone usted. La voy a cambiar por otra en seguida.

David: Gracias.

Encargado: A usted, señor, y perdone la molestia.

2.2 **VOCABULARIO**

apetecer	to fancy, long for
engordar	to put on weight
goloso	sweet-toothed
sensato	sensible
el régimen	diet
la vez	time, occasion
a veces	at times
olvidar	to forget
la estancia	stay, time
descafeinado	decaffeinated
la colza	rape-seed oil
envenenado	poisoned
el abono	fertiliser
proteger	to protect
la ley	law
la maquinilla de afeitar eléctrica	electric razor
darse cuenta (de que)	to realise (that)
enchufar	to plug in
detenidamente	carefully
negarse (a)	to refuse (to)
dejar caer	to drop, let fall
quejarse (de que)	to complain (that)

2.3 **EXPLANATIONS**

(a) **Words within words**

Spanish is particularly rich in verbs, but many of these are easy to guess at because one word is found inside another. A good example is engordar because if it is broken down, it is easy to guess:

en/gorda/r
gorda = fat
Engordar = to get fat

Other examples are as follows:

atardecer
a/tarde/cer
tarde = evening
atardecer = to draw towards evening (lit. evening to fall)

anochecer
a/noche/cer
noche = night
anochecer = to grow dark (lit. night to fall)

asegurar
a/segura/r
segura = sure
asegurar = to assure

Therefore many Spanish verbs which might appear difficult are easy if you 'top and tail' them like a gooseberry and look carefully at the bit in the middle!

(b) The Impersonal verb apetecer
This behaves like gustar and is often used by waiters:

¿Qué le apetece, señora?	What do you fancy, madam?
No me apetece salir hoy.	I don't fancy going out today.

(c) Saying how often you do something - *grammar reference page 299*

Siempre tomo vino con la comida.	I always have wine with meals.

Nunca - never

No fumo nunca.	I never smoke.
Nunca fumo.	I never smoke.

De vez en cuando - from time to time

De vez en cuando juego al tenis.	I play tennis from time to time.

A veces - At times

A veces me parece que está loco.	At times it seems to me that he's mad.

Esta vez - this time

Esta vez me gustaría visitar Chinchón.	This time I'd like to visit Chinchon.

(d) Changing adjectives into nouns
To do this, simply place lo before the masculine singular of the adjective.

Lo difícil es la gramática.	The difficult bit is the grammar.
Lo interesante es la arquitectura.	The interesting part is the architecture.

¡Lo mucho que comiste!	The quantity you ate!

(e) 'What' used to refer to a previous idea, thought or sentence – *grammar reference page 299*

Eso es exactamente lo que quiero.	That is exactly what I want.
Si lo que dices es verdad . . .	If what you say is true . . .
Eso es exactamente en lo que yo estaba pensando.	That is exactly what I was thinking about.

(f) 'That' or 'the one' referring to something previously mentioned

Use el, la, los, las que:

Mi coche y el que usted ve ahí.	My car and the one you can see over there.
Quiero la pulsera de oro y la de plata.	I want the gold bracelet and the silver one.
Aquí están sus zapatos y los que su mujer compró ayer.	Here are your shoes and the ones your wife bought yesterday.
¿Dónde están mis gafas y las que usted me dio?	Where are my glasses and the ones you gave me?

(g) Irregular verbs in the Preterite

Verbs which end -ir and are also radical-changing in the Present Tense, have an irregular 3rd Person Singular and Plural in the Preterite. They fall into two types.

(i) Morir	*To die*
Morí.	I died.
Moriste.	You died.
Murió.	He/she died.

(Franco murió en 1975.)	(Franco died in 1975.)

Morimos.	We died.
Moristeis.	You died.
Murieron.	They died.

(Muchos de los que comieron el aceite murieron.)	(Many of those who ate the olive-oil died.)

Similar verbs:
Dormir – to sleep

(ii) Pedir –	*To ask for, order*
Pedí chuletas.	I ordered chops.
Pediste pollo asado.	You ordered roast chicken.
Pidió ternera asada.	He ordered roast veal.
Pedimos agua mineral.	We ordered mineral water.
Pedisteis vino blanco.	You ordered white wine.
Pidieron vino tinto.	They ordered red wine.

Similar verbs:
Servir – to serve
Repetir – to repeat

(h) 'But' after a negative: sino – *grammar reference page 300*

No quiero vino sino agua.	I don't want wine but water.

(i) Changes to the word 'and': y becomes e – *grammar reference 000*
To help pronunciation, y changes to e when the next word begins with
i, y, or hi.

María e Isabel llegaron a las tres.	Mary and Isabel arrived at three o'clock.
Murieron los dos, padre e hija.	Both died, father and daughter.

2.4 EXERCISES

Exercise 1   ¿Qué se dice?
Fill in the gaps in the following dialogues, taking your cues from the
English phrases in the brackets.

Su amigo: ¿Qué te apetece de postre?
Usted: (Say you can't eat any more and don't want to put on weight.)
Su amigo: Pero si estás muy bien.
Usted: (Say you used to love sweet things but now only eat desserts
from time to time.)
Su amigo: Vamos, esta tarde comes bien y mañana te pones a régimen.
Usted: (Point out that last year you ate a lot and put on a lot of weight.)
Su amigo: Bueno, como quieras, pero yo voy a tomar leche frita.

Exercise 2 ¿Qué se dice?

Usted: (Ask if there is a minister to look after people's interests.)
Su amigo: Ahora, sí, pero hace poco no teníamos nada.
Usted: (Ask if there are laws to protect people.)
Su amigo: Sí, pero 'Allá van leyes, donde quieren reyes'.
Usted: (Say you are sorry but don't understand.)
Su amigo: Quiero decir que los fuertes mandan en todo.
Usted: (Say that now you do understand.)

Exercise 3 ¿Qué se dice?

Usted: (Say you bought the electric razor yesterday but it doesn't work.)
Empleado: ¿Leyó usted bien las instrucciones antes de enchufarla?
Usted: (Say you read them carefully but the razor refused to work.)
Empleado: Y, ¿no la dejó caer al suelo?
Usted: (Say that of course you didn't drop it. You bought the razor, went back to your hotel, went to your room and plugged it in but it didn't work.)
Empleado: Perdone usted. La voy a cambiar por otra en seguida.
Usted: (Thank him and say goodbye.)

Exercise 4 Guessing the meaning
Translate the following sentences into English, guessing the meaning of the verb in italics. (The first part of the sentence will help you.)

1. Eran las nueve de la noche y la gente iba de prisa por las calles para llegar pronto a casa porque *oscurecía*.
2. Cuando estuve en España el año pasado comí tantos pasteles y caramelos que *engordé* mucho.
3. Ahora voy a dejar de comer cosas dulces porque quiero *adelgazar*.
4. Bebió tanto vino anoche con la cena que se *emborrachó*.
5. No pudimos ver bien el castillo porque eran las ocho y *anochecía*.
6. Juan creyó que Paco vivía en la calle cerca de la iglesia, pero le *aseguré* que sabía exactamente dónde vivía.
7. La chica era tan guapa y tan simpática que me *enamoré* casi en seguida.
8. No suelo beber, pero el vino es tan bueno que me voy *acostumbrando* a la idea.

Exercise 5 What do you fancy?
Express a preference for the item in the bracket.
Example: ¿Quieres una ración de tarta de manzana? (un helado)
No, me apetece un helado.

1. ¿Quiere usted un vino dulce? (seco)
2. ¿Te gustaría probar la sopa de pescado? (una tortilla española)
3. ¿Quieres ir al cine conmigo? (el teatro)
4. ¿Vamos al bar? (ir a la cama)
5. ¿Tomamos un coñac? (un anís)

Exercise 6   How often do you do that?

Say how often you do the following things, taking your cue from the words in brackets.

Example: ¿Vas mucho al cine? (never)
         No voy nunca al cine.

1. ¿Juegas al golf a menudo? (from time to time)
2. ¿Llegas tarde a la oficina? (never)
3. ¿Vas a visitar Toledo durante tu estancia en España? (this time – Barcelona)
4. ¿Practicas el tenis? (at times)
5. ¿Tomas vino con la comida en Inglaterra? (very seldom)

Now repeat the exercise, but this time give genuine answers.

Exercise 7   What's so interesting about it?

Make up five reasonable sentences, selecting phrases from those below, which enable you to comment on your study of Spanish and Spain.

Lo	fácil	es	la gramática.
	difícil		la pronunciación.
	interesante		el folklore.
	útil		la gente.
	complicado		poder hablar con los españoles.

Exercise 8   What do you want?

Example: ¿Qué quiere usted? (La dirección de Paco)
         Lo que quiero es la dirección de Paco.

1. ¿Qué buscaba usted? (el horario de trenes)
2. ¿Qué no comprende usted? (este plano de Madrid)
3. ¿Qué no sabe usted? (la hora de salida)
4. ¿Qué pide usted? (la cuenta)
5. ¿Qué cree usted? (que Paco está loco)

Exercise 9   Which one?

Fill in the gaps with the correct form of el, la, los, las.

1. Quiero ver este vestido y . . . que está en el escaparate.
2. Me gustaría llevar esta maleta y . . . que usted tiene en el mostrador.
3. ¿Quiere usted llenar el depósito de mi coche y . . . de mis compañeros?
4. Voy a comprar estas sandalias y . . . que usted me enseñó hace un rato.
5. Quiero probarme estos guantes y . . . que están ahí.

Exercise 10   What did he do?

Example: Yo dormí muy bien anoche. ¿Y Paco? (mal)
           Paco durmió mal.

1. Yo dormí muy mal anoche. ¿Y los niños? (bien)
2. Yo pedí ternera en su jugo. ¿Y Marta? (pollo asado)
3. Yo pedí vino de la casa. ¿Y los chicos? (zumo de fruta)
4. Yo serví paella anoche. ¿Y María? (tortilla española)
5. Yo repetí la lección muy mal. ¿Y Antonio? (muy bien)

Exercise 11   But me no buts

Example: ¿Eres español? (inglés)
           No, no soy español, sino inglés.

1. ¿Pidió usted agua mineral? (vino tinto)
2. ¿Llegó usted anoche?¨(anteayer)
3. ¿Visitó usted Valencia? (Alicante)
4. ¿Habla usted francés? (alemán)
5. ¿Vino usted en barco? (en avión)

Exercise 12   Quite the reverse

Example: Antes era gorda, pero ahora soy . . .
           Antes era gorda, pero ahora soy delgada.

1. Antes no me importaba nada engordar, pero ahora quiero . . .
2. Antes me gustaba mucho el vino dulce, pero ahora prefiero el vino . . .
3. Hace unos años era una chica muy tonta, pero ahora es mucho más . . .
4. Siempre me parecía un tipo muy malo, pero ahora que le conozco me doy cuenta de que es muy . . .
5. Siempre encontraba esta ciudad muy aburrida, pero ahora me parece muy . . .

2.5 ¿COMPRENDE USTED EL ESPAÑOL HABLADO?

Listen to the material on the cassette and then answer the following questions in English. Look at the text *only* if you have difficulties.

1. What are you listening to?
2. What would the programme title be in English?
3. What is the format of the programme?
4. Who is Alonso Martín Gómez?
5. What does the company Trapos make?
6. Which garment is Carmen complaining about?
7. What did it cost, and what assurance was she given in the shop?
8. What happened when she washed it?
9. What were the washing instructions?
10. Where did she dry it?
11. What mistake did she make?
12. What offer did she receive from Alonso Martín Gómez?

The Watchdog Programme

Mujer: Buenas tardes, señoras y señores. Hoy en los estudios de Radio Nacional tenemos a miembros del público que van a tomar parte en nuestro programa que se titula '¡No hay derecho!; programa en que los consumidores se quejan directamente a los productores. En el programa de hoy la señorita Carmen García se queja al señor don Alonso Martín Gómez, director de marketing de la compañía Trapos. Ya saben ustedes que esta compañía produce ropa de señora para el mercado joven. Muy bien, señorita García, ¿de qué se queja usted precisamente?

Carmen: Pues, mire usted, señor Gómez, yo compré esta falda hace dos semanas en una tienda de modas de esta ciudad. Pagué quince mil pesetas, y me aseguraron en la tienda que esta prenda no se encoge al lavar. Pero yo lavé la falda hace unos días y ya puede usted ver cómo se encogió. Ahora no la puedo llevar, y le digo francamente, señor Gómez, que no hay derecho a hacer esto.

Mujer: Ya sabe usted, señor Gómez, de que se queja la señorita García. ¿Qué contesta usted?

Gómez: ¿Siguió usted las instrucciones al lavar la prenda, señorita?

Carmen: Claro que las seguí.

Gómez: ¿Qué hizo usted exactamente?

Carmen: Lavé la falda en agua templada sin usar detergentes como dice aquí.

Gómez: ¿Cómo y dónde la secó?

Carmen: Pues la puse en el balcón con la otra ropa.

Gómez: ¿Al sol?

Carmen: Claro que la puse al sol. La ropa no se seca si no se pone al sol.

Gómez: Ahí está el problema, señorita. Este tipo de prenda debe secarse dentro de la casa, en el cuarto de baño o la cocina, pero nunca se pone al sol y, sobre todo, en el mes de agosto con el calor que hace.

Carmen: Pues no dice nada de eso aquí en la prenda. Sólo dice que hay que usar agua templada.

Gómez: A ver. Sí, tiene usted razón, señorita, y le puedo decir que la compañía Trapos no abusa de sus clientes. Si usted quiere ser tan amable de volver a la tienda donde usted compró esa falda, se la van a cambiar por una nueva u otra prenda del mismo valor.

Carmen: ¡Qué bien! Muchas gracias, señor Gómez.

Mujer: Ya oyen ustedes, señoras y señores. Otra cliente satisfecha en el programa 'No hay derecho'. Adiós, señoras y señores, y no olviden que aquí en 'No hay derecho' tienen ustedes la solución de sus problemas.

2.6 LECTURA

(a) El Instituto Nacional del Consumo

Consumer protection in Spain has only really developed in recent years. The National Consumers' Institute was established in 1975 and has gradually produced legislation covering virtually every aspect of food and clothing in Spain from frozen fish to jeans. The following extract is typical of the sort of information they supply to consumers.

El Instituto Nacional del Consumo existe para proteger los intereses de los consumidores españoles. He aquí parte de uno de sus folletos sobre *Aceite vegetales comestibles*. ¿Quiere leerla con cuidado, y luego contestar a las preguntas en inglés? (Las respuestas están en la página 000)

Una de las principales funciones que tiene encomendadas el Instituto Nacional del Consumo es la de formar e informar a los ciudadanos acerca de los bienes y servicios de consumo.

La elaboración de estas páginas por el Servicio Técnico del Instituto Nacional del Consumo ha sido rigurosa y meditada. Tratar de los aceites comestibles en España presenta siempre un enorme interés, pero hacerlo ahora adquiere una singular importancia, ya que, sobre este tema, todos los españoles sentimos una gran sensibilidad: no podemos olvidar que gran número de compatriotas han muerto y otros están sufriendo por causa de la intoxicación masiva por consumo de aceites desnaturalizados.

Querido consumidor, querida ama de casa, no sólo le sugerimos, sino que le pedimos, que lea atentamente estas páginas. Además, cuente para ello con la colaboración de los servicios del Instituto Nacional del Consumo, tanto para su información y orientación como para la formulación de sus denuncias o reclamaciones, cuando sea preciso. Estamos a su servicio.

Una cosa tenemos que tener presente: España es uno de los paises que produce mejores aceites del mundo, por eso resulta más inexplicable que se haya producido aquí la intoxicación masiva. Infórmese pues.

Muchas gracias.

ACEITES VEGETALES COMESTIBLES

¿Qué son?

Antes de definirlos creemos conveniente referirnos a los aceites, en general, que son grasas que tienen la peculiaridad de mantenerse en estado liquido a la temperatura ambiente.

Pueden tener su origen en cualquiera de los reinos de la naturaleza: Del reino animal, y sobre todo de mamíferos marinos, proceden los llamados aceites animales (aceite de ballena, de cachalote, etc.).

En el reino vegetal se producen los de mayor importancia en la alimentación humana. Los aceites de oliva, de soja, de girasol, etc., son, por tanto, 'aceites vegetales'.

El reino mineral también da origen a determinados aceites: Son los 'aceites minerales', como los derivados del petróleo. No están autorizados para la alimentación humana, porque resultan siempre perjudiciales para nuestra salud.

En consecuencia, pueden definirse los 'aceites vegetales comestibles' como aquellos aceites que por distintos procedimientos se extraen de las plantas, especialmente de sus frutos y semillas, y que resultan adecuados para la alimentación humana.

Los aceites vegetales comestibles, lo mismo que las restantes grasas, son alimentos muy ricos en energía, por lo que la función que desarrollan en el organismo es similar a la que desempeña el combustible en los vehículos de motor. De ellos procede gran parte del calor y de la energia que necesitamos para mantener la temperatura de nuestro cuerpo y para desarrollar adecuadamente las funciones como seres vivos.

La cantidad de grasas incluídas en la dieta debe estar equilibrada en relación con los restantes principios nutritivos. Tratándose de personas sanas, debe representar, aproximadamente, la tercera parte del total de los principios nutritivos que se encuentran en los alimentos (hidratos de carbono, proteínas y grasas). La alimentación con poca cantidad de grasas da lugar a una escasa aportación de calorías, obligando al organismo a 'quemar' las reservas propias del cuerpo, de ahí que reducir las grasas en la dieta sea un buen método para adelgazar. Por el contrario, cuando se consumen cantidades excesivas de alimentos demasiado ricos en grasas

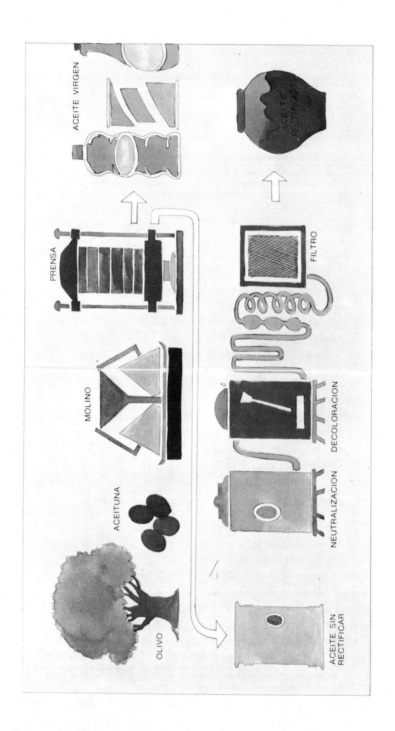

(aceites, mantequilla, tocino, etc.), al no poder ser utilizados en su totalidad, se depositan en determinadas partes del cuerpo, pudiendo llegar a producir obesidad.

EN RESUMEN, debe recordarse que los aceites vegetales comestibles son:

Grasas procedentes de frutos o de semillas de algunas plantas.

Se mantienen en estado líquido a la temperatura ambiente.

Son muy importantes para la alimentación humana, por ser los alimentos más ricos en energía.

Todavía hay algo más. Aunque se ha dicho que los aceites están en estado líquido a la temperatura ambiente, ocurre que cuando esta temperatura desciende lo suficiente, aunque sin necesidad de llegar a cero grados, que es cuando el agua se hace hielo, el aceite se vuelve sólido cambiando su color. Entonces se dice que el aceite se ha 'helado'.

Sin embargo, es preciso tener en cuenta que la solidificación de un aceite es un fenómeno normal **cuando hace frío** y que el hecho de que se produzca no altera sus cualidades y características. Al aumentar la temperatura ambiente, el aceite volverá a su estado líquido normal, recobrando sus cualidades organolépticas (olor, color y sabor) habituales.

1. What is the job of the Instituto Nacional del Consumo?
2. Why are the Spanish particularly concerned about olive oil nowadays?
3. What will the Instituto Nacional del Consumo do as well as produce information?
4. What is Spain famous for?
5. What are the basic properties of edible oils?
6. What three parts of nature produce oils? Which one is not fit for human consumption?
7, How are edible vegetable oils defined?
8. What are they compared to?
9. What use does the body make of them?
10. What proportion of the diet should be made up from edible oils?
11. How can you lose weight?
12. What produces obesity?
13. When is olive oil said to be 'frozen'?
14. When does this happen, and does it matter?
15. What will happen when the temperature rises?

CHAPTER 3

POR LAS CARRETERAS DE ESPAÑA

> Todo pasa y todo queda,
> pero lo nuestro es pasar,
> pasar haciendo caminos,
> caminos sobre la mar.

3.1 DIÁLOGOS 📼

Diálogo 1

Después de la cena, los Robinson y los López vuelven a la casa de éstos para planear sus vacaciones.

María: ¿Conoces Segovia, David?

David: No, no he estado nunca.

María: Pues iremos primero a Segovia y yo te enseñaré el acueducto.

David: ¿Ese gran acueducto romano?

María: Sí, hay los que dicen que es romano, pero los segovianos tienen una antigua leyenda que sugiere que es obra del diablo.

David: ¿Del diablo? ¿Cómo es eso?

María: Ya te lo contaré.

David: Yo he traído una guía de Segovia conmigo. ¿Estará la leyenda en la guía?

María: Creo que no. Sólo los segovianos conocen la leyenda y yo, porque he visitado Segovia varias veces y me lo han contado.

Juan: Si se me permite proponer algo, ¿por qué no vas tú, María, en el coche de David y luego podrás ir explicándole las cosas de interés que se ven por el camino? Yo iré en nuestro coche con Joan y Robert y haré lo mismo. Así el viaje será mucho más interesante, ¿no?

María: ¡Qué buena idea! ¿A qué hora saldremos?

David: Pues, yo vendré aquí a buscarte sobre las nueve.

Juan: Muy bien. Desayunaremos todos aquí y saldremos a eso de las diez. ¿Os parece bien?

El Alcázar de Segovia

Robert: Me parece estupendo. ¿Cuál es la mejor carretera para ir a Segovia?

Juan: La más rápida es la Nacional 6 hasta Villalba y luego la Nacional 601 pasando por el Puerto de Navacerrada.

María: ¿No te parece que es mejor ir hasta Villacastín y luego coger la Nacional 110 hasta Segovia? La carretera desde Villalba hasta Segovia es mucho más peligrosa que la de Villacastín. Tendremos que ir muy despacio y con mucho cuidado.

Juan: No tienes razón, cariño. Ya han mejorado mucho la carretera desde Villalba y podremos ir muy bien y también deprisa si queremos.

María: Bueno, tu sabrás, pero no olvides que David no está muy acostumbrado todavía al tráfico de aquí.

Joan: No te preocupes, María. David sabe conducir muy bien.

Robert: Muy bien. Entonces estamos todos de acuerdo, y vendréis los tres aquí mañana a las nueve de la mañana.

Diálogo 2

Los cinco amigos se reúnen en casa de los López al día siguiente y toman el desayuno mientras siguen hablando de los planes para las vacaciones.

Robert: ¿Adónde iremos después de visitar Segovia?

David: A mí me gustaría ir hacia el norte. No he estado nunca en Galicia, y dicen que es muy bonita.

María: Iremos a Galicia, entonces, y os invitaré a probar los mariscos gallegos que son los mejores de toda España.

Juan: También valdrá la pena visitar Santiago de Compostela, ¿no? No habéis estado ahí, ¿verdad, Joan?

Juan: No; sólo conozco Madrid y el sur, pero me han dicho que Santiago es una ciudad encantadora.

María: Pero no podremos llegar a Santiago en un solo día. Tendremos que hacer más planes esta tarde en Segovia. ¿Vale?

Robert: Vale.

Juan: Bueno. ¿Dónde vamos a parar para tomar café hoy?

María: ¿Por qué no paramos en el Puerto de Navacerrada? Ahí hay un buen café que conozco y Joan, Robert y David podrán ver el magnífico panorama de la Sierra de Navacerrada.

Juan: De acuerdo. ¿A qué hora llegaréis ahí?

María: A eso de las once si salimos ahora.

Juan: Muy bien; a las once en el café en el Puerto de Navacerrada.

Diálogo 3

En el camino hacia Segovia, María habla con David de la carrera universitaria de éste.

María: ¿Qué estudias en la universidad de Manchester, David?

David: Estoy estudiando la física y los ordenadores.

María: Pero, ¿cómo es que hablas tan bien el español si eres estudiante de física?

David: Es que mi padre siempre ha creído que los idiomas son muy importantes. Por eso cuando dejé el instituto seguí estudiando el español y el francés. Y ahora España ha entrado en el Mercado Común y podré venir aquí a trabajar si quiero, ¿no?

María: Claro que sí. Y, ¿cuándo terminarás la carrera universitaria?

David: El año que viene. Entonces tendré que escoger entre seguir estudiando o empezar a trabajar.

María: Y, ¿tú crees que habrá más oportunidades aquí en España que en Inglaterra? Hay mucho paro aquí, ¿sabes?

David: Ya lo sé, pero también hay mucho en Inglaterra. Yo tengo amigos que terminaron la carrera hace más de dos años y que todavía no han encontrado trabajo.

María: Pues espero que tengas mucha suerte. Mira; aquí empieza la Sierra de Navacerrada. Pronto llegaremos al café y podrás sacar fotos estupendas de la montaña. ¿Has traído la máquina?

David: Sí, la tengo detrás en el maletero.

3.2 VOCABULARIO

sugerir	to suggest
el diablo	devil
la guía	guide-book
proponer	to suggest, propose
el camino	way, journey
la carretera	road
mejorar	to improve
reunirse	to meet
los mariscos	shellfish
valer la pena	to be worth the trouble
la carrera	career, (race)
el ordenador	computer
el paro	unemployment
la máquina	camera
el maletero	boot (of car)

3.3 EXPLANATIONS

Travelling by road in Spain

Motoring in Spain can be a real pleasure. The roads are less crowded than those of many other European countries; lorry drivers are usually particularly courteous and signal clearly when overtaking is possible, and in many parts of the country there are 'merenderos' - picnic spots built at the side of road with trees for shade and tables and benches.

However, to avoid problems, you should be able to interpret road signs. Look at the selection given here and check what you think they mean with the English version given at the end of the section.

Another minor hazard of driving in Spain is the 'on the spot fine' administered by the Guardia Civil, who travel around in pairs on motor-bicycles controlling traffic. The following is a list of the offences and the relevant fine from the RACE Guide. (The RACE is the Spanish RAC.)

Can you work out the fines for the following offences? (Answers at the end of this section.)

34

① ayuntamiento ↑
zona monumental ↑
← correos
mercado →
pabellón deportes →

② ZONA DE OBRAS RESPETE LAS SEÑALES

③  PEATÓN ④ EN CARRETERA CIRCULA POR TU IZQUIERDA ←

ATENCION A SUS FRENOS FUERTE PENDIENTE

⑤  PELIGRO HIELO

⑥  PUESTO DE LA CRUZ ROJA

⑦ 80 ATENCIÓN A LA SEÑALIZACION

⑧ CON NIEBLA NO PARE CIRCULE CON PRECAUCION ENCIENDA SUS LUCES

⑨ AUTOMATICO SOLO 🚗 IMPORTE EXACTO o ABONADOS 185 Pts SOLO MONEDAS

⑩ ATENCION VELOCIDAD CONTROLADA POR RADAR

SANCIONES DEL CODIGO DE LA CIRCULACION QUE, POR SU PELIGROSIDAD, PUDIERAN LLEVAR CONSIGO LA RETIRADA DEL PERMISO DE CONDUCIR

PRECEPTO INFRINGIDO	SANCION	CAUSAS
16	2.000	Comportarse incorrectamente ocasionando peligro. Transportar personas, animales u objetos que impidan la libertad de movimientos del conductor o limiten su campo de visión o permanente atención.
18 I)	5.000 20.000	Conducir vehiculos negligente o temerariamente.
19	5.000 20.000	Por hacer competencia de velocidad entre vehículos.
20	1.000 8.000	No respetar los límites de velocidad.
21 III)	10.000	Adelantamiento sin visibilidad ocasionando peligro.
25	2.000 15.000	Variar el sentido de la marcha ocasionando peligro.
30	15.000	Adelantamiento en curvas sin visibilidad, no permitir éste o hacerlo de forma imprudente y temeraria.
40	10.000	Al encontrar obstáculo en el sentido de la marcha, por desplazarse al lado izquierdo impidiendo el libre paso de otro vehículo que avance en sentido contrario.

   (i) breaking the speed limit
  (ii) reckless or careless driving
 (iii) overtaking without clear visibility
 (iv) having people or animals which prevent the driver from concentrating
  (v) racing other drivers

(b) Saying what you have done: the Perfect Tense - *grammar reference page 285*

As in English, the Perfect Tense in Spanish has two parts, the Present Tense of the irregular verb haber and the Past Participle. For most verbs the Past Participle is formed as follows:

– **ar**	Estar	Estado
– **er** verbs	Traer	Traído
– **ir** verbs	Salir	Salido

Examples found in this lesson are:

No he estado nunca.	I've never been.
Yo he traído una guía.	I've brought a guide-book.
He visitado Segovia varias veces.	I've visited Segovia several times.
Han mejorado mucho la carretera.	They have improved the road a lot.
No habéis estado ahí.	You have not been there.
Mi padre siempre ha creído.	My father has always believed.
España ha entrado en el Mercado Común.	Spain has entered the Common Market.
No han encontrado trabajo.	They have not found work.
¿Has traído la máquina?	Have you brought the camera?

Only one irregular verb is found:

Decir	Dicho
Me han dicho	They have told me. (I've been told.)

(c) Saying what you will do: the Future Tense - *grammar reference page 284*

The Regular Future Tense is formed by adding endings to the Infinitive.

Iré a Madrid.	I shall go to Madrid.
Irás a Toledo.	You will go to Toledo.
etc.	

The Irregular Future Tense has the same endings, but the stem is slightly different from the Infinitive. Some examples found in this lesson are:

Poder

Podrás ir explicándole las cosas de interés.	You will be able to go along explaining the interesting things to him.

Hacer

Haré lo mismo.	I shall do the same.

Salir

¿A qué hora saldremos?	At what time shall we leave?

Venir

Yo vendré aquí a buscarte.	I shall come here to fetch you.

Tener

Tendremos que ir muy despacio.	We shall have to go very slowly.

Saber

Tú sabrás.	You'll know.

Valer

Valdrá la pena visitar Santiago de Compostela.	It will be worth the trouble to visit Santiago de Compostela.

Haber

Habrá más oportunidades.	There will be more opportunities.

(d) Adjectives which shorten: bueno, grande – *grammar reference page 300*
Before a masculine singular noun, bueno shortens to **buen**.

Ahí hay un buen café.	There's a good café there.

Before a masculine and feminine singular noun **grande** shortens to **gran**.

¿Ese gran acueducto romano?	That great Roman aqueduct?
Es una gran señora.	She's a great lady.

(e) Further ways of saying what is going on – *grammar reference page 289*
The normal Present Continuous is the present tense of **estar** with the present participle.

Estoy leyendo el periódico.	I am reading the newspaper.

If ir replaces **estar**, the idea of going along doing something can be expressed.

Podrás ir explicándole.	You will be able to go along explaining to him.
Fui cantando por la calle.	I went along the street singing.

If 'seguir' replaces 'estar', the idea of carrying on doing something can be expressed.

Siguen hablando de los planes.	They carry on talking about the plans.
Seguiré estudiando.	I shall carry on studying.

(f) Names of inhabitants derived from the names of towns

The Spanish are fiercely proud of their town of origin and every town has a derived word for the inhabitants.

Segovia	los segovianos
Madrid	los madrileños
Sevilla	los sevillanos
Barcelona	los barceloneses
Murcia	los murcianos
Valencia	los valencianos
Valladolid	los vallisoletanos
Granada	los granadinos

(g) Comparing one thing or person to another
The key word is **más** which is placed before the adjective or noun with **que** placed after.

Madrid es más grande que Sevilla.	Madrid is bigger than Sevilla.

To express 'biggest, fastest' etc., the definite article, 'el, la, los, las' is placed before the adjective.

La más rápida es la Nacional 6.	The quickest is the Nacional 6.

If a number is involved, **que** is replaced by **de**.

Terminaron la carrera hace más de dos años.	They finished their career more than two years ago.

Mejor is a common irregular comparative form and expresses 'better' or 'best'.

¿Cuál es la mejor carretera para ir a Segovia?	Which is the best road to go to Segovia?
Es mejor ir hasta Villacastín.	It's better to go as far as Villacastín.

(h) Making a time of day vague
Place 'a eso de' before the time.

Saldremos a las nueve.	We'll leave at 9 o'clock.
Saldremos a eso de las nueve.	We'll leave at about 9 o'clock.

Answers

Road signs

1. City centre and historic monuments - straight ahead.
   Post office - turn left.
   Market and Sports Centre - turn right.
2. Roadworks; obey all signals.
3. Pedestrian on this road; walk on the left.
4. Check your brakes; steep hill.
5. Danger Ice.
6. Red Cross Post.
7. Obey all signals.
8. Do not stop in fog. Drive carefully. Put on your lights.
9. Automatic cash point. Have correct money ready.
10. Attention. Speed checked by radar.

On the spot fines

1. Breaking the speed limit - 1.000-8.000 pesetas.
2. Reckless or careless driving - 5.000-20.000 pesetas.
3. Overtaking without clear visibility - 10.000 pesetas.
4. Having people or animals which prevent the driver from concentrating - 2.000 pesetas.
5. Racing other drivers - 5.000-20.000 pesetas.

3.4 EXERCISES

Exercise 1   ¿Qué se dice?
Fill in the gaps in the following dialogue, taking your cues from the English phrases in the brackets.

Su amigo: ¿Conoces Toledo?
Usted: (Say you have never been.)
Su amigo: Pues iremos primero a Toledo y yo te enseñaré la casa del Greco.
Usted: (Ask if your friends means the great Greek artist.)
Su amigo: Eso es.

Exercise 2 ¿Qué se dice?
Usted: (Ask which is the best road to go to Toledo.)
Su amigo: La Nacional 401 es la más rápida.
Usted: (Ask if your friend does not think that the National no. 5 as far as Maqueda and then the National 401 is better.)
Su amigo: No, la Nacional 5 es muy peligrosa.
Usted: (Say that they have improved the National no. 5 and now it is much better than the National no. 401.)
Su amigo: Bueno, tú sabrás.

Exercise 3 ¿Qué se dice?
Su amigo: ¿Adónde iremos después de visitar Toledo?
Usted: (Say that you would like to go to the south. Explain that you have never been in Andalucía but have heard it is very nice.)
Su amigo: ¿No conoces Sevilla?
Usted: (Say that you have never been, but have heard it is a charming city.)
Su amigo: Bueno. Tendremos que hacer más planes esta tarde en Toledo.
Usted: (Say all right.)

Exercise 4 ¿Qué se dice?
Su amigo: ¿Qué estás estudiando en la universidad?
Usted: (Say your course is about Physics and Computers.)
Su amigo: Y, ¿cuándo terminarás la carrera universitaria?
Usted: (Say next year. Then you will have to choose between carrying on studying or beginning to work.)
Su amigo: ¿Hay mucho paro en Inglaterra ahora?
Usted: (Say there is. You have friends who finished their university careers three years ago and still have not found work.)
Su amigo: Pues espero que tengas mucha suerte.

Exercise 5 Saying what you have done
Give genuine answers.

1. ¿Ha estado usted en España?
2. ¿Ha visitado usted las ciudades del sur de España?

3. ¿Cuál de esas ciudades le ha gustado más?
4. ¿Ha probado usted la horchata?
5. ¿Ha jugado usted al golf en España?
6. ¿Ha sacado usted fotos en España? ¿Dónde y de qué?
7. ¿Ha comido usted paella en España?
8. ¿Qué recuerdos ha traído usted a casa de sus vacaciones?
9. ¿Ha entrado usted en el Museo del Prado en Madrid?
10. ¿Ha alquilado usted un coche en España?

Exercise 6   Planning your next holiday
Give genuine answers.

1. ¿Irá usted de vacaciones a España el año que viene? ¿Adónde irá usted entonces?
2. ¿Quién le acompañará?
3. ¿Cómo viajará usted?
4. ¿Se quedará en un hotel, en un piso o hará camping?
5. ¿Cuánto tiempo pasará usted allí?
6. ¿Qué hará usted para divertirse?
7. ¿Qué tiempo hará?
8. ¿Qué tendrá usted que hacer antes de ir de vacaciones?
9. ¿Qué cosas comprará usted como recuerdos de las vacaciones?
10. ¿Sabrá usted hablar bien el español antes de ir?

Exercise 7   I'll just carry on doing it
Example: Ahora estoy estudiando en la universidad, y el año que viene . . .
Ahora estoy estudiando en la universidad, y el año que viene seguiré estudiando.

1. Ahora estoy trabajando en esta empresa, y el año que viene . . .
2. En este momento los niños están jugando en el jardín y supongo que . . .
3. Los chicos son tan malos que están fumando en clase y, al entrar el profesor . . .
4. Ahora estoy esperando a mi marido y, si no llega pronto . . .

Exercise 8   Which is better?
Example: ¿Cuál es más aburrido, la política o la televisión inglesa?
La televisión inglesa es más aburrida que la política.
La política es más aburrida que la televisión inglesa.

1. ¿Qué es más caro en España, el vino o la cerveza?
2. ¿Qué es más barato en España, la fruta o la carne?
3. ¿Qué es más interesante, el fútbol o el tenis?

4. ¿Qué es más difícil, la pronunciación del españo! o la gramática?
5. ¿Qué es más peligroso, la equitación o el alpinismo?

Exercise 9   What's your opinion?
Give genuine answers.

1. ¿Qué es mejor, el vino o el coñac?
2. ¿Qué es mejor, el golf o el tenis?
3. ¿Qué es mejor, un hotel o un camping?
4. ¿Qué es mejor, el frío o el calor?
5. ¿Qué es mejor, una playa tranquila o una con mucha gente?

Exercise 10   Do you know your Spain?
1. ¿Cuál es la ciudad más grande de España?
2. ¿Dónde está la montaña más alta de España?
3. ¿En qué ciudad se encuentra la catedral más grande de España?
4. ¿Dónde se halla la plaza de toros más antigua de España?
5. ¿Qué ciudad tiene el verano más cálido de España?
6. ¿Qué ciudad tiene el invierno más frío de España?
7. ¿Cuál es el río más largo de España?
8. ¿Dónde se cultivan las mejores naranjas de España?
9. ¿Dónde se encuentra la catedral más fantástica de España?
10. ¿Quién organizó el golpe de estado más reciente de España?

Exercise 11   Well; not exactly
Example: Saldremos a las nueve, ¿verdad?
        Bueno, saldremos a eso de las nueve.

1. Llegaremos a Toledo a las cinco, ¿verdad?
2. Usted vendrá a buscarme a las once, ¿verdad?
3. Los chicos llegarán a las cinco, ¿verdad?
4. Nos veremos delante de la catedral a la una, ¿verdad?
5. Usted saldrá de su oficina a las seis, ¿verdad?

3.5 ¿COMPRENDE USTED EL ESPAÑOL HABLADO?

Listen to the material on the cassette and then explain to your English
friend, who does not speak Spanish, what you will do by answering his
questions. Consult the text if you have difficulties.

1. What is the girl's name?
2. When shall we be leaving?
3. Where do we go first?
4. What for?

5. Why are the pictures there?
6. What time shall we get to Toledo?
7. What shall we do first?
8. What happens after that?
9. Where do we go after seeing the cathedral?
10. What are the pictures about?
11. When and where do we have lunch?
12. Do we get any time to ourselves?
13. What time will the coach leave Toledo?
14. What do we do if we miss the coach?

Where are we going now?

Mujer: Buenos días, señoras y señores. Me llamo Otilia y voy a ser su guía para nuestra visita a Toledo. Saldremos de aquí dentro de breves momentos. Pararemos unos veinte minutos en Illescas para ver los famosos cuadros del Greco que están en la iglesia. Tenemos que visitar la iglesia para ver los cuadros porque están pintados directamente en las paredes de la iglesia. Entonces iremos a Toledo donde llegaremos a eso de las diez y media. Tomaremos café antes de empezar a visitar los muchos monumentos que hay en esa ciudad, joya de la larga historia de España. Primero visitaremos la catedral y tendremos que ir en grupo porque hoy habrá mucha gente en la catedral. Después de ver la catedral, les llevaré a visitar la Casa del Greco y también el Museo del Greco que está al lado de la casa. Allí podrán ustedes ver los muchos cuadros que pintó ese artista famoso en todo el mundo de la ciudad y los habitantes de Toledo de los siglos dieciséis y diecisiete. Luego iremos todos a comer en un restaurante donde tenemos pedida ya una comida típica de Toledo. Por la tarde estarán ustedes libres para visitar otros monumentos importantes o para comprar sus pequeños recuerdos de esa ciudad encantadora, pero, no olviden, señoras y señores, que el autocar saldrá de Toledo a las seis en punto para volver a Madrid. Si pierden ustedes el autocar, tendrán que coger el tren que sale de la estación de Toledo a las seis y veinte. Bueno, ¿alguna pregunta . . .?

3.6 LECTURA

(a) El acueducto de Segovia, o el puente del diablo

Spain is particularly rich in traditional tales, and it is difficult to find an ancient building, mountain or valley which does not have its traditional legend to explain its origin. Many of these legends have to do with the Virgin Mary thwarting the evil designs of the Devil and this one, which deals with the aqueduct of Segovia, is no exception.

El acueducto de Segovia

El acueducto de Segovia tiene setecientos sesenta metros de largo, veintinueve metros de alto con ciento sesenta y seis arcos. Hay veinticinco mil piedras enormes en el acueducto que servía para llevar agua a la ciudad desde la época en que los romanos lo construyeron. Estos son los datos oficiales del acueducto de Segovia, pero he aquí la antigua leyenda que contó María a David.

El puente del diablo

Hace muchos años vivía en una casa pequeña y antigua un cura de la catedral de Segovia, y ese cura tenía una chica que era su ama de llaves. Todos los días la chica tenía que salir de la casa e ir andando a un pozo que había muy lejos de la casa al otro lado del valle. Allí llenaba un cubo de agua y lo llevaba a la casa del cura. El cubo pesaba mucho y la pobre chica se cansaba mucho en el camino. Un día, cuando hacía mucho calor, la chica se enfadó y gritó en voz alta: 'Estoy dispuesta a dar hasta mi alma si alguien quiere llevar el agua a mi casa para que yo no tenga que subir y bajar todos los días con este cubo que tanto pesa.'

En aquel momento el diablo apareció y dijo a la chica: 'Aquí estoy, señorita, para servirte. Yo te haré un puente para llevar el agua a tu casa en una sola noche y tú me darás tu alma.' Y el diablo empezó a trabajar. Cortó bloques enormes de piedra de la ladera del valle y los fue poniendo uno sobre otro hasta llegar a una altura de más de veinte metros. Poco a poco el puente se fue extendiendo por el valle e iba a llegar al otro lado cuando la chica tuvo mucho miedo y rezó a la Virgen. Entonces la Virgen apareció y dijo a la chica: 'No tengas miedo, niña, que yo soy más fuerte que ningún diablo'. Y la Virgen se acercó al diablo que seguía trabajando en el puente y le dijo: 'Duérmete, que estás muy cansado después de trabajar tanto.' Y el diablo se durmió. Dejó el puente sin terminar y, por eso, no pudo llevarse el alma de la chica. Y esto explica el origen del acueducto de Segovia. ¿Cómo podemos saber que esta versión es la verdadera? Pues, por tres razones: primera, no hay cemento entre las piedras del acueducto y un puente tan enorme que se mantiene derecho sin cemento debe ser obra del diablo; segunda, al final del acueducto no hay restos de una ciudad romana, y los romanos no eran tan tontos como para construir un puente enorme que no servía para nada y, tercera, en el acueducto falta una piedra, es decir, está sin terminar.

Questions on this section follow on page 52.

¡Buen viaje! Sí. Buen viaje pero...

¿Y si se pone enfermo?
¿Y si sobreviene un accidente?
¿Y si el coche se avería, o se lo roban, o...?

Europ Assistance le quita emociones a su viaje.
Las emociones negativas. Las que pueden acabar innecesariamente con unas vacaciones.

HELIOS, S.A. - Conde de Cartagena, 18 - MADRID-7 - Dep. Legal: M-6795-1983

Puede que su seguro le indemnice cuando todo haya pasado. Pero, ¿quién le asiste mientras tanto?

¿Quién está con usted y se hace cargo de los suyos?, ¿quién busca rápida y eficazmente la solución que pueda salvar sus vacaciones y, quizás, hasta su vida?

No. En los viajes no interesan estas clases de emociones, y, puesto que son posibles, es mejor prevenirlas de antemano y viajar con tranquilidad.

Veinte millones de turistas cada año saben que Europ Assistance les presta ayuda en cuestión de minutos, en 154 países, en los cinco continentes, todos los días del año, 24 horas al día.

Basta con una llamada telefónica a cobro revertido, a España; en su idioma, y a partir de ese momento ya no tiene nada que hacer: «le harán».

Sólo Europ Assistance mantiene una red de 183 corresponsalías con profesionales de asistencia y rescate en todo el mundo.

Cuesta muy poco dinero viajar con tranquilidad y el pequeño esfuerzo de leer este folleto.

▮▮ **Prestaciones en España**
🌐 **Prestaciones en Extranjero**

48

emoción n.º 1
PONERSE ENFERMO DURANTE EL VIAJE

Si se encuentra enfermo o herido.
Europ Assistance organizará bajo consulta médica, su repatriación, gratuita por ambulancia, avión de línea o avión sanitario, según convenga al enfermo.

Si Vd. es transportado a un Centro Médico.
Ponemos a disposición de un acompañante inscrito en el Abono, un billete para que pueda reunirse con Vd.

Si Vd. está hospitalizado más de 10 días.
Ponemos a disposición de un familiar, un billete ida y vuelta para acompañarle.

Si debe pagar gastos médicos.
Nos haremos cargo de éstos en el extranjero, hasta un límite de 400.000,— Pts. por persona inscrita en el Abono. La atención médica es de libre elección.

emoción n.°2

Si por accidente o enfermedad se encuentra imposibilitado para conducir.
Un chófer de Europ Assistance o persona designada por Vd. conducirá su vehículo hasta su domicilio en España.

Si no encuentra piezas para reparar su vehículo.
Nos encargaremos de localizarlas y enviárselas en 48 horas.

Si debe pagar una fianza penal o gastos de Abogado en el extranjero, a consecuencia de un accidente de circulación.
Le anticipamos sin intereses y por persona procesada, la fianza hasta 600.000,— Pts. y los honorarios de Abogado hasta 85.000,— Pts.

 Si le acompañan niños.
Menores de 15 años inscritos en el Abono y Vd. no puede hacerse cargo de ellos, pagaremos el desplazamiento de un familiar o una azafata de Europ Assistance para conducirlos hasta su domicilio en España.

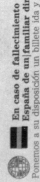

En caso de fallecimiento en España de un familiar directo.
Ponemos a su disposición un billete ida y vuelta, o dos billetes de regreso, hasta el lugar de inhumación en España.

En caso de fallecimiento.
Organizamos a nuestro cargo el transporte hasta el lugar de su inhumación en España.

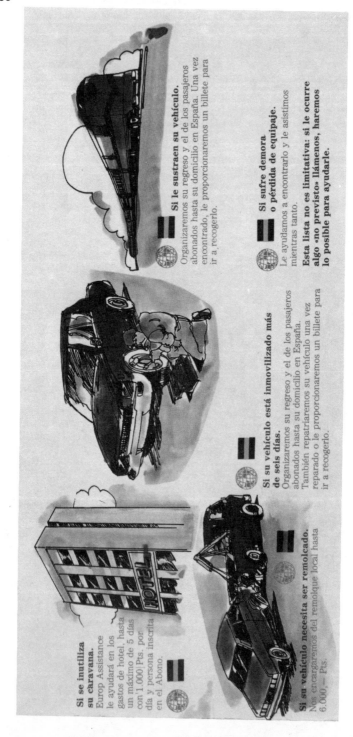

50

**Si se inutiliza
su caravana.**
Europ Assistance
le ayudará en los
gastos de hotel, hasta
un máximo de 5 días
con 1.000 Pts. por
día y persona inscrita
en el Abono.

Si su vehículo necesita ser remolcado.
Nos encargaremos del remolque local hasta
6.000,— Pts.

**Si su vehículo está inmovilizado más
de seis días.**
Organizaremos su regreso y el de los pasajeros
abonados hasta su domicilio en España.
También repatriaremos su vehículo una vez
reparado o le proporcionaremos un billete para
ir a recogerlo.

Si le sustraen su vehículo.
Organizaremos su regreso y el de los pasajeros
abonados hasta su domicilio en España. Una vez
encontrado, le proporcionaremos un billete para
ir a recogerlo.

**Si sufre demora
o pérdida de equipaje.**
Le ayudamos a encontrarlo y le asistimos
mientras tanto.
**Esta lista no es limitativa: si le ocurre
algo «no previsto» llámenos, haremos
lo posible para ayudarle.**

¿Cómo abonarse a Europ Assistance?

1.º ¿Viajan esporádicamente usted o sus familiares?
Contrate un abono sólo para los días que dure su desplazamiento y el de sus familiares. El precio dependerá del país de destino.
En el precio tampoco tropezará usted con emociones desagradables.

2.º ¿Viajan con frecuencia?
Si sus viajes o los de sus familiares son frecuentes a lo largo del año, le interesa un «Forfait Anual» que le cubre todos los desplazamientos a lo largo del año, además de dos vehículos, por un precio global económico, y para todo el mundo incluida España, aunque cada persona viaje por separado.

Dónde está Europ Assistance

Para abonarse, o informarse más detalladamente, puede hacerlo en, prácticamente, todas las Agencias de Viajes y en las Oficinas Bancarias más importantes del país.
O bien puede contactar con nuestras oficinas de Madrid llamando al número 455 55 85.

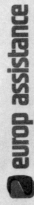

europ assistance

La manera civilizada y europea de viajar por todo el mundo.

SI CONTRATA UN FORFAIT ANUAL
Se beneficiará además de:

Ayuda Familiar

En el caso de hospitalización de los cónyuges, organizaremos el traslado de un familiar para atender su domicilio o si contrata Vd. a una persona, le asistiremos con una ayuda de hasta 5.000,— Pts.

Si Vd. espera que le reparen su vehículo.
A partir de las 48 horas le ayudaremos en los gastos de hotel hasta 3.500,— Pts. por persona y día y un máximo de seis días.

Custodia del vehículo inmovilizado.
Si su vehículo debe ser repatriado, Europ Assistance lo custodiará hasta el día en que se efectúe el transporte.

1. What are the official statistics of the Segovia aqueduct?
2. Where did the girl live and what was her job?
3. What part of the job displeased her most?
4. What did she promise to whoever solved her problem?
5. Who promised to do so, and in what length of time?
6. How did he set about it?
7. To whom did the girl pray?
8. What did this person do to help?
9. Why did the girl not lose her soul?
10. What are the three reasons for believing this version of the construction of the aqueduct of Segovia?

(b) Por las carreteras de España

The modern car traveller in Spain will find organisations similar to the AA or RAC waiting to help. The pamphlet which follows is one published by such an organisation.

Para solucionar los problemas que ocurren de vez en cuando en las carreteras de España, existen compañías como Europ Assistance.

1. What will Europ Assistance do for you if you are ill or injured?
2. Suppose you are taken to a medical treatment centre?
3. And if you have to stay in hospital for more than ten days?
4. What is the limit for medical expenses?
5. What will the company do if one of your party dies? And if you die?
6. What sort of help can you get with legal expenses or fines?
7. What help can you get for children?
8. What happens if you are unable to drive your own car?
9. How can Europ Assistance help with spare parts?
10. Suppose your holiday caravan is put out of action?
11. And if your car is off the road for more than six days?
12. What happens if your vehicle is stolen?
13. What help can you receive with lost or delayed luggage?
14. Suppose you have to wait more than two days while your car is repaired?

(c) Un sitio para dormir

Among the best hotels in Spain are the Paradores, many of which are castles restored to their original splendour. They are not particularly expensive and there is something incredibly romantic about sleeping in an ancient castle or Moorish palace.

Algunos de los mejores hoteles en España para turistas son los paradores. He aquí el folleto de un parador cerca de Barcelona.

Datos geográficos e históricos

El Parador «Duques de Cardona» está instalado en la fortaleza que perteneció al Almirante y gran Condestable de Aragón, don Ramón Folch, Duque de Cardona, desde principios del siglo IX.

Conserva en su centro la iglesia de San Vicente, creación de las más homogéneas del estilo románico. En este Castillo murió San Ramón Nonato, de la familia de los Cardona, en 1240, y obró el milagro de la Eucaristía. Hay una torre curiosísima llamada «Minyona», que data del siglo II.

El Castillo se halla a 120 metros de la ciudad fortificada, en dirección noroeste, sobre la cumbre de una colina de forma cónica, cuya altura es de unos 495 metros sobre el nivel del río Cardoner, que ciñe la eminencia por los lados norte y este. Desde la cumbre se domina todo el valle que riega el citado río. Su altitud sobre el nivel del mar es de 506 metros. Dista de Madrid 592 kms. Las distancias a los paradores próximos son: al Parador de Vich, 100 kms; al de Tortosa, 250 kms; al de Seo de Urgel, 90 kms; al de Aiguablava, 257 kms; al del Valle de Arán, 300 kms, y al de Arties, 325 kms.

El parador cuenta con los servicios de bar, ascensor, cambio de moneda, calefacción central, habitaciones con salón, aire acondicionado en todo el edificio y teléfono en todas las habitaciones.

Datos turísticos

Este Parador es punto de partida para el deporte de esquí, teniendo a 42 kms. la estación de Port del Comte. Los aficionados a la pesca podrán capturar truchas, carpas y lucios en el río Cardoner.

Muy interesante la visita a la Montaña de sal gema, a un kilómetro, maravilla de la naturaleza, única conocida en el mundo, y al pantano de San Pons a 12 kms.

También es muy curiosa la fiesta del «Corre bou», que data del siglo XVI, se celebra en la primera quincena de septiembre, en una especie de San Fermín. La cocina catalana es muy extensa, y su riqueza extraordinaria. Entre los platos típicos se encuentran la «escudella», lubinas y meros en «suquet» (especie de guisado de pescadores, exquisitos); las sardinas, que en el Mediterráneo tienen una peculiaridad sabrosísima. La charcutería es notable. En repostería los «panellets», «neulets», etc.

Cardona es una magnífica y señorial villa. Iglesia. Plaza Mayor. Palacio de los Duques de Cardona.

1. What services are available at this hotel?
2. Which sports can be pursued in the area?
3. What curious natural feature is nearby?
4. What do you think happens during the feast of 'corre bou'?
5. What typical dishes are found in this area?

Vocabulario

Europ Assistance

averiar(se)	to have a breakdown
prevenir	to prevent
el rescate	rescue
hacerse cargo de	to take charge of
la inhumación	burial
la fianza	guarantee
la azafata	air hostess

Parador Nacional 'Duques de Cardona'

pertenecer	to belong
la cumbre	summit
el lucio	pike (fish)
el pantano	lake

CHAPTER 4

ODO LO NUEVO PLACE, Y LO VIEJO SATISFACE

4.1 DIÁLOGOS 📼

Diálogo 1

Los Robinson y los López llegan a Segovia y van a ver el acueducto, que encanta a los Robinson. Entonces sus amigos españoles les llevan a ver el Alcázar, otro edificio impresionante de Segovia.

Robert: Es impresionante, ¿verdad? ¿Cuándo se construyó, Juan?

Juan: El edificio actual se construyó en el siglo diecinueve, pero ha habido un alcázar aquí desde el siglo catorce. El edificio antiguo se destruyó en un incendio y entonces se construyó este alcázar.

Robert: ¿Qué significa exactamente 'alcázar'?

Juan: Es una palabra árabe que significa 'castillo'. Muchas palabras árabes que existen en el español moderno empiezan con 'al' porque 'al' en el idioma árabe significaba 'el'. De hecho, al decir el alcázar, estamos diciendo 'el el castillo'.

Robert: Pero, ¿por qué se construyó aquí precisamente? ¿Para qué servía?

Juan: Servía para defender la confluencia de los dos ríos, el Río Eresma y el Río Clamores. Antiguamente, los barcos subían por esos dos ríos para atacar la ciudad.

Robert: ¿Está abierto al público?

Juan: Claro que está abierto. Es una parte de la historia de España. Y la entrada cuesta treinta pesetas. ¿Vamos a entrar?

Robert: Sí, claro. ¿Dónde están los otros?

Juan: Ahí están. Venid todos, que vamos a entrar.

Diálogo 2

Todos suben arriba y, desde la parte alta del alcázar, miran el paisaje castellano. A Joan le parece un paisaje árido y algo triste.

El paisaje de la Meseta Central

Joan: No es muy bonito, ¿verdad? Todo es muy pardo y seco. No hay árboles ni nada.

María: Sí, es verdad, Joan, que el paisaje de la meseta central no es todo verde como el paisaje inglés, pero vosotros los ingleses tenéis la culpa.

Robert: ¿Nosotros? ¿Cómo es eso, María?

María: Pues, mira, Robert, hace muchos años había aquí un bosque enorme de robles que cubría casi toda la meseta. Luego todos esos árboles se cortaron.

Robert: ¿Por qué? Y, ¿qué tiene que ver eso con nosotros?

María: Pues los árboles se cortaron y con la madera se construyeron los barcos de la Felicísima Armada que Felipe II mandó contra Inglaterra en el año mil quinientos ochenta y ocho.

David: ¿La Felicísima Armada? ¿No se llamaba la Armada Invencible?

María: ¡No, señor! Vosotros los ingleses la llamasteis la Armada Invencible pero sólo después de vencerla. Nosotros siempre la llamamos la Felicísima Armada. Y entonces ese pirata inglés, Drake, la venció.

David: ¡Pirata! ¡Drake no era ningún pirata!

María: Sí, señor. Era pirata.

Juan: Oye, María, no te pongas así. No es para tanto.

María: Pues ya ves, Joan, porque hay tan pocos árboles aquí alrededor de Segovia. Pero lo mismo pasó en Inglaterra, ¿no? Cuando estuvimos allí hace tres años y nos llevaste a ver el paisaje al norte de York. ¿No te acuerdas? Vimos todo ese paisaje sin árboles donde se crían las ovejas. Pues hace muchos años había grandes bosques de robles ahí donde ahora no hay más que pinos. Y también todos esos árboles se cortaron para construir los barcos ingleses que vencieron a la Felicísma Armada.

Joan: Ya veo que sabes mucho de la historia de Inglaterra, María. Yo no sabía eso.

Robert: Ya está bien de clases de historia, ¿no? No queremos empezar otra vez una guerra entre los ingleses y los españoles. A mí me apetece comer. ¿Dónde se come bien en Segovia, Juan?

Juan: Se come muy bien en el Mesón de Cándido, que está muy cerca del acueducto. La especialidad de la casa es cochinillo asado. ¿Os gusta el cochinillo asado?

Joan: En mi vida he probado cochinillo asado.

Juan: Pues es otro aspecto de la cultura española que hay que conocer. María sabe mucho de la historia española, pero yo sé aún más de la cocina española. Y, para mí, la cocina es más importante que la historia. ¿No estás de acuerdo, María?

María: Tú no eres más que un glotón, cariño, pero, sí, vamos al Mesón de Cándido.

Diálogo 3

Todos van al Mesón de Cándido donde prueban el cochinillo asado, que les gusta mucho. Entonces se dirigen al Hotel Gran Vía donde tienen reservadas las habitaciones pero, al llegar allí, les espera una sorpresa desagradable.

Juan: Buenas tardes. Creo que tenemos reservadas tres habitaciones. Una a nombre de Juan López y dos a nombre de Robinson.

Recepcionista: Buenas tardes, señor López. Hay un recado para usted de su oficina en Madrid.

Juan: ¿De veras? ¿Qué quieren los de la oficina?

Recepcionista: Quieren que usted vuelva a Madrid inmediatamente.

Juan: Y, ¿por qué quieren que haga eso? Estoy de vacaciones con mis amigos ingleses.

Recepcionista: Sí, ya lo sé, señor López, pero quieren que vuelva usted para solucionar algún problema que tienen con un contrato urgente con una compañía en Buenos Aires.

Juan: Bueno. Les voy a llamar por teléfono y les diré que no puedo volver.

Recepcionista: Pues me dijeron que es preciso que usted hable directamente con los de la compañía que están ahora en Madrid o es posible que su compañía pierda el contrato.

Juan: Muy bien. Joan y Robert, lo siento muchísimo, pero no tengo más remedio que volver a Madrid en seguida. Pero vosotros podéis seguir con vuestras vacaciones y os veré en Santiago lo antes posible.

Joan: No, Juan. Si tú tienes que volver a Madrid, volveremos todos. Tú puedes solucionar el problema y entonces empezaremos todos las vacaciones otra vez. Y no te preocupes. Me gustaría mucho ver un poco más de Madrid porque no lo conozco muy bien todavía.

Juan: ¿Estáis seguros todos? Yo no quiero que paséis mucho tiempo esperando en Madrid cuando lo que queréis es ir a Galicia.

Robert: No. Estamos todos de acuerdo y volveremos a Madrid en seguida.

4.2 VOCABULARIO

actual	present, actual
el siglo	century
el incendio	fire
la palabra	word
la confluencia	confluence, meeting (of rivers)
atacar	to attack
el paisaje	landscape
pardo	brown
el árbol	tree

el roble	oak-tree
la culpa	fault, guilt
el bosque	wood
cubrir	to cover
cortar	to cut (down)
ponerse	to become, (put on clothing, etc.)
alrededor de	around
criar	to raise, breed (cattle, sheep, etc.)
la oveja	sheep
la guerra	war
el cochinillo	piglet, sucking-pig
el glotón	glutton
el recado	message
preciso	necessary, essential

4.3 EXPLANATIONS

(a) La Meseta Central

The large, high plateau which occupies the centre of Spain is known as the Meseta Central. It extends over 223 000 square kilometres and is bordered by low mountains. The higher parts of the Meseta are called páramos and between these high sections extend wide open valleys of reddish earth called campiñas where the basis crop is wheat. In the floor of the valleys, where the rivers run, irrigation is possible and the irrigated lands are known as regadíos from the verb regar (to irrigate). The Rivers Duero, Tajo and Guadiana have cut deep, narrow valleys into the rock of the Meseta and these valleys have been dammed to form lakes. The water from these lakes is used for irrigation and to generate hydro-electricity for the cities of the area. The climate is known as continental: long, hard winters and short, very hot summers. The proverb which explains the climate states: 'Nueve meses de invierno y tres de infierno.' The mountains which surround the Meseta extract the rain from any clouds which approach the area and therefore, the visitor to the Meseta can expect clear, blue skies and very little rain. This lack of rain means the area frequently suffers from drought. Few trees grow on the Meseta for the reason given by María in Dialogue 2 and for the more prosaic reason that the people of the Meseta have cut the trees down to create more arable land.

Agriculture is the most important occupation of the inhabitants of the Meseta with wheat being the principal crop. Sheep are raised on the poor land of the páramos and the Merino sheep once produced the finest wool in Europe.

In recent years the Meseta has changed considerably: the capital, Madrid, now has a population of over four million, many important industries have

60

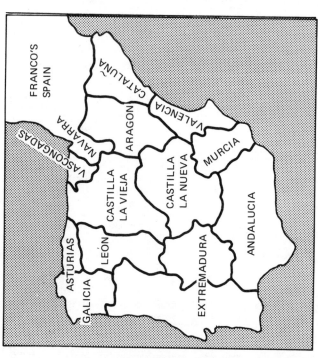

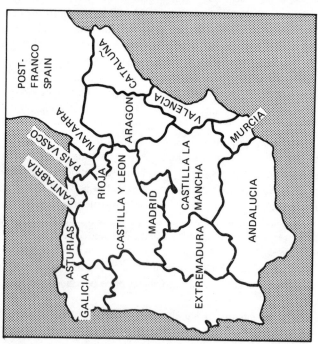

grown up around the capital and other cities, thousands of hectares of land have been irrigated and the railway system has been developed. Another important development has been in the political sphere and the political map of Spain has been redrawn, as can be seen in these two maps.

(b) Saying how something is made, or when it was built, etc

The Reflexive form is used to replace the Passive.

¿Cómo se hace este plato? Se hace con huevos, harina y sal.	How is this dish made? It's made from eggs, flour and salt.
¿Dónde se fabrican los zapatos en España? Se fabrican en Menorca.	Where are shoes made in Spain? They are made in Menorca.

Literally, you are saying: it makes itself; they make themselves.
To add a person to the phrase, you add a pronoun:

Se me dice que puedo aparcar aquí.	I am told that I can park here.

If you are referring to things which happened in the past, use the Preterite Tense.

¿Cuándo se construyó? El edificio actual se construyó en el siglo diecinueve.	When was it built? The present building was built in the 19th century.
Los árboles se cortaron y con la madera se construyeron los barcos.	The trees were cut down and with the wood the ships were built.

(c) Asking what something means
If you come across a word you do not understand, you ask for an explanation, using significar:

¿Qué significa 'alcázar'? Es una palabra árabe que significa 'castillo'.	What does 'alcazar' mean? It's an Arab word which means 'castle'.

(d) Upon . . .ing, In order to . . . After . . . ing – *grammar reference page 289*
All of these expressions involve the Infinitive of the verb.

Al decir el alcázar, estamos diciendo 'el el castillo'.	On saying the alcazar, we are saying 'the the castle'.
Los barcos subían por esos dos ríos para atacar la ciudad.	The ships came up those two rivers in order to attack the city.

La llamasteis la Armada Invencible pero sólo después de vencerla.	You called it the Invincible Armada but only after defeating it.

(e) Asking what something is used for - servir para

The verb servir is used, and is radical-changing in the Present tense.

¿Para qué sirve esto? Es un abrelatas, y sirve para abrir latas.	What is this used for? It's a tin-opener, and it's used to open tins.
¿Para qué sirven estos? Son zuecos, y sirven para proteger los zapatos en el campo.	What are these used for? They're clogs, and are used to protect shoes in the country.

If you wish to know what something *was* used for, use the Imperfect tense, which is regular.

¿Para qué servía? Servía para defender la confluencia de los dos ríos.	What was it used for? It was used to defend the confluence of the two rivers.

(f) Further uses of the verb tener - *grammar reference page 296*

Tener la culpa - to be someone's fault

Yo no tengo la culpa.	It's not my fault.

Tener que ver con - to have to do with

¿Qué tiene que ver con usted?	What's it got to do with you?

No tener más remedio - to have no alternative

No tengo más remedio que volver.	I have no alternative but to return.

(g) Further uses of ponerse - *grammar reference page 296*

Ponerse is used to refer to 'put on', of clothing.

Me pongo el traje de baño y voy a la playa.	I put on my swimming costume and go to the beach.

It is also used to convey 'become' if the action is fairly swift.

Me pongo enfermo si bebo mucho.	I become ill if I drink a lot.
¡No te pongas así!	Don't be like that! (Don't become thus!)

(h) I've never done that in my life
En mi vida is a negative expression.

En mi vida vi una película pornográfica.	I've never seen a pornographic film in all my life.

(i) Saying what you want someone else to do: *the Present Subjunctive – grammar reference page 290*
If there is not a change of subject from the first part to the second part of the sentence, the Present Subjunctive is not used.

Quiero hacerlo.	I want to do it. (I want to do it, and *I* shall do it)
Quiero que usted lo haga.	I want you to do it. (I want *you* to do it. *But you may not.*)

The Present Subjunctive is formed, with very few exceptions, in the same way as the Imperative starting with the 1st Person Singular of the Present Tense.

comprar - compro - compr -   add e to ar verbs - compre

¿Qué quiere usted que compre?	What do you want me to buy? (*But I may not.*)

volver - vuelvo - vuelv -   add a to -er verbs - vuelva

¿A qué hora quiere usted que vuelva?	At what time do you want me to return? (*But I may not.*)

Salir - salgo - salg -   add a to ir verbs - salga

¿Quiere usted que salga ahora?	Do you want me to leave now? (*But I may not.*)

The Present Subjunctive indicates uncertainty, and any expression which does not make it quite clear that the action will take place may require the subjunctive form.

Es posible que pierda el contrato.	It is possible that you will lose the contract. (*But not certain.*)

4.4 EXERCISES

Exercise 1   ¿Qué se dice?
Fill in the gaps in the following dialogues, taking your cue from the
English phrases in the brackets.

Usted: (Say it is very impressive and ask when it was built.)
Su amigo: El edificio actual se construyó en el siglo diecinueve.
Usted: (Ask what it was used for.)
Su amigo: Servía para defender la ciudad.
Usted: (Ask if it is open to the public.)
Su amigo: Claro que está abierto.
Usted: (Ask how much it is to go in.)
Su amigo: La entrada cuesta treinta pesetas. ¿Vamos a entrar?
Usted: (Say of course, and ask where the others in your party are.)

Exercise 2   ¿Qué se dice?
Su amigo: Y entonces ese pirata inglés, Drake, la venció.
Usted: (Complain that Drake was no pirate.)
Su amigo: Sí, señor, era pirata.
Usted: (Tell your friend not to be like that. It's not that important. Ask
   where you get a good meal in Segovia.)
Su amigo: Se come muy bien en el Mesón de Cándido. ¿Te gusta el
   cochinillo asado?
Usted: (Say you have never tried sucking pig in all your life.)
Su amigo: Pues hay que probarlo; es muy bueno.

Exercise 3   ¿Qué se dice?
Usted: (Ask what the people back at the office want.)
Recepcionista: Quieren que usted vuelva a Madrid inmediatamente.
Usted: (Ask why they want you to do that.)
Recepcionista: Hay algún problema con un contrato urgente.
Usted: (Say that you'll telephone and tell them you can't return.)
Recepcionista: Parece que es posible que su compañía pierda el contrato.
Usted: (Apologise to your friends, and say you have no alternative but
   to go back to Madrid.)

Exercise 4   Where is it done?
Look at the map and answer the questions.

1. ¿Dónde se encuentran los Picos de Europa?
2. ¿Dónde se encuentra la Giralda?

3. ¿Dónde se fabrican los zapatos?
4. ¿Dónde se cultivan las naranjas?
5. ¿Dónde se crían las ovejas?
6. ¿Dónde se fabrican los coches?

Exercise 5   When was it done?
Example: ¿Cuándo se construyó el alcázar de Segovia? (19th century)
　　　　　Se construyó en el siglo diecinueve.

1. ¿Cuándo se construyeron las murallas de Avila? (11th century)
2. ¿Cuándo se construyó la Giralda de Sevilla? (12th century)
3. ¿Cuándo se descubrieron las Cuevas de Altamira? (1879)
4. ¿Cuándo se inauguró la plaza de toros de Ronda? (1785)
5. ¿Cuándo se construyó la Mezquita de Córdoba? (786)

Exercise 6   When do you do it?
Example: ¿Cuándo te limpias los dientes, antes o después de acostarte?
　　　　　Me limpio los dientes antes de acostarme.

1. ¿Cuándo te limpias los zapatos, antes o después de ponértelos?
2. ¿Cuándo tomas café, antes o después de llegar a la oficina?
3. ¿Cuándo lees tus cartas, antes o después de abrirlas?

4. ¿Cuándo pagas la comida en España, antes o después de tomarla?
5. ¿Cuándo te pones el pijama, antes o después de ir a la cama?

Exercise 7   Upon doing that . . .
Example: Cuando vi el incendio, llamé a los bomberos.
Al ver el incendio, llamé a los bomberos.

1. Cuando llegué a la oficina, leí las cartas.
2. Cuando salí de la estación, cogí un taxi.
3. Cuando vi a mi amigo por la calle, le saludé.
4. Cuando visité el alcázar de Segovia, me compré muchos recuerdos.
5. Cuando miré el paisaje de Castilla, me quedé muy sorprendido.

Exercise 8   What's it for?
Example: ¿Para qué sirve esto? (for opening tins)
Sirve para abrir latas.

1. ¿Para qué sirve esto? (cleaning shoes)
2. ¿Para qué sirven estos? (to protect your hands)
3. ¿Para qué sirve esto? (for treating sunburn)
4. ¿Para qué sirven estos? (for cooking fish)
5. ¿Para qué sirve esto? (for nothing; it's useless)

Exercise 9   What was it used for?
Example: ¿Para qué servía? (to defend the city)
Servía para defender la ciudad.

1. ¿Para qué servía? (to protect the people)
2. ¿Para qué servían? (to amuse foreign tourists)
3. ¿Para qué servía? (to destroy the pirates' ships)
4. ¿Para qué servían? (to defend the region from the Arabs)
5. ¿Para qué servía? (to bring water to the city)

Exercise 10   There is no alternative
Example: ¿Tengo que ir?
Sí, usted no tiene más remedio que ir.

1. ¿Tengo que volver a Madrid?
2. ¿Tenemos que hablar con el encargado?
3. ¿Tengo que pagar tanto dinero?
4. ¿Tengo que llamar a la policía?
5. ¿Tenemos que pasar quince días en este hotel?

Exercise 11   What do you want me to do?

Example: ¿Qué quiere usted que compre, pescado o carne? (meat)
         Quiero que usted compre carne.

1. ¿Qué quiere usted que escriba, mi dirección o mi número de telefono? (address)
2. ¿Qué quiere usted que traiga, el contrato o la carta de recomendación? (contract)
3. ¿Qué quiere usted que haga, té o café? (coffee)
4. ¿Qué quiere usted que cambie, las libras o los dólares? (pounds)
5. ¿Qué quiere usted que alquile, una casa o un piso? (house)

4.5 ¿COMPRENDE USTED EL ESPAÑOL HABLADO? 🖭

Listen to the material on the cassette and then answer the questions in English. Consult the text if you have difficulties.

1. Where had the lady been?
2. What did she notice on entering the house?
3. What happened when she opened the kitchen door?
4. Was the source of the trouble the gas-stove?
5. What caused the fire?
6. Why did she run to the house next door?
7. Why did the firemen take twenty minutes to arrive?
8. What happened exactly in the kitchen?
9. Whis is the house like now?
10. How does María offer to help?

An outbreak of fire

Mujer: Ya te digo, María, que fue de miedo. Al volver de la plaza, me di cuenta de que había un olor raro en casa. Fui a la cocina y, al abrir la puerta, vi que toda la cocina estaba llena de humo que salía de la cocina de gas.

María: ¿Por qué salía humo de la cocina de gas? ¿No funcionaba bien?

Mujer: No, María, es que al bajar a la plaza, dejé una sartén llena de aceite en la cocina y, claro, después de poco tiempo se calentó tanto que se encendió.

María: ¿Qué hiciste?

Mujer: Pues fui corriendo a la casa de al lado donde tienen teléfono porque, como ya sabes, no tenemos teléfono en casa, y llamé a los bomberos, pero tardaron más de veinte minutos en llegar por el tráfico que hay al mediodía en Madrid.

María: ¿Qué pasó en la cocina?

Mujer: Pues se destruyó por completo: la cocina de gas, la lavadora, la mesa y las tres sillas que había . . . todo, todo, todo.

María: Pero los bomberos apagaron el incendio, ¿verdad?

Mujer: Oh, sí, lo apagaron y salvaron el resto de la casa, pero ahora hay agua por todas partes y tengo toda la casa hecha un asco. No sé lo que voy a hacer.

María: No te preocupes, Carmen. Mira; ¿por qué no venís a cenar tú y Alonso esta tarde y hablaremos de cómo os podemos ayudar Juan y yo?

Mujer: ¡Qué buena eres, María! Muchísimas gracias.

María: De nada, mujer. Para eso están los amigos, ¿no?

4.6 LECTURA

Lea con cuidado este trozo de un folleto turistico y luego conteste a las preguntas en inglés.

Segovia, the ancient city found 87 kilometres to the northwest of Madrid, is well worth a visit by any visitor to Spain and offers the magnificent Roman aqueduct, the Alcázar, rebuilt in the 19th century and given a Romantic silhouette now found also in the castle in Disneyland in America and the cathedral built in beautiful golden stone to delight the visitor.
(Now see opposite and discuss the following questions.)

1. How is Segovia described?
2. What forms the backdrop to the city?
3. Where is the city situated exactly?
4. What is it compared to?
5. What colour do the poplars turn in autumn?
6. When is the evening light particularly impressive?
7. When does the city seem to be flooded with light?
8. How long were the Arabs in Segovia?
9. What happened in the city in 1474?
10. Who were Ignacio Zuloaga and Antonio Machado?

Vocabulario

la peña	rocky outcrop
el navío	ship
airoso	graceful, elegant
la estampa	print, engraving
el estío	summer
perfilar(se)	to profile
la calzada	highway

SU HISTORIA, SU PAISAJE

Segovia, situada a 88 kilómetros de Madrid, es como una hermosa sinfonía de formas y luces, que tiene como magnífico telón de fondo los azules o nevados picos de Guadarrama. La ciudad se levanta sobre una peña, entre dos profundos valles, formados por los ríos Eresma y Clamores. Segovia es como un gran navío varado cuya proa fuese la airosa y enorme silueta del Alcázar. El Marqués de Lozoya nos ofrece esta bella estampa panorámica de la ciudad: «Con las afiladas saetas de los chopos, a los cuales el otoño viste de oro pálido, se conciertan los chapiteles del Alcázar, los haces de pináculos de la Catedral, los finos campanarios esculpidos de las iglesias, las torres de los palacios...», y en otro lugar añade: «La luz hace que una tarde en Segovia, singularmente en los últimos meses del estío y en los primeros del otoño, sea una fiesta que no se olvida nunca. En los minutos que preceden a la puesta del sol, la ciudad parece que se enciende toda. A veces, las torres se perfilan sobre un fondo de nubes de pizarra. Es entonces cuando parece que las torres segovianas, tienen luz interior, que siguen brillando cuando todo se ha apagado en su contorno».

Durante la colonización romana Segovia fue punto de confluencia de dos importantes calzadas, hecho que, junto a la increíble maravilla del Acueducto, demuestra su grandeza en aquella época. Pero bajo el dominio visigótico se inicia su decadencia, acentuándose ésta con los árabes, que permanecen en ella doscientos años. Al ser reconquistada Castilla, los Condes castellanos emprenden una política de repoblación, y Alfonso VI da fuero propio a Segovia. Al final de la Edad Media, la Casa de Trastamara le confiere gran importancia, y en esta ciudad Isabel la Católica es proclamada, en 1474, Reina de Castilla. La Guerra de las Comunidades, promovida por nobles segovianos contra el creciente poder de Carlos I, inicia otra vez la decadencia de la ciudad. Es ya en tiempo de los Borbones, en pleno siglo XVIII, cuando, al construirse el Palacio de La Granja, vuelve el esplendor real a fijarse en tierras segovianas. Más tarde el romanticismo encuentra una cantera de temas en el paisaje, la leyenda y la historia de Segovia, y, por último, dos hombres del 98 hacen de ella tema preferido: el pintor Ignacio Zuloaga, magistral intérprete de la luz y los tipos segovianos, y el poeta Antonio· Machado, que vino de Andalucía a ser el más alto de los poetas de Castilla.

emprender	to undertake
el poder	power
la cantera	quarry
el tema	theme

COSAS DE ESPAÑA 1
EL MACHISMO ESPAÑOL

Machismo in Spain has a long history and **macho** characters are found in folk-tales from as early as the 11th century. The first great dramatic expression of the quintessentially **macho** figure, Don Juan, is found in *El burlador de Sevilla* by the monk Tirso de Molina in 1630. Many other versions followed but the one which attracted most popularity was that of José Zorrilla, the Romantic playwright and poet. It was first performed in 1844 and this version, *Don Juan Tenorio*, regularly appears in Spanish theatres in early November to celebrate All Souls' Day. In the play, Don Juan makes a bet with his friend, Don Luis Mejía to see who can seduce more women and kill more men in duels in one year. In these excerpts from the play Don Juan recounts his many adventures to Don Luis.

D. Juan: Hablad, pues.

D. Luis: No, vos debéis empezar.

D. Juan: Como gustéis, igual es,
que nunca me hago esperar.
Pues, señor, yo desde aquí,
buscando mayor espacio
para mis hazañas, di
sobre Italia, porque allí
tiene el placer un palacio.
De la guerra y del amor
antigua y clásica tierra,
y en ella el Emperador,
con ella y con Francia en guerra,
díjeme: «¿Dónde mejor?
Donde hay soldados hay juego,
hay pendencias y amoríos.»
Di, pues, sobre Italia luego,
buscando a sangre y a fuego

amores y desafíos.
En Roma, a mi apuesta fiel,
fijé entre hostil y amatorio,
en mi puerta este cartel:
Aquí está don Juan Tenorio
para quien quiera algo de él.
De aquellos días la historia
a relataros renuncio;
remítome a la memoria
que dejé allí, y de mi gloria
podéis juzgar por mi anuncio.
Las romanas caprichosas,
las costumbres licenciosas,
yo gallardo y calavera,
¿quién a cuento redujera
mis empresas amorosas?
Salí de Roma por fin
como os podéis figurar,
con un disfraz harto ruin
y a lomos de un mal rocín,
pues me quería ahorcar.
Fui al ejército de España;
mas todos paisanos míos,
soldados y en tierra extraña,
dejé pronto su compaña
tras cinco o seis desafíos.
Nápoles, rico vergel
de amor, de placer emporio,
vio en mi segundo cartel:
Aquí está don Juan Tenorio,
y no hay hombre para él.
Desde la princesa altiva
a la que pesca en ruin barca,
no hay hembra a quien no suscriba,
y cualquier empresa abarca
si en oro o valor estriba.
Búsquenle los reñidores;
cérquenle los jugadores;
quien se precie que le ataje,
a ver si hay quien le aventaje
en juego, en lid o en amores.
Esto escribí; y en medio año
que mi presencia gozó

Nápoles, no hay lance extraño,
no hubo escándalo ni engaño
en que no me hallara yo.
Por dondequiera que fui,
la razón atropellé,
la virtud escarnecí,
a la justicia burlé
y a las mujeres vendí.
Yo a las cabañas bajé,
yo a los palacios subí,
yo los claustros escalé
y en todas partes dejé
memoria amarga de mí.
Ni reconocí sagrado,
ni hubo razón ni lugar
por mi audacia respetado;
ni en distinguir me he parado
al clérigo del seglar.
A quien quise provoqué,
con quien quiso me batí,
y nunca consideré
que pudo matarme a mí
aquel a quien yo maté.
A esto don Juan se arrojó,
y escrito en este papel
está cuanto consiguió,
y lo que él aquí escribió,
mantenido está por él.

D. Luis: ¡Por Dios que sois hombre extraño!
¿Cuántos días empleáis
en cada mujer que amáis?

D. Juan: Partid los días del año
entre las que ahí encontráis.
Uno para enamorarlas,
otro para conseguirlas,
otro para abandonarlas,
dos para sustituirlas
y una hora para olvidarlas.
Pero la verdad a hablaros,
pedir más no se me antoja,
y pues que vais a casaros,
mañana pienso quitaros
a doña Ana de Pantoja.

D. Luis:	Don Juan, ¿qué es lo que decís?
D. Juan:	Don Luis, lo que oído habéis.
D. Luis:	Ved, don Juan, lo que emprendéis.
D. Juan:	Lo que he de lograr, don Luis.

Vocabulary

la hazaña	deed
el juego	gambling, play
la pendencia	quarrel, fight
el desafío	duel
la apuesta	bet, wager
fiel	faithful
caprichoso	capricious
la costumbre	custom, habit
gallardo	fine, brave
calavera	'madcap'
el disfraz	disguise
el rocín	nag, horse
ahorcar	to hang
el vergel	orchard
el reñidor	quarreller, opponent
el jugador	gambler, player
la lid	fight
el lance	episode
atropellar	to smash, crush
escarnecer	to ridicule
burlar	to deceive, cheat, mock
escalar	to scale, climb
conseguir	to win, succeed
antojar	to wish, desire
lograr	to succeed, win

EL MACHISMO DE LOS GITANOS

Federico García Lorca, the poet brutally murdered by Franco's supporters in August 1936 at the outbreak of the Spanish Civil War, left many beautiful poems behind. *La casada infiel*, from *El Romancero Gitano*, describes the simple morality of the **macho** gypsy who seduces a gypsy girl.

La Casada Infiel

A Lydia Cabrera
y a su negrita.

Y que yo me la llevé al río
creyendo que era mozuela,
pero tenía marido.
Fue la noche de Santiago
y casi por compromiso.
Se apagaron los faroles
y se encendieron los grillos.
En las últimas esquinas
toqué sus pechos dormidos,
y se me abrieron de pronto
como ramos de jacintos.
El almidón de su enagua
me sonaba en el oído,
como una pieza de seda
rasgada por diez cuchillos.
Sin luz de plata en sus copas
los árboles han crecido,
y un horizonte de perros
ladra muy lejos del río.

*

Pasadas la zarzamoras,
los juncos y los espinos,
bajo su mata de pelo
hice un hoyo sobre el limo.
Yo me quité la corbata.
Ella se quitó el vestido.
Yo el cinturón con revólver.
Ella sus cuatro corpiños.
Ni nardos ni caracolas
tienen el cutis tan fino,
ni los cristales con luna
relumbran con ese brillo.
Sus muslos se me escapaban
como peces sorprendidos,
la mitad llenos de lumbre
la mitad llenos de frío.

Aquella noche corrí
el mejor de los caminos,
montado en potra de nácar
sin bridas y sin estribos.
No quiero decir, por hombre,
las cosas que ella me dijo.
La luz del entendimiento
me hace ser muy comedido.
Sucia de besos y arena,
yo me la llevé del río.
Con el aire se batían
las espadas de los lirios.
    Me porté como quien soy.
Como un gitano legítimo.
Le regalé un costurero
grande de raso pajizo,
y no quise enamorarme
porque teniendo marido
me dijo que era mozuela
cuando la llevaba al río.

Vocabulary

la mozuela	girl, maiden
el farol	lamp
el grillo	cricket
el ramo	branch
el almidón	starch
la enagua	petticoat
rasgar	to tear, rip
ladrar	to bark
la zarzamora	blackberry
el junco	reed
el espino	hawthorn
el corpiño	bodice
el nardo	spikenard
la caracola	shell, conch shell
el muslo	thigh
la potra	filly
el nácar	mother-of-pearl
comedido	moderate, restrained
portarse	to behave
el costurero	sewing-box
el raso	satin
pajizo	straw-coloured

El Cristo de la Vega

EL MACHO CASTIGADO

Don Juan, the great macho character was punished by being hurled into
Hell, but other macho adventurers escape with lesser punishment. A
church in Toledo contains the evidence of such punishment: a statue of
Christ with one hand removed from the Cross and pointing downwards.
What He was pointing at and why is the theme of this folk-tale.

El macho castigado, o el Cristo de la Vega

En la ciudad de Toledo en la región de Castilla hay una iglesia muy antigua
y, dentro de dicha iglesia, se halla una estatua de Cristo bastante curiosa
porque, en vez de tener las dos manos clavadas a la cruz, Cristo ha soltado
una mano de la cruz como si quisiera señalar a alguien. ¿A quién quería
señalar y, por qué? En Toledo hace muchos años, vivía una chica que se
llamaba Inés. Inés se enamoró de un chico muy guapo de la ciudad y él
dijo que se había enamorado de ella y que quería casarse con ella. Pero
entonces, bajo esa promesa solemne de casamiento, el chico hizo lo que un
hombre hecho y derecho no debiera hacer nunca, y sedujo a Inés.
Entonces el chico se fue a la guerra, y cuando volvió meses después se
enteró de que Inés estaba embarazada. Ella le recordó su promesa, pero él
se negó a casarse con ella y le dijo que ella no podía hacer nada porque
nadie sabía que había prometido casarse con ella. La pobre Inés estaba
muy triste porque tener un hijo ilegítimo le iba a arruinar la vida para
siempre. Pero entonces se acordó de lo que le había dicho el cura de la
parroquia y volvió a hablar con el chico.
- Tengo un testigo - dijo - . Hay alguien que sabe muy bien que tú
prometiste casarte conmigo
- No es verdad - dijo el chico - . Cuando yo te hablé de eso no había
ningún testigo. Estábamos solos tú y yo.
- Tengo el mejor testigo del mundo - contestó Inés - . Un testigo que lo
sabe todo y lo oye todo.
- ¿Quién será ese testigo - preguntó el chico - . ¿Cómo se llama?
- Se llama Jesucristo - dijo Inés -. El sabe muy bien que tú prometiste
casarte conmigo.
- Pero desgraciadamente, Jesucristo está muerto y no podemos preguntarle
nada de esto - dijo el chico.
- Sí que podemos preguntárselo - dijo Inés - , porque resucitó al tercer día
como todos sabemos y ahora está en el Cielo a la derecha de Dios.
E Inés fue a hablar con el alcalde de la ciudad, quien llevó al chico y a Inés
a la iglesia con el cura de la parroquia. Todos se colocaron delante del
altar, y el alcalde habló con la estatua de Cristo.
-- Jesús - dijo - , esta chica dice que este chico juró casarse con ella. ¿Juró
o no?

Hubo un silencio en la iglesia que duró más de un minuto. El pobre chico estaba tiritando de miedo porque sabía muy bien que había jurado casarse con Inés. De pronto se oyó una voz sonora que dijo: – Sí. Juró.
Todos levantaron los ojos y miraron la estatua. Cristo había soltado una mano de la cruz y señalaba al chico.
Y desde aquel entonces la estatua se ha conservado en la iglesia de Toledo para escarmentar a los que no quieren cumplir su promesa.

Vocabulary

clavar	to nail
soltar	to release
señalar	to signal, point
embarazada	pregnant
el alcalde	mayor
colocar(se)	to place(oneself)
jurar	to swear
tiritar(de)	to tremble (with)
escarmentar	to punish, teach a lesson to
cumplir	to keep, fulfill

CHAPTER 5

DE MADRID AL CIELO

5.1 DIÁLOGOS

Diálogo 1

El día después de volver de Segovia, Juan López se dirige a su oficina con Robert para hablar con el hombre de negocios argentino, el señor Rogelio Mendoza.

Juan: Buenos días, señor Mendoza. ¿Qué hace usted ahora en Madrid? ¿No iba usted a venir el mes que viene?

Mendoza: Eso pensaba yo, pero luego surgió un problema muy grave con una compañía italiana y tuve que ir a Roma. Luego me ocurrió pensar que podría venir a verle de vuelta a Buenos Aires.

Juan: Muy bien. Y hay algún problema con el contrato que quería firmar con nosotros, ¿verdad?

Mendoza: Pues, parece que sí. Ya sabe usted que ahora en la Argentina estamos a principios del invierno, y que en el invierno mi compañía vende muchas botas a las señoras argentinas. Pues, la temporada empieza y todavía no hemos recibido nada de su compañía.

Juan: ¿Qué pedido nos mandó usted exactamente?

Mendoza: Pues, mire usted, yo tengo una copia del pedido aquí. Quiero que nos mande doscientos pares de esos botos vaqueros que se fabrican en Extremadura, y quinientos pares de esos zapatos de alta calidad para señoras que vienen de Menorca. Las muestras que usted nos mandó eran excelentes y los precios al por mayor eran muy asequibles.

Juan: Me alegro mucho de que les hayan gustado las muestras y los precios. ¿Quiere esperar un momento? Voy a preguntar al ordenador lo que pasa con esas mercancías.

(Pausa)

Ah sí, aquí está. Pues no hay problema con los botos porque ya están en nuestro almacén aquí en Madrid y podré mandárselos la semana que viene. Van a tardar un mes en llegar a Buenos Aires. ¿Vale?

Kilómetro Cero

Mendoza: Pues yo quería que llegasen antes porque la temporada empieza ahora mismo. ¿No puede mandármelos por avión?

Juan: Lo siento, señor Mendoza, pero me es imposible mandarlos por avión porque sale mucho más caro y las ganancias bajan demasiado. Ya sabe usted que el margen de beneficios en este tipo de mercancía es muy bajo. Si se los mando por avión, la compañía no ganará nada.

Mendoza: Bueno, no creo que haya problema si llegan dentro de un mes. ¿Y los zapatos? ¿Qué pasa con los zapatos?

Juan: Lamento tener que decirle que ha habido una huelga en la fábrica de zapatos de Menorca y habrá un retraso de unos quince días antes de que los zapatos lleguen al almacén nuestro. Eso quiere decir que llegarán a Buenos Aires dentro de seis semanas o así.

Mendoza: No, eso no me vale. Tendré que anular el pedido.

Juan: Pues, tengo otros zapatos de alta calidad para señora aquí en la oficina. ¿Quiere que le enseñe unas muestras? Son de otra fábrica pero son de primera calidad.

Mendoza: Muy bien. Vamos a verlas entonces.

Diálogo 2

Mientras Juan está en su oficina solucionando los problemas del señor Mendoza, David, Joan y María dan una vuelta por Madrid. Llegan a la Puerta del Sol.

María: Pues aquí estamos en el centro de la capital de España. ¿Qué quieres que te cuente de la plaza, Joan?

Joan: ¿Qué es ese edificio grande con el reloj encima?

María: Es la Dirección General de Seguridad, el centro de toda la actividad policíaca de Madrid.

Joan: ¿Puedo sacar una foto?

María: Creo que no. A los guardias no les gusta que hagamos fotos. Vamos: te voy a enseñar algo que te interesará. Mira, aquí está; el Kilómetro Cero.

David: ¿Qué es?

María: Pues ya te dije que estabais en el centro de la capital, y Madrid está en el centro de España. Por eso, desde este punto en la Puerta del Sol se miden todas las distancias de las carreteras. Es decir, si estáis en el kilómetro 65 al norte de Madrid, estáis a precisamente sesenta y cinco kilómetros de este Kilómetro Cero. ¿Qué os parece la plaza?

Joan: Pues la verdad sea dicha, María, la encuentro un poco, digamos, destartalada. Mira, hay tiendas cerradas y entabladas y muchos jóvenes sucios que no hacen nada sino vagar por la plaza como si fuesen fantasmas.

María: Sí, es verdad, Joan, que Madrid se ha estropeado, y que hoy en día hay muchos jóvenes como éstos. Pero no creo que dure mucho más porque el gobierno nos ha prometido acabar con el paro entre los jóvenes.

Diálogo 3

David ve un quiosco de la Lotería Nacional y se acerca para comprar un décimo. *Vendedora*: Buenos días, señor. Un décimo, ¿verdad?

David: Sí, y quiero que usted me dé un número que termine en siete.

Vendedora: Un momento, por favor, señor, no creo que me quede de ese número. Todos lo quieren, ¿sabe?, porque creen que trae buena suerte.

David: Yo también creo eso. ¿No cree usted que tengo razón?

Vendedora: Es posible que cierto número traiga buena suerte, pero yo creo que estamos todos en manos de Dios y que si El quiere que le toque la lotería, le tocará y si no, no.

David: Bueno. Esperaré hasta que salga este número y, si tengo suerte, volveré aquí y le invitaré a tomar una caña conmigo. ¿Vale?

Vendedora: ¡Hombre! Todos dicen eso, pero nunca vuelven.

David: Pues yo soy hombre de confianza y si digo que volveré, lo haré.

Vendedora: Muy bien, señor. Y que tenga mucha suerte. Adiós.

David: Adiós.

5.2 VOCABULARIO

surgir	to arise, crop up
a principios de	at the beginning of
la temporada	season
el pedido	order
la muestra	sample
al por mayor	wholesale
asequible	reasonable
alegrarse	to be pleased
el almacén	warehouse
las ganancias	profits
la huelga	strike
el retraso	delay
medir(i)	to measure
destartalado	run down, scruffy
entablado	boarded up
estropear(se)	to ruin, spoil
el paro	unemployment
quedar	to remain, have left

5.3 EXPLANATIONS

(a) Madrid

Madrid, the capital of Spain and a city of more than four million inhabitants, is now also the capital of the new province of Madrid. (Previously Madrid was in Castilla la Nueva.) Most large cities are found on the coast to facilitate trade, and Barcelona, Valencia and Málaga owe their existence to the export and import trade. Others, like Bilbao, are the centre of major industries or, like Sevilla, are found at the highest navigable point on important rivers. In this respect Madrid is rather anomalous and, until recent times, lacked important industries, did not defend important river crossings and owed its existence merely to being roughly in the geographical centre of the country. The name of the city is Arabic in origin and is formed from Majerit, which in turn, seems to have been derived from Mayoritum or Magerito. Philip II chose Madrid as the capital in 1561 and moved his court from the ancient capital of Toledo. The growth of the city was not swift. In 1561 it had some 30 000 inhabitants which grew to 223 000 by 1850 but, at the beginning of this century it only had 528 000, and the total only grew to 893 000 by 1930. In recent years growth has been very rapid and now there are more than four million 'madrileños', many of whom have moved from poorer parts of the country in search of work and wealth. There are, in fact, a number of quite distinct capital cities all of which blend to make up modern Madrid. They can be classified as follows.

Villa medieval y de los Reyes Católicos

In this one finds the Casa y Torre de los Lujanes, the Church of San Nicolás and that of San Pedro del Viejo, the Plaza de la Paja and the remains of the old Moorish quarter.

Villa de los Austrias

The most important buildings in this capital are the Plaza Mayor, the Palacio de Santa Cruz, the Catedral de San Isidro and the Casa de la Villa.

Villa de los Borbones

The Bourbon dynasty gave to Madrid the Church of San José, the present-day Dirección de Seguridad in the Puerta del Sol, the Puerta de Alcalá and the Parque del Retiro with its statuary and decorative buildings.

Modern Madrid

The distinctive buildings of modern Madrid are the Telefónica, the Edificio España, the Torre de Madrid, the Nuevos Ministerios and the Estadio Bernabéu, home of Real Madrid.

As well as offering the visitor a rich historical heritage, Madrid also has the Museo del Prado, one of the best museums of art in the world. (Madrileños invariably point out that all the pictures, statues and other objects found in the museum were bought and paid for, unlike many British museums, whose treasures are the result of imperialism and theft!)

Other important museums found in Madrid are the Museo de América, the Museo del Ejército, the Museo Naval, the Armería Real and the Ermita de San Antonio, where the famous frescos by Goya are found.

Madrid also offers tourists a rich selection of theatres, concerts, nightclubs and cabarets as well as boundless bars and good restaurants.

(b) Saying what you would do: the Conditional tense – *grammar reference page 285*

The Conditional is formed by adding the ends of the 'er' Imperfect onto the Infinitive. If the verb is irregular in the Future tense, it is also irregular in the Conditional tense.

Podría venir a verle.	I would be able to come to see you.

(c) Negatives with the Perfect tense – *grammar reference page 287*

Once formed, the Perfect tense is fixed and negatives precede or follow the whole verb.

Hemos recibido.	We have received.
No hemos recibido.	We have not received.
No hemos recibido nada.	We have received nothing.
(Nada hemos recibido.)	(We have received nothing.)

(d) Saying what may happen: the Present Subjunctive – *grammar reference page 290*

The Present Subjunctive was introduced in Chapter 4. Further examples in this chapter are as follows:

Quiero que nos mande.	I want you to send us. (But you may not.)
¿Quiere que le enseñe unas muestras?	Do you want me to show you some samples? (But I may not.)
¿Qué quiere que le cuente?	What do you want me to tell you? (But I may not.)

The Present Subjunctive is also found after certain negative expressions.

No creo que haya problemas.	I don't think they'll be any problems. (But there may be.)

It is also found after verbs of liking, etc.

No les gusta que hagamos fotos.　　　They don't like us taking photos.
(But we still may take photos.)

The Present Subjunctive often expresses doubt. Therefore, if you are referring to the future, it is often found.

Antes de que lleguen los zapatos.　　　Before the shoes arrive. (But they may never arrive.)

(e)　Saying what may have happened: the Perfect Subjunctive – *grammar reference page 293*
Verbs of emotion, such as gustar or alegrarse will require the subjunctive in the subordinate clause.

Me alegro de que les hayan gustado.　　　I am pleased that you liked them.

(f)　Saying what might happen: the Imperfect Subjunctive – *grammar reference page 292*
The formation of this tense is one of the easiest in the language, and there are no irregulars. The tense is formed from the 3rd Person of the Preterite tense. The ending -ron is removed and the ending -se or -ra added.

Yo quería que llegasen antes.　　　I wanted them to arrive sooner.
(But they might not.)
Como si fuesen fantasmas.　　　As if they were ghosts. (But they were not.)

(g)　Saying what is quite impossible for you
You add a pronoun to the known phrase: 'Es imposible . . .'

Es imposible aparcar en el centro de Madrid.　　　It's impossible to park in the centre of Madrid.
Me es imposible mandarlos por avión.　　　It's quite impossible for me to send them by air.

(h)　Extensions to the use of hay　(there is, there are) – *grammar reference page 289*
This verbal expression exists in the full range of tenses.

Hay una farmacia por aquí.　　　There is a chemist's around here.
Había una farmacia por aquí.　　　There used to be a chemist's around here.

In this lesson you find:

Ha habido una huelga.	There has been a strike.
Habrá un retraso.	There will be a delay.

(i) Idiomatic uses of dar – *grammar reference page 294*

Dar la gana	*To want to . . .*
No me da la gana.	I don't want to.

Dar una vuelta	*To go for a stroll*
Dan una vuelta por Madrid.	They go for a stroll around Madrid.

(j) The Present Subjunctive used with the Future tense – *grammar reference page 292*

When you are referring to the future, inevitably what you say is doubtful, and therefore the subjunctive form is found.

Esperaré hasta que salga este número.	I'll wait until this number comes out. (But it may not come out.)
Se lo daré cuando venga.	I'll give it to him when he comes. (But he may not come.)

5.4 EXERCISES

Exercise 1   ¿Qué se dice?

Fill in the gaps in the following dialogue, taking your cue from the English phrases in the bracket.

Usted: (Greet Mendoza. Ask him what he is doing in Madrid because he was not due until next month.)

Mendoza: Pues me ocurrió pensar que podría venir a verle antes de volver a Italia.

Usted: (Suggest that there is some problem or other with the contract.)

Mendoza: Sí, la temporada empieza y no hemos recibido nada de su compañía.

Usted: (Ask what order he sent you exactly.)

Mendoza: Doscientos pares de botos vaqueros.

Usted: (Ask him to wait a moment while you ask the computer what is happening with the goods.)

Mendoza: Muy bien.

Usted: (Tell him there is no problem with the boots because they are already in your Madrid warehouse.)

Exercise 2   ¿Qué se dice?

Su amiga: ¿Qué quieres que te cuente de la plaza?

Usted: (Ask what the big building with the clock on top is.)

Su amiga: Es la Dirección General de Seguridad.

Usted: (Ask if you can take a photo.)

Su amiga: No; a los guardias no les gusta que hagamos fotos. ¿Qué te parece la plaza?

Usted: (Tell her that you find it a bit run-down with scruffy young people wandering about like ghosts.)

Su amiga: Sí, es verdad que Madrid se ha estropeado mucho.

Exercise 3   ¿Qué se dice?

Vendedor: Un décimo, ¿verdad?

Usted: (Say that's right and ask for a number ending in 3 because you have three children and for you that'a a lucky number.)

Vendedor: No creo que me quede de ese número. Todos creen que trae buena suerte.

Usted: (Say you think so too, and ask if he does not think you are right.)

Vendedor: Pues yo creo que todos estamos en manos de Dios.

Usted: (Say you'll wait until the number comes out and then will come back and buy him a beer.)

Vendedor: Todos dicen eso, pero nunca vuelven.

Exercise 4   **Saying what you would do if you could**

Say what you would do if you could, using the verb given in brackets.

Example: Si tuviera más tiempo libre . . . . . . (jugar al golf).

   Si tuviera más tiempo libre, jugaría al golf.

1. Si tuviera más dinero . . . . . . (comprar un coche nuevo).
2. Si viviera en Madrid . . . . . . (visitar el Museo del Prado).
3. Si fuera más joven . . . . . . (practicar el tenis).
4. Si me tocara la lotería . . . . . . (viajar por todo el mundo).
5. Si viviera cerca del mar . . . . . . (hacer el windsurf).

Exercise 5   **Nothing has happened**

Example: ¿Qué has comprado hoy?

   No he comprado nada hoy.

1. ¿Qué has leído esta mañana?
2. ¿Qué han hecho los niños esta tarde?
3. ¿Qué ha dicho Juan?
4. ¿Qué habéis comprado en los almacenes?
5. ¿Qué has visto en la televisión?

Exercise 6   I don't think that will happen

Example: ¿Cree usted que vendrá?

No, no creo que venga.

1. ¿Cree usted que lloverá esta tarde?
2. ¿Cree usted que llegará pronto?
3. ¿Cree usted que el tren saldrá con retraso?
4. ¿Cree usted que nos dirá todos los precios?
5. ¿Cree usted que hará sol mañana?

Exercise 7   What did you want them to do?

Example: ¿Qué quería que hiciese el jefe de marketing? (tell you the prices)

Quería que me dijese los precios.

1. ¿Qué quería que hiciese el jefe de exportaciones? (send you the boots)
2. ¿Qué quería que hiciese la secretaria? (call her boss)
3. ¿Qué quería que hiciese el camarero? (bring you some more wine)
4. ¿Qué quería que hiciese la chica? (tell you her name)
5. ¿Qué quería que hiciese el jefe de publicidad? (send you some brochures)

Exercise 8   I can't possibly do that

Example: ¿Quiere usted llamarme mañana por la mañana?

Me es imposible llamarle mañana por la mañana.

1. ¿Quiere usted mandarme las botas por avión?
2. ¿Quiere usted decirme los precios al por mayor?
3. ¿Quiere usted acompañarme a la oficina del jefe?
4. ¿Quiere usted explicarme estos planes?
5. ¿Quiere usted darme su número de teléfono?

Exercise 9   I'm so glad . . . I'm so sorry . . .

Make ten reasonable phrases by joining up the following:

Me alegro de que . . .

Siento mucho que . . .

haya muerto tu abuelo.

hayas aprobado el examen.

te haya tocado la lotería.

te haya gustado le cena.

haya mejorado tu madre.

hayas recibido las mercancías.

hayas perdido tu reloj.

hayas ganado tanto dinero.

hayas encontrado un piso bonito.

haya empeorado tu hijo.

Exercise 10 When will you do it?
Example: Se lo diré . . . . . . (when he arrives).
　　　　Se lo diré cuando llegue.

1. Se la daré . . . . .　　　　(when I see him).
2. Te lo explicaré . . . . . .　(when I have the details).
3. Se los daré . . . . . .　　　(when he comes).
4. Esperaré . . . . . .　　　　(until he tells me it).
5. Se lo contaré . . . . . .　　(when I have more time).

5.5 ¿COMPRENDE USTED EL ESPAÑOL HABLADO?

Listen to the material on the cassette and then answer the questions in English.

1. Who is calling whom?
2. What did the caller forget to do?
3. Are the prices higher or lower? Why?
4. Will the difference be very great?
5. Will the colours be different?
6. Which colours are involved?
7. What sizes will Juan send?
8. What does the caller need reassuring about?
9. What might affect delivery?
10. When will the goods be dispatched?

A phone call at the office
Secretaria:　¿Dígame?
Mendoza:　Buenas tardes. ¿Está el señor López?
Secretaria:　¿De parte de quién?
Mendoza:　Soy el señor Mendoza de Buenos Aires.
Secretaria:　Ah sí, señor Mendoza. Un momento, por favor. Ahora le pongo.
Juan:　Buenas tardes, señor Mendoza. ¿Qué quería usted?
Mendoza:　Cuando estaba en su oficina esta mañana, se me olvidó preguntarle los precios de los zapatos que usted me va a mandar a Buenos Aires. Los precios serán los mismos que para los otros zapatos, ¿verdad?
Juan:　No, señor Mendoza, los precios de los zapatos que le voy a mandar son un poquito más altos que los otros porque éstos son de una calidad algo mejor que los otros. Pero no se preocupe; será cuestión de unas pesetas por par, nada más.
Mendoza:　¿Y los colores? ¿Son distintos?

Juan: No, señor Mendoza, los colores son iguales que los otros – rojo, verde, gris y marrón.

Mendoza: Y va a mandar los números normales, ¿verdad?

Juan: Eso es, señor Mendoza. Le voy a mandar los números que usted me dijo en su pedido.

Mendoza: Y, ¿está seguro de que llegarán antes de finales de junio?

Juan: Espero que sí, pero todo depende de la fábrica en Menorca. Me han dicho que pueden mandarme los zapatos esta misma semana y yo se los mandaré a usted en cuanto lleguen a nuestro almacén.

Mendoza: Muy bien. Muchas gracias por toda su ayuda, señor López.

Juan: De nada, señor Mendoza, y hasta la próxima, ¿eh?

Mendoza: Sí, hasta el año que viene. Adiós.

Juan: Adiós, señor Mendoza.

5.6 LECTURA

(a) 'Madrid-Suburbio': Cuando se me acabe la cara de niño

Madrid in the 1980s has taken on many of the features of the so-called 'swinging' London of the 1960s and 1970s. It is called 'la movida', a term which it is almost impossible to translate into English, but which has overtones of 'trendy', 'with it' etc. The mood is hysterical and profoundly depressing as the young demoralised and largely unemployed people of Madrid try to escape from a reality which offers no hope.

Lea con cuidado este artículo de la prensa española y luego conteste a las preguntas en inglés.

Los bloques de edificios en la barriada de San Blas, en Madrid, son como cajas de zapatos colocadas al azar. Poco antes de la hora de comer los muchachos y las chicas del lugar se apoyan en los muros que dan al sol o la sombra, según la temporada.

La discoteca es el lugar de reunión. Allí se *está* y no es necesario bailar. Con escuchar música es suficiente. Uno puede distinguir a un chico de otro por la ropa y su adscripción a un movimiento musical determinado.

Un rockero/a, o sea un *heavy*, lleva el pelo largo peinado, una *chupa* negra o vaquera y zapatillas de deporte. Manolo de Dios, del grupo *Huracán*, matiza también: 'Los modernos se distinguen porque hacen música sin corazón, música fría con mucha electrónica. No tienes más que escuchar las letras y te darás cuenta.' Lorenzo, uno de los socios de la sala *Astoria*, se ríe desde su metro ochenta y su cuidada vestimenta. 'En su sala, actuaron el grupo inglés *pop Los Sinatras*.' La entrada costaba ochocientas pesetas. Angeles está allí con su mechón de pelo rubio, y el resto de la cabeza al dos. 'Qué gracia, ¿que cuánto vale lo que llevo puesto? . . . ¡Oh! . . . pues, no sé, unas cincuenta mil pesetas . . . , no sé.' Angeles es profesora de EGB y licenciada en Pedagogía. Vive con sus padres y dice gozar a tope de sus veintiocho años.

Los muchachos del suburbio viven con sus *viejos* casi todos. O están en el paro o curran de albañiles, fontaneros, mozos de almacén, ordenanzas, y las chicas son asistentas, peluqueras, administrativas o estudian en los institutos, Formación Profesional o vagas cosas como esteticista o secretariado en oscuras academias.

Rita, de diecisiete años, no vive con sus *viejos*. Es de Cuenca, y no le gusta hablar de su vida: 'Yo soy asistenta, tío, no criada, paso de ser criada . . ., me saco unas mil ochocientas a la semana y tengo bastante . . ., me compro mis *taleguitos* y me busco la vida'. Su amiga Trino, de dieciocho, es más explícita: 'Escuchamos la radio, eso es lo que hacemos, y estar con los *colegas* o con tu *pibe* si lo tienes, paso de política y de leer. Leer es un *muermo* . . ., algunos comics sí . . ., pero son muy caros, eso me va, pero libros no. Los libros son muy embusteros. Tengo una *coleguilla* que es muy romántica y lee mucho, esa sí que lee. Se compra no sé cuantas novelas de Blanca Flor y esas . . ., pero yo paso, o sea, paso del amor . . ., no de los pibes, no, del amor . . ., o sea que a mí un *pibe* me dura pues a lo mejor una semana o un mes, pero nada más.'

A las diez y media se acaban las discotecas. Cuestan, cuando no hay grupos actuando, alrededor de doscientas pesetas. En las puertas están los que no tienen dinero para entrar y piden suelto. Al final casi todos entran.

'No se portan mal, no. Algunas peleas y cosas así', opina uno de los que guardan el orden en la sala *Canciller*. Son diez, la mayoría policías nacionales. 'Lo que solemos hacer es castigarlos con un mes o dos sin entrar en la discoteca si se han portado mal, pero eso no ocurre siempre.'

La música es el mito, las señas de identidad. Ser actuante de un grupo es un sueño soñado siempre por chicos y chicas. Los adultos – más de veinticinco años – no son modelo de nada. Los modelos son los músicos ingleses y americanos. Quizá sean políticos por omisión y no lo sepan. Nadie lo sabe. ¿Cuánto durará esto?

' ¡Y yo que sé, tío! . . . ¿Quién lo sabe? Madrid es una porquería, una caca . . ., no hay curro . . ., así estaré hasta que se me quite la cara de niño, ¿vale?'

1. What do the buildings of the San Blas district look like?
2. What do the young people of the area do?
3. What do they do in the discos?
4. How can you tell the boys from the girls?
5. What does a rockero look like?
6. What is the music of the modernos like?
7. Which English group played in Madrid, and what did the tickets cost?
8. Find five facts about Angeles.
9. What do the young people work at if they have jobs?
10. Find five facts about Rita and five about Trino.
11. When do the discos close and what do they cost?
12. What do the police think about the young people?

13. What is the ambition of some of the youngsters?
14. Are grown-ups the model of behaviour for the youngsters, or other people?
15. How do they describe modern Madrid?

(b) Lectura 2
When Robert Robinson was in Juan López's office, Juan gave him a letter to read to see how well Robert understood Spanish. Can you read it and then answer the questions in English?

Estimado señor López:
Creo que usted es un importante exportador de zapatos de señora de alta calidad y que sabe muy bien que es un mercado muy inconstante porque la moda puede cambiar de la noche a la mañana. Por eso, usted quiere que sus zapatos lleguen a su destino lo antes posible para no perder importantes pedidos. Nuestra compañía le puede ofrecer el método más rápido de transporte que haya hoy en día: el transporte aéreo.

Ya que España forma parte de la CEE nosotros tenemos que empezar a pensar a la europea porque, como dicen los ingleses y los alemanes, 'el tiempo es oro'. Estoy seguro de que algunos de sus clientes le han pedido un servicio más rápido que el transporte por mar para que las mercancías lleguen al mercado deseado. Esta compañía puede transportar zapatos o cualquier otro producto a los mercados en Europe y América Latina con más de cuarenta vuelos por semana a todas las ciudades principales de Europa y América Latina. Le mandamos adjuntos varios folletos que explican los servicios que ofrece esta compañía a sus clientes, con ejemplos de cálculo de costes a los países de Europa y de América Latina.

Aprovecho esta oportunidad para ofrecerme a usted y saludarle muy atentamente.

Mateo Ruiz
Director de Marketing

1. Why is the market that Juan López is in a changeable one?
2. Why should he want swift delivery of his products?
3. What service does Mateo Ruiz's company offer?
4. Why should Spain try to modernise its services?
5. What saying do the English and French have about business?
6. What is Ruiz certain about?
7. How many flights can Ruiz offer per week and to which destinations?
8. What does he enclose with his letter?
9. What facts are given in these documents?
10. How does he end his letter?

CHAPTER 6

GALICIA ES LA HUERTA Y PONFERRADA LA PUERTA

6.1 DIÁLOGOS 📼

Diálogo 1

Por fin, los López y los Robinson pueden empezar sus vacaciones. Pasan una noche en Segovia, y luego salen para Galicia. Cuando están ya en la región, David, que va en el coche de María, se da cuenta de que muchas de las señales de carretera han sido cambiadas o tachadas con pintura negra y le pregunta a María:

David: ¿Por qué han sido cambiadas las señales. María? Es difícil leerlas ahora.

María: Porque a los gallegos no les gusta que las señales estén escritas en español o castellano, y las cambian al gallego.

David: Y, ¿el gallego es el idioma de esta parte del país?

María: Eso es. Ya que tenemos muchas regiones autónomas con su propio parlamento, les gusta a los habitantes de las distintas autonomías ver todas las señales en su idioma. Lo mismo pasa en Cataluña.

David: ¿De veras? Yo siempre creía que el catalán no era más que un dialecto del español.

María: No digas eso nunca a un catalán, David, o te matará. Los catalanes están muy orgullosos de su idioma, sobre todo porque bajo Franco estaba prohibido enseñar, publicar o predicar en catalán.

David: ¿Predicar? ¿Qué significa eso, María?

María: Es lo que hacen los curas en las iglesias. Predican un sermón durante la misa.

David: Ah sí, ahora entiendo. Y hasta predicar en catalán estaba prohibido bajo Franco.

María: Eso es, y a los catalanes no les quedaba más que su baile tradicional, la sardana, que bailaban como símbolo de su independencia.

David: Sí, sería difícil prohibir un baile, ¿no?

María: No lo creas, David. El régimen de Franco era muy autoritario; lo que se llama un estado policial como en los países comunistas.

El paisaje de Galicia

David: Pero ahora con la democracia hay más libertad, ¿verdad?

María: Sí, hay mucha más libertad pero, claro, con la libertad llega a veces el libertinaje, como dicen los curas, y ahora hay mucha pornografía en el cine y el teatro, muchos drogadictos por la calle y muchos atracos a los bancos por terroristas de la ETA.

David: Sí, lo mismo pasa en Inglaterra, pero, claro, en Inglaterra o, mejor dicho, en Irlanda del Norte, los terroristas son de la IRA. ¿Te interesa la política, María? ¿Eres miembro de algún partido político?

María: No, yo paso de política, como dicen los jóvenes hoy en día.

David: Bueno, háblame de otra cosa, María, si no te interesa la política. Dime, ¿qué son aquellas balsas tan enormes que están flotando ahí abajo en la ría?

María: No son balsas, David, sino viveros donde crían los mariscos tan famosos de Galicia. Ahí crían las langostas, las almejas y las ostras que figuran entre las mejores de toda España. Ya verás, porque seguro que vamos a comer mariscos al mediodía.

David: ¡Qué bien! Me encantan los mariscos.

Diálogo 2

Joan Robinson y Juan López van en otro coche con Robert, y los tres también empiezan a hablar de la política actual de España, y de los cambios que ha habido desde la muerte de Franco.

Joan: ¿En qué año murió Franco, Juan?

Juan: En el año mil novecientos setenta y cinco.

Joan: Y luego vino la democracia, ¿verdad?

Juan: Eso dicen, pero yo creo que todavía no tenemos un régimen verdaderamente democrático.

Robert: ¿No? ¿Cómo es eso?

Juan: Pues, mira, Roberto, porque hay todavía tantos del antiguo régimen, los franquistas, que ocupan puestos importantes en la prensa, en la educación y en los ministerios del estado.

Joan: Sí, pero a pesar de esto, España es una democracia, ¿verdad?

Juan: Sí, supongo que sí. Por lo menos tenemos un gobierno elegido por el pueblo y dos cámaras de gobierno como el vuestro.

Robert: ¿Cómo se llaman las dos cámaras?

Juan: Tenemos el Congreso de los Diputados que es parecido a vuestra House of Commons, y el Senado, que es algo parecido a vuestra House of Lords salvo que nuestros senadores son elegidos y los vuestros no, ¿verdad?

Joan: Y, ¿qué son los partidos políticos?

Juan: ¡Huy! Cada día hay más. Hay el PSOE, que es socialista, la AP que es conservador o derechista y el PRD, que es centrista.

Robert: ¡Cuántas iniciales! ¿Qué significan?

Juan: A ver si me acuerdo. El PSOE es el Partido Socialista Obrero Español, la AP es la Alianza Popular y el PRD es el Partido Reformista Democrático. Y también quedan algunos golpistas por ahí.

Joan: ¿Golpistas? ¿Qué son los golpistas?

Juan: ¡No me digas que no sabes lo que son golpistas! ¿No te acuerdas? El 23 de febrero de 1981 hubo un golpe de estado cuando Tejero y la Guardia Civil se apoderaron de las Cortes. Pues de la palabra 'golpe' viene el nombre que se les da a los que quieren volver al régimen fascista de Franco, los golpistas.

Joan: ¡Qué interesante! Bueno, ya vamos a llegar a Santiago, ¿verdad? ¿Dónde vamos a encontrarnos con María y David?

Juan: En el bar del Parador, que está en la Plaza de España.

Diálogo 3

Al reunirse en el bar del Parador, María pregunta a Juan si ha visto su reloj.

María: ¿Has visto mi reloj, Juan? No lo encuentro por ninguna parte.

Juan: No, no lo he visto, pero lo tenías anoche en el hotel en Segovia porque lo vi en la mesilla de noche. Es ese reloj que te regalé el día de tu cumpleaños, ¿verdad?

María: Eso es. Lo puse en la mesilla de noche cuando fui a ducharme pero no me acuerdo si lo cogí esta mañana cuando salimos. ¿Quieres llamar al hotel para ver si lo han encontrado?

Juan: En seguida. ¿Tienes el número de teléfono?

María: Sí, aquí está en la cuenta que nos dieron. Segovia 42 73 61.

Juan: ¿Y el indicativo telefónico provincial?

María: Es el 911.

Juan: Voy a llamar en seguida. Pídeme una cerveza cuando llegue el camarero, ¿quieres?

María: Claro.

Diálogo 4

Recepcionista: Hotel Gran Vía. ¿Dígame?

Juan: Buenas tardes. Soy el señor López. Estuve en su hotel con mi esposa la noche pasada, y creo que ella dejó un reloj en la habitación.

Recepcionista: ¿Qué habitación, por favor?

Juan: En la habitación número 34.

Recepcionista: ¿Cómo era el reloj?

Juan. Era bastante pequeño, de oro y con una correa de cuero negro.

Recepcionista: Sí, lo tenemos, señor López. La asistenta lo encontró cuando estaba limpiando la habitación. Su esposa dejó el reloj en la mesilla de noche, ¿verdad?

Juan: Eso es. ¿Quiere devolvérmelo a mi dirección en Madrid?

Recepcionista: Sí, pero, ¿quiere ser tan amable de escribirnos con una descripción del reloj? Entonces se lo devolveremos en seguida.
Juan: Claro. Le escribiré en seguida. Adiós.
Recepcionista: Adiós, señor López.

6.2 VOCABULARIO

darse cuenta (de que)	to realise
la señal de carretera	roadsign
tachar	to obliterate
propio	own
la autonomía	autonomous region
matar	to kill
orgulloso	proud
el idioma	language
la misa	Mass
el estado	state
el atraco	robbery, hold-up
mejor dicho	rather
pasar de	to manage without, be uninterested
la balsa	raft
el vivero	fish-farm
los mariscos	shellfish
la langosta	lobster
la almeja	clam
la ostra	oyster
el puesto	job, post
a pesar de	despite, in spite of
suponer	to suppose
el diputado	member of parliament
salvo que	except
el golpe de estado	coup d'état
reunirse	to meet, get together
regalar	to give, make a present of
ducharse	to take a shower
el indicativo telefónico provincial	area code
la correa	bracelet, strap
devolver	to give back, return

6.3 EXPLANATIONS

(a) Spanish politics after Franco
When Franco died in November 1975, like most dictators he left a political vacuum behind him, but he hoped that the new king, Juan Carlos, whom

he had chosen personally to succeed him and who had been educated in Spain, would carry on with the authoritarian regime which Franco first established in 1939. There followed a period known to Spaniards as la transición, when the old Cortes, the government of puppets appointed by Franco, tried to come to terms with preparing Spain to become a democracy again. A centre-right government was elected and was followed by a socialist government under Felipe González, the young Andalusian who had suffered exile and imprisonment under Franco. Spanish public opinion was split between those who called for a total break with the Franco past - la ruptura - and those who felt a more gradual change was best for the country. The problem with la ruptura was that almost any figure of authority in the country - headteachers, university professors, newspaper editors, radio and television producers and almost all the senior clergy - were, or pretended to be, sympathisers with the Franco regime. The wholesale dismissal of all these people would have left the country without an effective administration for a number of years. The difficulty with the gradual change to democracy was that many who had to bring about the change were deeply unsympathetic to it.

A perennial problem for Spain's government also surfaced again very strongly - the struggle between the centralising power of Madrid and the desire of the regions to have a measure of self-government. This was not a new problem because the struggle between the centre and the periphery has been going on in Spain for centuries.

A further problem was the army which had traditionally been a strong political force in Spain and which was dissatisfied with much of what it saw happening in Spain: the growth of lawlessness, the slow spread of permissiveness which culminated in pornography and the lack of respect for authority among the young. This dissatisfaction reached its peak in the attempted *coup d'état* on the 23 February 1981 when a group of army officers, led by General Jaime Milans del Bosch, tried to seize control of the Cortes, the Spanish parliament. The actual incursion into the Cortes was led by a Lieutenant Colonel of the Guardia Civil, Antonio Tejero Molina, and the event was recorded and transmitted by the Spanish Television service which was broadcasting the Cortes live. Throughout the night, Tejero and the Guardia Civil held the members of the Cortes captive and finally released them when it became clear that the *coup* had failed.

The failure was due mainly to the brilliant political role played through-out the night by the King Juan Carlos, who appeared on television to squash rumours that he supported the *coup* and telephoned all the senior army commanders personally to insist they remain loyal to the duly elected parliament. All those above the rank of sergeant who had taken part in the *coup* received long prison sentences but remain for some heroes rather than villains and receive regular gifts of champagne and cigars in their prison cells. Democracy seemed secure in Spain, but the king still spends a large amount of his time attending regimental dinners of the army or military manoeuvres . . .

(b) The Passive voice
The Passive voice is regularly replaced by the Reflexive in Spanish.

El puente se construyó en 1970.   The bridge was built in 1970.

However, the Passive voice does exist and is formed with ser and the Past Participle. This participle agrees with the subject of the verb.

Las señales han sido cambiadas.   The signs have been changed.
Soy respetado.   I am respected. (*The speaker is male*.)
Soy respetada.   I am respected. (*The speaker is female*.)

(c) Por and Para – *grammar reference page 298*
Para usually indicates destination.

Salen para Galicia.   They leave for Galicia. (*The destination is Galicia*.)
Esta carta es para usted.   This letter is for you. (*The destination is you*.)

It also conveys 'in order to':

Para llegar a casa, cojo un taxi.   In order to get home, I take a taxi.

Por in this lesson is used to express 'by':

Un gobierno elegido por el pueblo.   A government elected by the people

and also 'along' or 'in':

Muchos drogadictos por la calle.   Lots of drug addicts in the street.

Idiomatic phrases involving por in this lesson are as follows:

Por lo menos . . .   At least . . .
Por ahí . . .   Around here . . .
Por ninguna parte . . .   Nowhere . . .
Por favor . . .   Please . . .

(d) Expressing 'but' after a negative – *grammar reference page 300*
Pero is replaced by sino:

No son balsas sino viveros.	They are not rafts but fish-farms.

A common phrase used in Spanish to balance an argument is 'No sólo . . . sino también . . .':

No sólo era buen poeta sino también músico de mucho talento.	Not only was he a good poet but also a very talented musician.

(e) Expressing 'only' – *grammar reference page 298*
No . . . más que expresses 'only':

No tengo más que vino blanco.	I have only got white wine.

If a number is involved, que changes to de:

No tiene más de tres hijos.	He has only three children.

(f) Giving orders to people you know: the Familiar Imperative – *grammar reference page 287*
You use the third person singular of the Present tense and put pronouns on the end of the positive form:

Háblame de otra cosa.	Talk to me about something else.
Pruébalo, es muy bueno.	Try it, it's very good.
Pídeme una cerveza.	Order me a beer.

If the order is negative, you see the second person of the Present Subjunctive.

No digas eso nunca.	Never say that.
No lo creas.	Don't believe that.
No me lo digas.	Don't say that to me.

(Notice that the pronouns are now before the verb, in their more usual position.)

(g) The Possessive Adjectives and Pronouns: our and your

Nuestro is used to express 'our' and, like all adjectives, agrees with the noun.

Nuestra casa está en Granada.	Our house is in Granada.

Nuestros hijos están en casa.	Our children are at home.

Vuestro is used to express 'your' when addressing people you know well.

¿Cómo es vuestra casa?	What is your house like?
¿Dónde están vuestras hijas?	Where are your daughters.

The pronouns are the same as the adjectives if they follow the verb ser:

¿Es vuestro? Sí, es nuestro.	Is it yours? Yes, it's ours.

Otherwise the pronoun is preceded by the correct form of el, la, los, las:

Yo diría que el vuestro es mejor que el nuestro.	I'd say that yours is better than ours. (speaking of a masculine singular noun)
¿Cuánto costó la vuestra? La nuestra costó mil pesetas.	What did yours cost? Ours cost 1000 pesetas. (speaking of a feminine singular noun)

(h) Words ending in -ista

Many words which end '-ist' in English, end -ista in Spanish and are usually masculine, although feminine forms exist.

Voy a ver al dentista.	I'm going to see the dentist.
Quiero hacerme taxista.	I want to become a taxi-driver.
Muchos turistas visitan Madrid.	Many tourists visit Madrid.

Many political terms end in the same way:

Felipe González es socialista.	Felipe González is a socialist.
Fidel Castro es comunista.	Fidel Castro is a communist.

Reference can therefore be made to the political stance of groups by using the normal language of politics:

Derechista	Of the right
Centrista	Of the centre
Izquierdista	Of the left
Golpista	Prone to *coup d'état*

(All of these are normally masculine)

Todavía hay muchos golpistas en España.	There are still a lot of revolutionary types in Spain.

(i) Uses of the verb dejar

The basic meaning is that of 'leave, quit, leave behind':

Dejé la escuela a los once años.	I left school when I was eleven.
Dejé el reloj en la mesa.	I left the watch on the table.

It also conveys 'let, allow':

Mi padre no me deja salir con chicos.	My father does not let me go out with boys.

It can be used to express 'lend':

¿Quieres dejarme mil pesetas?	Will you lend me 1000 pesetas?

Dejar de expresses 'to stop doing, leave off':

Dejé de fumar hace años.	I stopped smoking years ago.

6.4 EXERCISES

Exercise 1   ¿Qué se dice?
Fill in the gaps in the following dialogues, taking your cue from the English phrases in the bracket.

Usted: (Ask in which year Franco died.)
Su amigo: En el año mil novecientos setenta y cinco.
Usted: (Ask if that was when democracy came to Spain.)
Su amigo: Sí, supongo que sí. Ahora tenemos dos cámaras de gobierno.
Usted: (Ask what the two chambers are called.)
Su amigo: Se llaman el Congreso de los Diputados y el Senado.
Usted: (Ask if both chambers are elected by the people.)
Su amigo: Eso es.

Exercise 2   ¿Qué se dice?
Explain British politics to your Spanish friend.

Su amigo: ¿Qué significa SDP?
Usted: (Tell him.)

Su amigo: ¿Y es derechista o izquierdista?
Usted: (Tell him it is a centre party.)
Su amigo: ¿Y la señora Thatcher?
Usted: (Tell your friend that she is of the right.)
Su amigo: ¿Y ese Arthur Scargill?
Usted: (Tell him he is very much to the left of British politics.)

Exercise 3   ¿Qué se dice?
Reclaiming lost property over the phone.

Recepcionista: Hotel Montesol. ¿Dígame?
Usted: (Say good afternoon. Identify yourself and explain that you
    spent the night before in the hotel and left an electric razor in the room.)
Recepcionista: ¿Qué habitación, por favor?
Usted: (Tell her it was Room 127.)
Recepcionista: ¿Qué marca de maquinilla es?
Usted: (Tell her it is a Remington.)
Recepcionista: ¿Cómo? No entiendo. ¿Cómo se escribe, por favor?
Usted: (Spell out the name for her and add it has the initials M.P. on the
    case [el estuche].)
Recepcionista: Sí, la tenemos. La asistenta la encontró esta mañana.
Usted: (Express pleasure and ask her to return it to your address in
    England.)
Recepcionista: ¿Quiere ser tan amable de escribirnos con una descripción
    de la maquinilla? Entonces se la devolveremos en seguida.
Usted: (Tell her you will write straight away.)
Recepcionista: Gracias. Adiós.

Exercise 4   When did it happen?
1. ¿Cuándo fue elegida Margaret Thatcher como líder del Partido
   Conservador?
2. ¿En qué año fue descubierta América?
3. ¿Dónde fueron descubiertos los restos de Mengele?
4. ¿En qué año fue abierta la frontera entre España y Gibraltar?
5. ¿En qué año fue fundado el Partido Socialista Democrático en Inglaterra?
6. Según la tradición, ¿dónde fue enterrado el cuerpo del Apóstol Santiago?
7. ¿En qué país fue inventada la televisión?
8. Según la comedia *Ricardo III* de Shakespeare, ¿dónde fueron muertos
   los dos jóvenes príncipes?

Exercise 5   ¿Por o para?
Fill the gap with por or para.

1. ¿Hay recados . . . mí?
2. Don Quijote fue escrito . . . Cervantes.
3. ¿Es éste el tren . . . Sevilla?
4. . . . lo menos, no hace tanto calor hoy.
5. Lo peor de Madrid es que hay muchos drogadictos . . . la calle.
6. . . . ser rico y famoso, hay que trabajar duro.
7. Perdone, señor, ¿hay una farmacia . . . aquí?
8. ¿Está el señor Posada? Tengo una carta urgente . . . él.
9. ¿Dónde está Juana? No la veo . . . ninguna parte.
10. No me digas eso, . . . favor.

Exercise 6   You only do that!
Example: ¿Qué idiomas hablas? (English and Spanish)
          No hablo más que el inglés y el español.

1. ¿Qué deportes practicas? (golf)
2. ¿Cuánto cobras por semana? (100 pounds)
3. ¿Cuántos hijos tienes? (one daughter)
4. ¿Cuántos dormitorios hay en tu casa? (three)
5. ¿Qué idiomas hablas? (English and French)

Exercise 7   What do you want me to do?
Example: ¿Qué quieres que te pida? (a beer)
          Pídeme una cerveza.

1. ¿Qué quieres que te diga? (your address)
2. ¿Qué quieres que te explique? (this map)
3. ¿Adónde quieres que te lleve? (to the town centre)
4. ¿Qué quieres que te compre? (some cigarettes and a box of matches)
5. ¿Qué quieres que te lave? (these shirts and socks)
6. ¿Qué quieres que te prepare para la cena? (soup and a mixed salad)
7. ¿Qué quieres que te cuente de Madrid? (the old legends)
8. ¿De qué quieres que te hable? (the political parties of Spain)
9. ¿Qué quieres que te traiga? (white wine)
10. ¿Qué quieres que te mande? (some tourist pamphlets)

Exercise 8   Don't do that!

Example: ¿Quieres que te enseñe las fotos de mis vacaciones?
No, gracias, no me enseñes las fotos de tus vacaciones.

1. ¿Quieres que te pida una cerveza?
2. ¿Quieres que te haga un buen gazpacho andaluz?
3. ¿Quieres que te cuente la historia de mi vida?
4. ¿Quieres que te explique la política actual española?
5. ¿Quieres que te presente a esa señorita?
6. ¿Quieres que te dé más vino?
7. ¿Quieres que te lleve al cine?
8. ¿Quieres que te mande unos folletos publicitarios?

Exercise 9   Ours is like this

Example: ¿Cómo es vuestro hotel? (fantastic)
El nuestro es fantástico.

1. ¿Dónde están vuestros hijos? (at home)
2. ¿Cómo es vuestra casa? (quite nice)
3. ¿De qué marca es vuestro coche? (Ford)
4. ¿Cuántos años tiene vuestra hija? (25)
5. ¿Cómo es vuestra habitación? (better than this one)

Exercise 10 Vamos a escribir

This is the letter which Juan López wrote to the hotel in Segovia. Read it carefully and then write a letter of your own to fit the information given below.

Calle de Zorrilla, 33, 1A,
Madrid,
26 de agosto de 1.986

Estimado señor Director:

Pasé la noche del día veintitrés de este mes en su hotel con mi esposa, y ella cree que dejó un reloj en la habitación. Era la habitación número treinta y cuatro, y mi esposa cree que dejó el reloj en la mesilla de noche al lado de la cama. Es un reloj bastante pequeño, de oro y con una correa de cuero negro. La recepcionista de su hotel me dijo por teléfono que una asistenta encontró el reloj mientras estaba limpiando la habitación. ¿Querría ser tan amable de mandármelo a la dirección que figura al principio de esta carta? Por supuesto que le devolveré los gastos de correo.

Le saluda atentamente,

Juan López

You spent the night of 15 April in the hotel with your wife and believe that she left a dressing gown (una bata) in the bathroom next to your bedroom. It is a green, silk dressing-gown with a red belt (cinturón). You phoned the hotel and the receptionist said the dressing-gown had been found by one of the cleaning staff. Ask the manager to forward the dressing-gown to you at the address found at the head of your letter, and promise to refund all postal charges.

6.5 ¿COMPRENDE USTED EL ESPAÑOL HABLADO?

Listen to the material on the cassette and then answer the questions in English.

1. Who was being elected when the incident occurred?
2. When exactly did the incident occur?
3. Who came onto the podium?
4. What were the members of parliament ordered to do?
5. Who will come to explain the situation?

6. When will this happen?
7. Who led the attack on the parliament building?
8. Who helped in the attack?
9. How long were the members of parliament held hostage?
10. How did the country learn about the events?
11. What did Jaime Miláns del Bosch do in Valencia?
12. What did Spaniards call that night?
13. Who spoke to the nation?
14. When did he speak?

Assault on the Spanish Parliament
Música

Narrador: Tras la exposición del programa de gobierno y el consiguiente debate, se inició la votación nominal. Al ser nombrado, cada diputado daba su voto aceptando o rechazando el programa expuesto por el candidato, quien, si obtiene mayoría, queda investido por el Parlamento como Presidente del Gobierno.

Música

Narrador: Eran las seis de la tarde del día 23 de febrero cuando se procedió a la votación, que no se pudo concluir.
   'Don Manual Nuñez Encabo . . . ¿Qué pasa? No . . No . . ¿Qué ha pasado? ¡Alto, todo el mundo quieto! Acaba de entrar la Guardia Civil en el podium . . . un oficial . . . ¡Quieto todo el mundo! . . .de la Guardia Civil . . . ¡Silencio, silencio, al suelo todo el mundo! ¡Quietos . . . diputados, al suelo! ¡Quietos, vais a darles a los nuestros! Buenas tardes, no va a ocurrir nada pero vamos a esperar un momento a que venga la autoridad militar competente para disponer lo que tenga que ser y lo que él mismo diga a todos nosotros. O sea, esténse tranquilos, no sé si esto será cuestión de un cuarto de hora, veinte minutos, media hora . . ., me imagino que no más tiempo. Y la autoridad que hay competente – militar, por supuesto – , será lo que determine que es lo que va a ocurrir'.

Música

Narrador: A las seis y veinte de la tarde, el teniente coronel de la Guardia Civil, Antonio Tejero Molina, de 49 años e involucrado con anterioridad en otra intentona golpista, irrumpió en el Congreso de los Diputados al frente de más de doscientos guardias civiles.
   En el Palacio del Congreso, bajo la amenaza de las armas, quedaron retenidos los diputados y el Gobierno en pleno. Allí permanecerían secuestrados durante diechiocho horas. Poco después de la acción del

teniente coronel Tejero, que España conoció en directo a través de las emisoras de radio que retransmitirían la sesión parlamentaria, la situación adquirió mayor gravedad:

Jaime Miláns del Bosch, Capitán General de la 3ª Región Militar, había sacado los tanques a las calles de Valencia. El país, sorprendido, expectante, pero también sereno, siguió puntualmente por la radio el desarrollo de los acontecimientos. Fue aquélla, como alguien señaló acertadamente, la noche de los transistores. También por la radio, en medio de aquellos momentos enormemente preocupantes, llegó a toda España el alivio que supusieron las palabras de su Majestad el Rey don Juan Carlos, difundidas a la una y veintitrés de la madrugada.

6.6 LECTURA

23 February 1981 is a date which will be remembered for ever in Spanish history, for it was the night when a group of Spanish army officers tried to overthrow the democratically-elected government of Spain and return to the Fascist dictatorship previously headed by Franco. A Spanish journalist was caught up in the attempted *coup* and later wrote the following account of the night.

Lea con cuidado este articulo de prensa escrito por un periodista que pasó la noche del 23 de febrero, 1981 en el Palacio del Congreso y luego conteste a las preguntas en inglés.

Yo estaba dentro

Serian las seis y muy pocos minutos de la tarde cuando el presidente del Congreso de los Diputados dijo: «Se procede a la votación. Cierren las puertas.»

Un «García» fue el primero en votar. Varios periodistas aprovechamos ese monótono tiempo de la votación para cazar en el bar a alguien con noticias frescas. Yo me fui al despacho de la secretaria de Luis Gómez Llorente, el vicepresidente socialista del Congreso. Llorente había escrito un artículo para esta revista sobre la reciente sentencia del Tribunal Constitucional acerca del estatuto de Centros Docentes.

Horas antes me lo había entregado, pero desde la redacción de la revista me llamaron diciendo que sobraban 20 líneas. Así que iba a decirle a Beatriz, la secretaria de Gómez Llorente, que tenía que darle un tajo a su texto. El despacho estaba vacío y un ujier me indicó que Beatriz estaba en el bar. Acompañado por otro periodista, Manolo Bueno, nos encaminamos al bar del Congreso. Hablé con Beatriz y quedamos en esperar a Gómez Llorente. Apenas transcurridos unos minutos escuchamos algunos ruidos y voces a los que no dimos mayor trascendencia. De repente, oímos un golpe seco y fuerte.

—«¿¿Qué ha sido eso? Parece un tiro.»

Los periodistas comenzamos a levantarnos para averiguar lo que había pasado. Vimos pasar corriendo a guardias civiles. Ibamos ya a salir por la puerta del bar cuando tres guardias civiles se plantaron ante nosotros metralleta en mano.

—«Todo el mundo al suelo». ¡Tirénse al suelo! — ordenaron.

—«¿¿Pero, qué pasa?» — dijo alguien.

— ¡Silencio!, — ordenó uno de los guardias civiles — ¡Que nadie hable!

Durante unos viente o treinta minutos permanecimos tumbados en el suelo con los brazos extendios.

Naturalmente, estábamos nerviosos. Pero, no mucho, porque lo primero que pensamos fue que se había producido un atentado terrorista y que la Guardia Civil había entrado para detener a los terroristas y protegernos. Pero al cabo de diez minutos ya nos empezó a extrañar la situación. Detrás de mí, también tumbado, José Luis Gutiérrez, de DIARIO 16, me tocó el talón y me dijo en un susurro.

—Esto parece un golpe de Estado.

Txiqui Bénegas, echado un poco más adelante, lo oyó, y con los ojos me hizo señal de asentimiento de que sospechaba lo mismo.

Al rato nos ordenaron levantarnos y nos hicieron sentarnos en círculo.

—«Todos alrededor, pero que yo les vea bien y con las manos sobre la mesa», ordenó un guardia civil, joven, con barba, gorra de visera y con una tarjeta de identificación con su foto prendida del bolsillo superior izquierdo.

En total estábamos en el recinto del bar unas treinta y cinco personas, la mayoría periodistas, los camareros y algunos funcionarios e invitados. Las mujeres eran doce, exactamente. Entró otro guardia civil, éste con tricornio, gordo, sudoroso y muy nervioso:

—«¿¿Les han cacheado?», preguntó al otro guardia de la puerta.

Contestó que no y el guardia civil gordo, que portaba en posición horizontal un fusil de repetición, empezó a cachearnos bruscamente, metiéndonos el cañón del fusil en el pecho.

A través de la puerta observamos pasar de un lado para otro y gritar órdenes a otros guardias civiles. También había algunas personas vestidas de paisano, armadas, que iban de un lado para otro. Por los suelos de los pasillos veíamos también a periodistas y otras personas tendidas. Los guardias civiles obligaron a tumbarse a todo el mundo allí donde les sorprendían.

Vimos pasar también, pistola en mano, al teniente coronel Tejero.

«Es Tejero, es Tejero, el de la Operación Galaxia», decíamos en susurros. No cabía duda: se trataba de un golpe de Estado. A mi lado, un periodista de *Pueblo* me dijo: «Coño, y yo con el carnet de UGT en el bolsillo.»

Llevaríamos así unos tres cuartos de hora cuando entró uno de paisano con aires de autoridad. Tendría unos 30 años, estatura media, cara redonda, pantalón vaquero, anorak azul, una metralleta en la mano derecha y un puro apagado a medio consumir en su mano izquierda. «¿Hay entre algunos de ustedes algún inspector de policía? Que se identifique». No había ninguno.

Al poco, otro guardia civil volvió a preguntar si había entre nosotros inspectores de policía y de nuevo volvió a entrar el paisano de la metralleta y el puro. «A ver, que les cacheen.»

—«Pero si ya nos han registrado», dijimos.

—«No importa, que les registren de nuevo», y nos registraron otra vez.

El guardia civil de la barba que nos vigilaba durante todo el tiempo no decía nada. En un momento le comenté: «Vaya un follón», y me contestó: «El lío gordo es en el que nos hemos metido nosotros.»

1. What orders did the President of the Congress give?
2. Why did several journalists go to the bar?
3. Where did the writer go?
4. What was wrong with the article written by Luis Gómez Llorente?
5. Why did the writer go to the bar?
6. What did they hear, and what did they think it was?
7. Who prevented them leaving the bar, and what were they ordered to do?
8. How long did they have to remain there, and in what position?
9. What did José Luis Gutiérrez whisper to the writer?
10. When they were allowed to get up, what did they have to do?
11. Describe the Civil Guard who told them to do this.
12. Describe in detail the people in the bar.
13. What did the Civil Guard who came in order the other to do?
14. What could they see through the door of the bar?
15. What worried the Pueblo journalist?
16. Describe the man in civilian clothes who came in.
17. Who was this man looking for?
18. What did he order to be done again?
19. What worried the bearded Civil Guard?

CADA UNO ES HIJO DE SUS OBRAS

7.1 DIÁLOGOS

Diálogo 1

> Camino de Santiago de Compostela, Joan Robinson y Juan López se ponen a hablar de sus familias.

Juan: ¿Viven aún tus padres, Joan?

Joan: Pues mi padre murió hace diez años, en mil novecientos setenta y seis, pero mi madre vive aún y tiene ochenta y dos años.

Juan: ¿Vive contigo en York?

Joan: No; vive en un asilo de ancianos en las afueras de Harrogate, una ciudad cerca de York.

Juan: ¿Por qué no vive contigo?

Joan: Pues yo quería que viniese a vivir con nosotros, pero a Robert no le gustaba la idea.

Juan: ¡Qué raro! Yo habría dicho que Robert es una persona muy compasiva. ¿Por qué no quería que tu madre viviese con vosotros?

Joan: Pues mi madre es muy vieja ya y a veces se pone bastante rara y es muy exigente. Ya sabes cómo son los viejos. Es mejor que viva en el asilo donde hay gente cualificada.

Juan: ¿La visitas en el asilo?

Joan: Claro que la visito. Voy todos los fines de semana. Tus padres están muertos, ¿verdad?

Juan: Sí, mi padre murió en la Guerra Civil en mil novecientos treinta y ocho en la batalla de Teruel, y mi madre murió hace cinco años.

Joan: Y no tienes hijos, ¿verdad?

Juan: No, todavía Dios no ha querido darnos hijos. De vez en cuando María se pone muy triste al pensar que no va a ser madre.

Joan: ¿A ti te gustaría ser padre?

Juan: Claro que sí. Me encantan los críos. Si María se quedara embarazada, sería el día más feliz de mi vida.

Una plaza de Santiago de Compostela

Joan: Pues espero que tengas suerte.

Juan: Y ahora tú eres abuela, ¿verdad?

Joan: Sí, mi hija Barbara, la que está casada con el médico, tuvo un hijo hace tres meses.

Juan: ¿Cómo se llama?

Joan: Al niño le pusieron Peter, que era el nombre de su bisabuelo, el padre de Robert.

Juan: ¿Y te gusta ser abuela?

Joan: Me encanta. El niño es una monada. Claro que no le veo muy a menudo porque Barbara vive en Manchester, que está bastante lejos de York.

Juan: ¿Y va a tener más hijos tu hija?

Joan: Espero que sí. Me gustaría que tuviera una hija porque a Robert le chiflan las niñas.

Juan: Le chiflan, ¿eh? Ya dominas el castellano, ¿verdad? Todo el mundo va a creer que eres de buena cepa castellana.

Diálogo 2

David va en el coche de María y sufre un pequeño accidente al chocar con otro coche que sale de una calle lateral en un pueblo cerca de Santiago. El conductor del otro coche baja y se acerca al coche de María.

Hombre: Pero, ¿no me vio usted? ¿No tiene ojos en la cara?

David: Lo siento, señor, pero yo no tengo la culpa. Yo iba bien, y usted salió de esa calle sin mirar.

Hombre: ¡No, señor! Usted corría muy deprisa sin darse cuenta que hay que pasar por el pueblo despacio y con mucho cuidado.

David: Pero, yo iba a menos de cuarenta kilómetros por hora. La culpa la tiene usted porque no paró al llegar a la carretera principal.

Hombre: Usted no es de aquí, ¿verdad?

David: No, soy inglés.

Hombre: ¡Inglés! ¡Y usted lleva un coche por las carreteras de España!

María: Mire usted, señor. Yo lo vi todo y este señor tiene razón. La culpa del accidente la tiene usted.

Hombre: Pero, ¿quién es usted?

María: Me llamo María López, y este coche es mío.

Hombre: Si el coche es de usted, ¿por qué lo conduce este joven que no sabe conducir bien?

María: Pero David conduce perfectamente bien, señor, y ya le digo que usted causó el accidente.

Hombre: Pero, mire mi coche. Mire; el parachoques y el faro están rotos, y su coche no tiene ni una marca.

María:　Ya lo sé señor, y siento mucho que su coche haya sufrido daños en el choque, pero usted lo lleva al taller de coches y lo arreglarán en seguida.

Hombre:　¿Y quién me lo pagará?

María:　Pues yo, no, señor, porque usted tiene la culpa del accidente. Mire; ahí viene el guardia del pueblo. Vamos a preguntarle si vio algo. Oiga, señor guardia, ¿quiere venir un momento?

Guardia:　Buenas tardes, señora. ¿Qué ocurre?

María:　¿Vio usted lo que pasó aquí hace un momento?

Guardia:　Sí, lo vi todo desde ahí abajo. Este señor salió de esa calle sin mirar y chocó con su coche.

Hombre:　Pero, este hombre es inglés . . .

Guardia:　¿Y qué tiene que ver eso con el accidente? Sin duda el señor lleva su carnet de conducir internacional, ¿verdad, señor?

David:　Claro. Lo tengo aquí.

Hombre:　Pero, ¿quién va a pagar mi coche?

Guardia:　Usted va a pagar porque usted tiene la culpa del accidente.

Hombre:　No hay derecho, señor guardia, no hay derecho.

Guardia:　Tiene usted mucha suerte, señor, porque veo que el coche de la señora no ha sufrido daños en el choque.

María:　¿Podemos seguir con nuestro viaje, señor guardia?

Guardia:　Claro que sí, señora.

Diálogo 3

María y David siguen su camino hacia Santiago de Compostela, y María pregunta a David lo que tiene la intención de hacer cuando termine su carrera universitaria.

María:　¿Tienes novia, David?

David:　Ahora no; el año pasado salía de vez en cuando con una chica de la universidad, pero lo dejamos hace poco.

María:　¿No te gustaría casarte y tener mucha familia?

David:　Francamente, no. No digo que no me gusten las chicas, pero a veces se ponen muy presumidas y tontas y entonces me sacan de quicio. Tampoco me interesa mucho la idea de ser padre de familia. Lo que sí me interesa es tener un trabajo interesante donde gane mucho dinero.

María:　Pero puedes hacer las dos cosas: tener una carrera interesante y casarte y tener mucha familia. No tienes que escoger entre las dos, ¿verdad?

David:　Pues me parece a mí que debo escoger entre las dos porque la mujer y la casa y luego la familia pueden gastar mucho a un hombre. Yo tengo un amigo que está casado y dice que entre estar casado y estar cansado hay sólo una letra.

María: ¡Qué cosas dices! No es así. Te voy a buscar una chica española muy guapa y muy inteligente que te guste. ¿De acuerdo?

David: De acuerdo, María, pero que sea muy guapa y muy inteligente y nada presumida.

María: De éstas hay muchas, David. La chica española es la mejor que hay en el mundo, ya verás.

David: Muy bien. Ahora, dime, María, ¿por qué se llama esta ciudad adonde vamos llegando Santiago de Compostela? Tiene algo que ver con el apóstol Santiago, ¿verdad?

María: Eso es, pero es una historia muy larga y bastante complicada. Ya te lo contaré en cuanto lleguemos a la ciudad.

7.2 VOCABULARIO

aún	still, yet
el asilo de ancianos	old people's home
las afueras	outskirts
contigo	with you
compasivo	compassionate, understanding
exigente	demanding
el crío	'kid'
embarazada	pregnant
el bisabuelo	great-grandfather
una monada	pretty thing
chiflar	delight (slang)
la cepa	stock, source
tener la culpa	to be to blame
el parachoques	bumper (of car)
el faro	headlight
el taller de coches	car repair workshop
abajo	down
la novia	girl-friend, fiancée, bride
sacar de quicio	to irritate, annoy
escoger	to choose
gastar	to tire, waste, spend (money), wear (clothing)

7.3 EXPLANATIONS

(a) Changes in the Spanish family

Traditionally the Spanish family was a strong, cohesive unit headed by the father who deferred to the mother in the home. 'Estoy en mi casa, y aquí mando yo', was the typical phrase of the Spanish mother. Children were a source of joy and, by British standards, were rather spoiled in their early years. However, the morality of the family unit was very strong and few children disobeyed their parents in matters of dress, appearance or behaviour. The family was also an 'extended' one with grandparents, uncles and aunts nearby to join in family reunions and celebrations. In fact, so extended did the family become that 'el tío' (uncle) became a term of modest abuse. ('¿Quién es ese tío? – 'Who is that bloke?') In some remote villages the extension of the family and widespread intermarriage meant that in the whole village, everyone was related to everyone else.

In recent years, and particularly in the larger cities, the strength of the family has been threatened by rapid changes in Spanish society which accelerated after the death of Franco and the arrival of democratic institutions. Children no longer defer automatically to their parents, they challenge parental authority in matters of dress, appearance and morality and seek their own personal way of life. This has caused considerable distress to the more traditionally-minded parents and this distress has been increased by the recession in the Spanish economy which means that rebellious youngsters who might have expected to find work and marry now have to live in the parental home under the control of their parents.

However, the Spanish family has lasted far longer than any changes in the society and the 'future shock' which is now causing problems in Spain will undoubtedly pass and the Spanish family will emerge changed but not destroyed. (The Reading material in this lesson deals further with this topic.)

(b) Verbs which change in the 3rd person singular and plural of the Preterite

These verbs belong to the -ir conjugation and change o to u or e to i.
Very few verbs are involved.

Morir	*To die*
Morí	I died.
Franco murió	Franco died.
Mis abuelos murieron	My grandparents died.

A similar verb to morir is:

Dormir	*To sleep*

Pedir	*To ask for, order*
Pedí vino.	I ordered wine.
Pidió agua.	He asked for water.
Pidieron la cuenta.	They asked for the bill.

Verbs similar to pedir are:

Repetir	To repeat
Seguir	To follow
Servir	To serve

(c) Expressing 'with me, you' etc. - *grammar reference page 300*
The preposition con links with mí to form a new word: conmigo:

| Venga conmigo. | Come with me. |

Contigo is formed from con and ti:

| Voy contigo. | I'm going with you. |

Consigo is formed from con and sí and expresses 'with him, her or you':

| No lleva nada consigo. | He is not taking anything with him. |
| María hablaba consigo. | Mary was talking to herself. |

(d) Expressing what you would like to happen: the Imperfect Subjunctive
– *grammar reference page 292*

| Yo quería que viniese. | I wanted her to come. (But she may not.) |

(e) Saying what you would do if you could: the Imperfect Subjunctive –
– *grammar reference page 292*

| Si María se quedara embarazada, sería el día más feliz de mi vida. | If Mary were to become pregnant, it would be the happiest day of my life. (But she probably will not become pregnant.) |

(f) Saying what you would have done: the Conditional Perfect – *grammar reference page 287*
The tense is formed with the Conditional of haber and the Past Participle.

| Yo habría dicho que Robert es una persona muy compasiva. | I would have said that Robert is a very understanding person. |

(g) Uses of the verb poner (to put) - *grammar reference page 295*

    (i) Pongo la maleta en el coche. I put the suitcase in the car.

(ii) Puse la mesa. I laid the table.

(iii) Ponerse a with the Infinitive – to begin to
Se pusieron a hablar. They began to speak.

(iv) Ponerse with an adjective – to become

Se pone muy triste. She becomes very sad.
Se ponen muy presumidas. They become very arrogant.

(v) Poner with first name – to name, baptise a child
Al niño le pusieron Peter. They called the child Peter.

(h) Further uses of the Present Subjunctive – *grammar reference page 292*
   (i) After 'mejor'
Es mejor que viva. It is better that she live. (But she
   may not.)

   (ii) Referring to the future – the Subjunctive of futurity
¿Qué hará cuando termine What will he do when he completes
la carrera? his studies? (But he may never
   finish.)
Se lo diré en cuanto I'll tell you as soon as we arrive.
lleguemos. (But you may never arrive.)

   **(iii) Referring to something or someone that may not exist – an
   indefinite antecedent**

Te voy a buscar una chica I'll find you a girl you'll like.
que te guste. (Such a girl may not exist.)

This is rather a subtle point and depends upon the use of the
of the indefinite article un, una.
Quiero un guía que hable I want *a* guide who speaks English.
inglés. (Such a guide may not exist.)

Quiero el guía que habla I want *the* guide who speaks
inglés. English. ('el' states that the guide
   does exist.)

(i) Adding emphasis to what you say - *grammar reference page 299*
One way is to use the subject pronouns.

Yo comprendo bien.	I *do* understand well.
Tú no vienes, ¿verdad?	*You*'re not coming, are you?
El es portugués.	*He*'s Portuguese.
Ella habla bien el chino.	She *does* speak Chinese well.
Nosotros vamos a Toledo.	*We* are going to Toledo.
Vosotros comprendéis perfectamente.	*You* understand perfectly.

In speech the emphasis is also given by stressing the pronoun rather than the verb. Another way to add emphasis is to begin the sentence with Claro que . . .

Claro que comprendo bien.	Of course I understand well.

A further way is to insert sí into the phrase.

¿Comprende usted ya? Sí que comprendo.	Do you understand now? Indeed I do.
Lo que sí me interesa es el arte.	What really does interest me is art.

(j) Using menos with a following number
The second half of the comparison, which is normally que is replaced by de if a number follows.

Yo iba a menos de cuarenta kilómetros por hora.	I was doing less than 40km. an hour.

(k) Idiomatic use of the verb llevar - *grammar reference page 295*
This verb can be used to express 'drive' of a car, etc.

Usted lleva un coche por las carreteras de España.	You're driving a car on Spain's roads.

(l) Expressing what may have happened the Perfect Subjunctive -
grammar reference page 293
This is formed with the Present Subjunctive of haber and the Past Participle.

Siento mucho que su coche haya sufrido daños.	I'm very sorry that your car has been damaged.

7.4 **EXERCISES**

Exercise 1   ¿Qué se dice?
Fill in the gaps in the following dialogues, taking your cue from the English phrases in the brackets.

Su amigo: ¿Viven aún tus padres?
Usted: (Explain that your father died six years ago, but your mother is still living and is 76 years old.)
Su amigo: ¿Vive contigo?
Usted: (Say that she lives in an old people's home on the south coast near Brighton.)
Su amigo: ¿Por qué no vive contigo?
Usted: (Say that you wanted her to come and live with you, but your spouse was not too keen.)
Su amigo: ¿Por qué no quería que tu madre viviese con vosotros?
Usted: (Explain that your mother is rather old, sometimes rather odd and very demanding.)
Su amigo: ¿La visitas en el asilo?
Usted: (Say that of course you do. You go every Sunday afternoon.)

Exercise 2   ¿Qué se dice?
Fill in the gaps in the following dialogues, taking your cues from the English phrases in the brackets.

Hombre: Pero, ¿no me vio usted? ¿No tiene ojos en la cara?
Usted: (Apologise, but say it was not your fault. You were driving along normally, but he came out of the street without looking.)
Hombre: ¡No señor! Usted corría muy de prisa.
Usted: (State that you were only doing 35 kilometres per hour, and it is his fault for not stopping when he got to the main road.)
Hombre: Usted no es de aquí, ¿verdad?
Usted: (Say that you are not. You are Scottish.)
Hombre: ¡Escocés! (¡Escocesa!) ¡Y usted lleva un coche por las carreteras de España!
Usted: (Point out that the village policeman is nearby, and ask him to come over. Then ask the policeman if he saw what happened a moment earlier.)

Exercise 3   ¿Qué se dice?

Fill in the gaps in the following dialogues, taking your cues from the English phrases in the brackets, and responding correctly according to whether you are male or female.

Su amigo: ¿Tienes novia/novio?

Usted: (Say that not at the moment; you were going out with a girl/boy from the office, but stopped doing so a little time ago.)

Su amigo: ¿No te gustaría casarte y tener mucha familia?

Usted: (Say no. Explain that you do not dislike girls/boys, but sometimes they become very arrogant and silly and irritate you. Also explain that you are not particularly interested in becoming a mother/father.)

Su amigo: Pues te voy a buscar una chica española/un chico español que te guste. ¿De acuerdo?

Usted: Agree with your friend, but say that she/he must be pretty/ handsome, very intelligent and not at all arrogant.)

Exercise 4   Will you do it with me?

Example: ¿Querías hablar conmigo? Sí, quería hablar contigo.

1. ¿Vas a ir conmigo al bar?
2. ¿Quieres visitar el museo conmigo?
3. ¿Es verdad que tú me buscabas para hablar conmigo de los planes?
4. ¿Te gustaría volver al hotel conmigo?
5. ¿Te apetece casarte conmigo?

Exercise 5   What happened to you?

Example: ¿Qué hiciste cuando ese guardían no te dejó sacar fotos en el museo?

Me puse enfadado.

1. ¿Qué te pasó cuando comiste ese pescado pasado?
2. ¿Qué te pasó después de pasar cuatro horas al sol en la playa?
3. ¿Qué te pasa si comes muchos pasteles?
4. ¿Qué harías si te tocara la lotería?
5. ¿Qué hiciste cuando ese chico te robó en la calle?

Exercise 6   When did you begin?

Example: ¿Cuándo se puso usted a estudiar el español? ¿Hace dos años?

Eso es; me puse a estudiar el español hace dos años.

1. ¿Cuándo se puso usted a aprender a bailar? ¿Hace diez meses?
2. ¿Cuándo se puso usted a trabajar en este empresa? ¿Hace un año?

3. ¿Cuándo se puso usted a conducir un coche? ¿Hace quince años?
4. ¿Cuándo se puso usted a jugar al golf? ¿Hace trece años?
5. ¿Cuándo se puso usted a tocar el piano? ¿Hace dos meses?

Now do the exercise again, but give genuine answers.

Exercise 7   What do you want?
Example: ¿Qué quiere usted? (an English-speaking guide)
Quiero un guía que hable inglés.

1. ¿Qué quiere usted? (a guide who knows the city well)
2. ¿Qué quiere usted? (a room which has nice views of the mountains)
3. ¿Qué quiere usted? (a guide which is written in Spanish)
4. ¿Qué quiere usted? (a mechanic who knows how to repair cars)
5. ¿Qué quiere usted? (a waiter who understands English)

Exercise 8   Let's be emphatic
Hablando del amor
Example: ¿Me quieres, cariño? Claro que te quiero.

1. ¿Me necesitas, cariño?
2. ¿Me comprendes, cariño?
3. ¿Me perdonas, cariño?
4. ¿Me compras un visón, cariño?
5. ¿Me vas a llevar a España, cariño?

Exercise 9   Is that so?
Example: ¿Habla usted español?
Sí que hablo español.

1. ¿Quiere usted visitar el palacio?
2. ¿Fue usted a Valencia ayer?
3. ¿Comprendió usted lo que dijo el guía?
4. ¿Compraste el regalo en Galerías Preciados?
5. ¿Te gustaría vivir en el sur de España?

Exercise 10   Talking about your clothes
Example: ¿Qué se pone usted cuando va a la oficina? ¿Un traje formal?
Sí, me pongo un traje formal cuando voy a la oficina.

1. ¿Qué se pone usted cuando va a la playa? ¿Un traje de baño?
2. ¿Qué se pone usted cuando está de vacaciones? ¿Ropa de sport?
3. ¿Qué se pone cuando hace mucho sol? ¿Una camisa de manga corta?

4. ¿Qué se pone usted cuando va a la cama? ¿Un pijama?

5. ¿Qué se pone usted cuando hace mucho frío? ¿Una bufanda y guantes?

Now repeat the exercise, but give genuine answers.

Exercise 11   Vamos a escribir

Before leaving Madrid, Juan López writes to a hotel in Santiago de Compostela to book rooms for his party. Read it carefully, answer the questions in English, and then write a letter of your own to fit the information given below.

> Calle de Zorrilla, 33, 1A
> Madrid.
> 29 de agosto de 1.986.

Estimado señor Director:

Quisiera reservar tres habitaciones en su hotel para ocho días a partir del dos de setiembre. Necesito dos habitaciones dobles y una individual, las tres con cuarto de baño y teléfono. Espero llegar a su hotel sobre las seis de la tarde del dos de setiembre y saldremos por la mañana del día diez del mismo mes. Espero que usted podrá indicarme los sitios de interés de la región cuando llegue, sobre todo los sitios de interés histórico y cultural.

Le saluda atentamente,

Juan López.

1. How many rooms does Juan López want, and of what type?

2. When does he hope to arrive, and when will he leave?

3. What other request does he make of the hotel manager?

Now write a letter to book two rooms, one double and one single for ten days from 13 August, each with bathroom, telephone and television. Say you hope to arrive around 7 pm on 13 August and will leave ten days later. Enquire what interesting buildings there are in the region, and what are the typical dishes of the area.

7.5 ¿COMPRENDE USTED EL ESPAÑOL HABLADO?

Listen to the material on the cassette and then answer the questions in English.

1. What mood is the girl in?
2. Why?
3. How is she dressed?
4. Why do her friends laugh at her?
5. What happens if she paints her finger-nails?
6. What does the boy think of her dress?
7. At what time does she have to return home in the evening?
8. What happens when she goes to a disco?
9. What happens in discos after 10 pm?
10. How does she describe her parents?
11. What else cannot she do?
12. In which room must she be with her boyfriend?
13. What happens if her parents go out?
14. Why cannot she simply go somewhere with her boyfriend?
15. What does Miguel offer?
16. What facilities are available there?
17. Which facility does Josefa propose not to use?
18. Why not?
19. What will Josefa do shortly?

Teenage Problems

Chico: ¡Hola, Josefa! ¿Cómo anda tu vida?

Chica: Francamente mal, Miguel. Estoy harta.

Chico: Pero, ¿qué te pasa? ¿De qué estás harta?

Chica: Estoy harta de mis padres, que no me dejan hacer nada.

Chico: ¿De veras? Y, ¿qué es lo que no te dejan hacer?

Chica: Pues no me dejan llevar la ropa que me gusta. Mira, tengo que ir por la calle como si fuese una niña de doce años. Estoy hecha una facha, y todas mis amigas me toman el pelo porque ellas llevan ropa moderna y 'sexy' y yo ni puedo pintarme las uñas sin que mis padres empiecen a chillar y decir que soy una chica mala y una sinvergüenza.

Chico: Pues ya te digo, Josefa, que me parece a mí que la ropa que llevas te va muy bien.

Chica: Eres muy amable, Miguel, pero yo sé muy bien que una chica de dieciocho años no lleva ropa como ésta.

Chico: ¿Qué otros problemas tienes en casa?

Chica: Pues siempre tengo que estar en casa antes de las diez de la noche, y eso me parece ridículo. Si voy a una discoteca con un chico le tengo que decir sobre las nueve y media: Lo siento, pero tengo que irme para casa ahora. Y, como tú sabes muy bien, las discotecas empiezan a animarse a partir de las diez o así.

Chico: Sí, tienes razón, Josefa. Parece que tus padres son bastante anticuados, ¿no?

Chica: ¿Anticuados? Son de los tiempos de Maricastaña, de los años de mis bisabuelos y estoy hasta la coronilla de ellos. ¿Sabes tú otra cosa que me esta prohibida?

Chico: ¿Qué?

Chica: No puedo estar en casa sola con un chico. Si quieren salir ellos, y yo estoy en casa con mi novio – claro que estoy en el cuarto de estar con ellos y no dejan al chico entrar en mi habitación – yo tengo que salir de casa e ir a algún sitio con mi novio. Y, claro está, esto cuesta dinero y no hay fondos para todo hoy en día, ¿verdad?

Chico: Pues ese pequeño problema te lo puedo solucionar.

Chica: ¿Cómo?

Chico: Escucha; ya sabes que tengo un piso en la calle de Alcalá y que vivo allí solo. Tú puedes venir al piso el día que quieras y podrás pasar toda la tarde en el piso con tu novio. Lo vas a pasar de maravilla. Lo tengo todo: una televisión, una radio, un tocadiscos con muchos discos y, en el dormitorio que es muy pequeño pero muy íntimo, hay una cama muy cómoda . . .

Chica: ¡No digas eso, Miguel! Yo soy una chica moderna e independiente, pero no soy una de esas chicas que se acuesta con su novio. Pero, muchas gracias por la oferta, y te llamaré para decirte cuando vamos a venir.

Chico: Muy bien. Adiós, Josefa y hasta otro día.

Chica: Adiós, Miguel.

7.6 LECTURA

(a) El Camino de Santiago

Lea con cuidado la historia del Camino de Santiago que María López contó a David y luego conteste a las preguntas en inglés.

Hace muchos años, un pequeño grupo de cristianos llegó a las costas de Galicia en un barco. Los cristianos trajeron con ellos un ataúd que contenía el cadáver del Apóstol Santiago. Cuando llegaron a las costas de Galicia, subieron por el río Ulla hasta llegar a la región donde vivía la reina Lupa. Los cristianos le contaron su historia a la reina y pidieron su ayuda. Ella les dio una yunta de bueyes. Pusieron el ataúd en un carro y lo llevaron a un campo cerca del río Ulla. Después de rezar la misa de los difuntos, enterraron el cadáver del santo y se marcharon.

El Camino de Santiago

Leon Logroño

Santiago
De   Pamplona
Compostela   Burgos

Pasaron los años, y todo el mundo se olvidó de la tumba del Apóstol Santiago, pero, en el siglo nueve, el obispo de Iria se dio cuenta de que brillaba una estrella encima de un campo al lado del río Ulla. También vio que salían luces brillantes de la tierra en el mismo sitio. El obispo llamó a un campesino que vivía al lado del río y le mandó que excavara en el campo. Pronto el campesino descubrió una tumba muy vieja y, después de pensarlo bien, el obispo proclamó que había descubierto la tumba del Apóstol Santiago.

Varios milagros tuvieron lugar en el campo de la tumba: los ciegos descubrieron que podían ver, los sordos que podían oír y los mutilados que podían andar bien otra vez. Llamaron al campo, en latín, 'Campus Stellae' que significa 'Campo de la Estrella' y, con los años, el nombre cambió hasta que hoy en día se llama Compostela.

El sitio de la tumba del apóstol se hizo famoso y los peregrinos empezaron a venir a visitar Compostela. Construyeron una pequeña iglesia en el campo y, más tarde, en el siglo once, empezaron a construir una catedral estupenda. También en el mismo siglo fue escrita la primera

La catedral de Santiago de Compostela

guía para turistas, obra probablemente de un monje francés que se llamaba Aimeri Picaud. La tumba del Apóstol Santiago se hizo tan famosa que entre quinientos mil y dos millones de peregrinos visitaban el sitio cada año, y pronto hubo muchos monasterios y albergues por el Camino de Santiago donde los peregrinos podían pasar la noche. El Camino recorría el norte de España, pasando por Pamplona al sur de los Pirineos, Logroño, Burgos, León y Ponferrada hasta llegar a Santiago de Compostela.

En el año mil quinientos ochenta y nueve, el famoso pirata inglés Drake atacó la Coruña y el obispo de Santiago de Compostela escondió los restos del apóstol y los perdió. Durante tres siglos nadie sabía donde estaban los restos mortales del Apóstol Santiago, pero entonces, en el siglo dieciocho, se descubrieron otra vez, el Papa en Roma declaró que eran auténticos y los peregrinos volvieron a Santiago. Todavía en el siglo veinte algunos peregrinos van a pie a Santiago y siguen el mismo camino por el norte de España. Si quieren, pueden pasar la noche en unos monasterios y albergues que todavía existen.

1. Who arrived at the coast of Galicia and what did they bring with them?
2. Who helped them and in what way?
3. What did they do with the body?
4. What occurred in the 9th century and what was found in the field?
5. What convinced people that the claim was genuine?
6. How did the modern name of Santiago de Compostela arise?
7. What did Aimeri Picaud produce?
8. What help did pilgrims receive on the way to Santiago?
9. Why were the remains of the saint hidden?
10. When were they found again and who authenticated them?
11. What happens nowadays?

(b) Vivir hoy en España

The change from dictatorship to democracy in Spain coincided with the enormous increase in oil prices and the beginning of the world recession. Many hopes were dashed by the recession and many promises remained unfulfilled. The frustration of the 1980s for young Spanish people is found throughout these two articles.

El frustrado

Enrique de Blas se despierta cada mañana con la certeza de una cómoda frustra-
ción, oyendo cómo su madre prepara el desayuno en la cocina. Hubiese querido
ser bailarín o músico, tener otra vida, no estar marcado por el estigma de un
fracaso prematuro.

Pero Enrique, a sus veintiocho años, como tantos otros jóvenes españoles de la
generación de los ochenta, sigue anclado a una adolescencia dorada, en el mismo
cuarto donde un día se vistió de primera comunión, soñó con el amor de una
mujer o celebró, con la luz apagada, el arribo de una madurez incierta.

Para Enrique de Blas la independencia significa el ser capaz de tomar sus
propias decisiones, el poder olvidarse de la manía que su madre le tiene a su novia;
el dejar atrás las pequeñas obligaciones que le impone la permanencia en el hogar
de sus padres. La independencia se ha convertido para él en una obsesión y en un
mito. 'Sigo viviendo en mi casa porque no tengo dinero para marcharme. Mis
padres no aciertan a comprender del todo que yo pienso por mi cuenta, que soy
moralmente independiente. Los comprendo pero no puedo compartir sus criterios
de vida.'

Se siente inmaduro, con miedo a la vida. Cuando termine sus estudios de
marketing, en Madrid, intentará recuperar el tiempo perdido, iniciar en serio una
lucha largamente aplazada y dejar de ser el viejo inquilino de papá y mamá. 'Me
siento manipulado desde que me levanto hasta que me acuesto. No he realizado
todo aquello que me hubiera gustado y cada vez es más difícil hacerlo. La visión
que tengo de mí mismo pasa por la desilusión y por la amargura. No estoy seguro
de sentirme partícipe de esta generación'.

La independiente

Maruya Navarro representa, a pesar de su brillante y antigua independencia, a una generación marcada por la insatisfacción y la sensación de fracaso social e individual. El peso de los sueños rotos y del desencanto de su generación no ha sido aliviado, a sus veintinueve años, por el éxito profesional y el alto nivel económico que arropan cómodamente su vida.

Maruya abandonó su casa a los diecisiete años. Su padre, el conocido periodista Yale, contrajo nuevo matrimonio, y la situación familiar se hizo difícil. Tras iniciar una suerte de convivencia precaria, abandonó su casa, iniciando el camino de una tormentosa independencia. 'El hogar de mi padre nunca fue el mío. Hoy puedo hablar con él en términos de igualdad. Hemos comenzado a conocernos y a ser amigos. Incluso me ha llevado de putas'.

'Mis ideales no van hoy por una sociedad mejor. Van por mí misma, por mis amigos y por mi familia. Me siento mayor, cansada y escéptica. Los ideales son hoy cadáveres olorosos.'

El miedo ante el futuro, la sensación de inseguridad frente a la sociedad y un descreimiento generalizado la sitúan en un sector clave de la generación de los ochenta: los desencantados, los que han visto sus ilusiones aniquiladas por la incompresión y su falta de colaboración de sus mayores o por el proceso histórico irreversible. La independencia no ha sido la salvación: sólo un recurso de la lucha.' Yo soy sensual. Mis sensaciones son de miedo, de ansiedad, de malestar por no saber lo que va a ocurrirnos. Los padres de los ochenta protegen a sus hijos, pero sin fuerza. No les evitan los peligros de la droga o la prostitución infantil.'

Su actitud ante la vida es flexible. Sabe lo que le gusta y lo que está en oposición a sus intereses o sensibilidad. Está integrada en el *sistema* y es, al mismo tiempo, una de sus exiliadas.' Trabajo veinticuatro horas al día, odio las drogas y mi ocio es hacer el amor.'

¿Quiere usted contestar a estas preguntas? Hay un pequeño vocabulario para ayudarle.

1. What sounds does Enrique awaken to?
2. What were his ambitions for a career?
3. How old is Enrique, and what is he trapped in?
4. What does independence mean to Enrique?
5. What causes difficulties with his parents?
6. What would he like to do?
7. How does he feel personally at the moment?
8. What will he do when he finishes his studies in marketing?
9. What are his regrets?
10. What is happening to the vision he had of himself?

1. What characterises Maruya's generation?
2. What has she achieved at the age of twenty-eight?
3. Why did she leave home at the age of seventeen?
4. What has happened to the relationship with her father since she left?
5. What ideals does Maruya have now?
6. How does she describe herself?
7. What characterises the generation of the eighties?
8. How have the parents of this generation failed their children?
9. What is Maruya's attitude to life?

Vocabulario

la certeza	certainty
anclar	to anchor
el arribo	arrival
la madurez	maturity
el hogar	home
acertar	to succeed, manage
compartir	to share
la lucha	struggle, fight
aplazar	to delay, put off
el inquilino	lodger
la amargura	bitterness
el fracaso	failure
arropar	to cover, wrap up, protect
la puta	prostitute
el descreimiento	unbelief

NI TODOS LOS QUE ESTUDIAN SON LETRADOS NI TODOS LOS QUE VAN A LA GUERRA SON SOLDADOS

8.1 DIÁLOGOS

Diálogo 1

Mientras estaba de vacaciones en Santiago de Compostela, Joan Robinson salió sola un día y se dirigió a la Plaza de España. Allí, delante de la catedral, dio con un joven que iba vestido de una manera bastante rara. El joven se acercó y le habló.

Joven: Buenos días, señora. Usted es turista aquí en Santiago, ¿verdad?

Joan: Eso es, pero, ¿cómo lo sabe usted?

Joven: Por la ropa que lleva. Las turistas suelen llevar ropa distinta de la de las señoras de aquí.

Joan: Pues entonces usted debe ser turista también, ¿no? Porque usted lleva ropa muy rara. Se parece bastante a la del siglo diecisiete: una capa negra, calzas negras y un jubón negro, y todo de terciopelo.

Joven: Es que soy miembro de la tuna de la universidad de Santiago, señora, y ésta es la ropa típica de la tuna.

Joan: ¿Podría explicarme lo que es una tuna? Ya sabe usted que no soy de aquí.

Joven: Con mucho gusto, señora. La tuna es una especie de orquesta de estudiantes, y usted tiene razón al decir que la ropa se parece a la del siglo diecisiete porque lo es. Tradicionalmente los estudiantes, que siempre han sido pobres, y lo siguen siendo, iban por las calles cantando y pidiendo dinero a la gente para poder comer.

Joan: ¿Y ustedes siguen haciendo eso?

Joven: Pues sí pero, claro, hoy en día es dinero es para viajar al extranjero llevando la música folklorica de aquí a los países ignorantes del resto de Europa.

Joan: ¡Basta ya de ignorantes, joven! Yo soy inglesa y nosotros también tenemos nuestra música folklórica muy bonita.

Joven: Perdóneme, señora. Lo dije en broma.

Joan Robinson y el estudiante

Joan: ¿Y qué clase de instrumentos tocan ustedes? Ya veo que usted tiene una guitarra pero, ¿hay otros instrumentos en la orquesta?

Joven: Claro que sí. Tenemos mandolinas, laúdes y panderetas.

Joan: ¿Qué es una pandereta?

Joven: A ver si me acuerdo. Aprendí la palabra inglesa cuando estuve en su país hace dos años. Creo que se dice 'tambourine' en inglés.

Joan: Ah, sí. ¿Y cuál es el significado de todas esas cintas que tiene usted en la guitarra?

Joven: Pues como ya le tengo dicho, antiguamente la tuna iba por la calle cantando y muchas veces los estudiantes cantaban bajo el balcón de una chica que estaba arriba en su dormitorio. Si la música le gustaba a la chica, ella sacaba una cinta de su pelo y la dejaba caer a la calle. El cantante la recogía y la ponía en su guitarra.

Joan: Entonces usted es un chico muy popular entre las chicas de Santiago porque usted tiene más de una docena de cintas en su guitarra.

Joven: ¡Ojalá que fuera así, señora! Pero, la verdad sea dicha, estas cintas las compré en la mercería.

Joan: ¡Qué lástima!

Joven: Muy bien. Basta ya de frivolidades y vamos al grano. ¿Quiere usted comprar una cassette de la música de la tuna de Santiago?

Joan: ¡Qué pena! Y yo que me había hecho la ilusión de que me iba a cantar.

Joven: No, señora. Aquí en esta cassette tiene usted la tradición de la ciudad de Santiago junto con la tecnología de hoy.

Joan: ¿Y cuánto me puede costar esta mezcla de la tradición y la modernidad?

Joven: Pues se la puedo dejar por trescientas pesetas, señora pero si usted quiere darme un poco más le estaré muy agradecido.

Joan: Bueno, aquí tiene usted cuatrocientas.

Joven: Muchísimas gracias, señora. Ya veo que usted tiene una máquina fotográfica. ¿Quiere usted que mi compañero nos haga una foto como recuerdo de su visita a Santiago?

Joan: Con muchísmo gusto.

Joven: ¡Manuel! Ven acá. Esta señora quiere que nos hagas una foto.

Joan: Y también le quiero invitar a tomar café conmigo, mi marido y mis amigos en aquel café de la esquina de la plaza.

Joven: ¿Cómo no? No me quedan más cassettes para vender esta mañana y me parece que está para llover.

Diálogo 2

Joan y el joven cruzaron la plaza y penetraron en el café donde estaban esperando Robert, María y Juan. Joan les presentó a su nuevo amigo.

Joan: ¡Hola a todos! Os quiero presentar a mi nuevo amigo gallego. ¿Cómo te llamas? Nos podemos tutear ya que somos amigos, ¿verdad?

Joven: Claro qué sí. Me llamo Manuel. Mucho gusto en conoceros.

Juan: ¿Y eres estudiante aquí en la universidad?

Joven: Eso es.

Juan: ¿Qué estás estudiando?

Joven: Medicina. Estoy en el cuarto curso de la carrera.

Juan: ¿Qué tal va el curso?

Joven: Francamente mal. Los profesores no ponen interés en nosotros los estudiantes; no hay buen material docente y los laboratorios están hechos un asco.

Juan: Pero, ¿cómo es eso?

Joven: ¿Yo qué sé? Dicen que no hay fondos para arreglar los laboratorios ni para comprar material docente y los profesores están todos muy desmoralizados.

Juan: ¡Hombre! No hay derecho a tratar así a los jóvenes. Ellos representan el futuro del país, ¿verdad?

Joven: Eso digo yo, pero que le vamos a hacer si el gobierno no escucha lo que decimos.

María: Pero, tienes una beca del gobierno, ¿no?

Joven: Sí, tengo una beca pero es muy pequeña y mis padres me tienen que dar dinero que yo les tendré que devolver más tarde cuando termine la carrera.

Juan: Bueno, dejemos esto. ¿Qué vas a tomar, Manuel?

Joven: Un café con leche, por favor.

Juan: ¿Algo para mojar?

Joven: ¿Qué tienen?

Juan: Pues me parece que tienen croissants, suizos y ensaimadas. ¿Qué quieres?

Joven: Una ensaimada, por favor.

Juan: Y vosotros, ¿qué vais a tomar?

María: Yo quiero lo mismo que Manuel.

Joan: Y yo también. Tengo hambre.

Robert: Yo voy a tomar una cerveza.

Juan: Muy bien. ¡Camarero!

Diálogo 3

Al salir del café, Robert y Joan se acordaron de que les esperaban cartas en Correos. Acudieron allí y preguntaron por la Lista de Correos.

Joan: ¿La Lista de Correos, por favor?

Empleado: Aquella taquilla, señora, al lado de la salida.

Joan: Gracias. (*Pausa*) Buenos días. ¿Tiene usted alguna carta para mí? Soy la señora Robinson.

Empleada: ¿La señora Robinson? Un momentito, por favor. Sí, aquí tiene usted, señora. Una carta de Inglaterra.

Joan: ¿Cuánto hay que pagar?

Empleada: Nada, señora, ya que la carta lleva los sellos necesarios, usted no tiene que pagar nada.

Robert: ¿Puedo poner un telex a Inglaterra desde aquí?

Empleada: Sí, señor. Si usted quiere dirigirse a la taquilla número seis, le atenderán en seguida.

Robert: ¿Cuánto tardará un telex en llegar a Inglaterra?

Empleada: No lo sé seguro, señor. ¿Quiere preguntarlo en la taquilla? Allí lo sabrán.

Robert: Muchas gracias.

8.2 VOCABULARIO

letrado	learned
el soldado	soldier
dirigirse a	to make for
dar con	to meet, encounter
distinto	different
parecerse a	to look like
la capa	cape
las calzas	breeches
el jubón	doublet, jerkin
el terciopelo	velvet
la tuna	student orchestra
bastar	to be enough, suffice
la broma	joke
el laúd	lute
el significado	meaning, significance
la cinta	ribbon
arriba	up, upstairs
dejar caer	to drop, let fall
la docena	dozen
la mercería	haberdasher's
ir al grano	to get down to business
hacerse la ilusión	to get excited about
junto con	together with
la mezcla	mixture
agradecido	grateful
estar para	to be about to
penetrar	to enter, go into
tutear	to address in the familiar form
el material docente	teaching material

hecho un asco	filthy, disgusting
la beca	grant, scholarship
devolver	to give back, return
mojar	to make wet, 'dunk'
acudir	to go to
la Lista de Correos	Poste Restante
atender	to attend to, serve

8.3 EXPLANATIONS

(a) Universities, students and the 'tuna'

The oldest Spanish university was founded in Salamanca at the beginning of the 13th century. Others followed, the most important of which was the University of Alcalá founded in 1506 by Cardinal Cisneros, which by 1600 had six thousand students. Some of the earlier universities were little more than an academic joke and the University of Osuna attracted the satirical pen of a writer of the quality of Cervantes.

The Spanish university student has figured throughout the literature as a poor, starving and mendacious character, much given to lively pranks but little serious study.

Modern universities in Spain are to be found in most of the regional capitals with the most important being in Madrid, where there are now two, Barcelona, Sevilla and Valencia. Throughout the 1960s and 1970s Spanish university students were very radical; universities were frequently closed owing to student protests against the Franco regime and most campuses were patrolled by the infamous police called by the student los grises because of their grey uniform. (To improve the image of the police, they now wear a brown uniform and the students call them los mierdas!)

The students nowadays complain that the teaching in many universities is poor, the classes are too large and often number more than a hundred students per class and individual attention or tuition is totally lacking. Because of this, the drop-out rate is very high, and many students take six to seven years to complete their first degree. The current government is tackling the problem and the future for the Spanish universities looks promising.

The tuna dates from the early days of the university when groups of students literally 'sang for their supper'. They carried a fork and a spoon in the band of their hats and a crossed fork and spoon is now the badge of the tunas. Nowadays the funds raised by the tunas finance visits abroad to give concerts throughout Europe and Latin America.

(b) The idiomatic use of the verb dar – *grammar reference page 294*
This verb can be used to express to meet, or to run into.

Di con Juan en la plaza.	I met John in the square.

(c) Expressing what must be: deber – *grammar reference page 294*
Deber is used to express what must be or has to be:

Usted debe ser turista.	You must be a tourist.
Debo visitar Toledo.	I must visit Toledo.

(d) Saying that something or someone looks like something or someone else: parecerse a

Se parece a la ropa del siglo diecisiete.	It looks like 17th century clothing.
No me parezco a mi padre.	I do not look like my father.

(e) Expressing carrying on or continuing to do something: seguir + the Present Participle – *grammar reference page 289*

Han sido pobres, y lo siguen siendo.	They have been poor, and continue to be so.
Al verme, siguió leyendo.	On seeing me, he carried on reading.

(f) Expressing going along doing something: ir + the Present Participle – *grammar reference page 289*

Iban por las calles cantando y pidiendo dinero.	They used to go along the streets singing and asking for money.

(g) Saying that you have enough of something: the Impersonal verb bastar – *grammar reference page 294*
This verb behaves exactly as gustar, but can be used without pronouns.

¡Basta ya!	That's enough.
La fruta me basta.	The fruit is enough for me.

(h) Let's see: the shortened form
The expression Vamos a ver is often shortened to a ver.

A ver si me acuerdo.	Let's see if I remember.

(i) Expressing a fervent wish: Ojalá + the Subjunctive - *grammar reference page 292*

You literally invoke the deity, but it is a Muslim deity: Ojalá is derived from In sha'llah - Allah grant that. It can be followed by the Present or Imperfect Subjunctive.

¡Ojalá (que) venga pronto!	Oh that he may come soon!
¡Ojalá (que) mi hermana estuviese aquí!	Would that my sister were here!

(j) Expressing excitement, looking forward to something: hacer ilusión

El viaje me hace mucha ilusión.	I'm looking forward to the trip.
Tu carta me hizo mucha ilusión.	I was thrilled to get your letter.

(k) Idiomatic use of the verb dejar: to let you have something - *grammar reference page 295*

Se lo puedo dejar por trescientas pesetas.	I can let you have it for 300 pesetas.

(l) Uses of the adverb ya - already

This adverb often expresses the idea of 'Now . . .'

Ya sabe usted . . .	As you know . . .
Ya que somos amigos . . .	Since we're friends . . .
Ya veo que usted tiene . . .	I see that you have . . .

(m) Tener replacing haber as the auxiliary verb in the Perfect Tense

Sometimes tener replaces haber in the Perfect Tense and then the Past Participle agrees with the object in number as if it were an adjective.

Ella tiene escrita la carta.	She has the letter written.
Como ya le tengo dicho.	As I have already told you.

The difference between haber and tener is that the latter refers strongly to the state produced by the action.

Tenemos contado el dinero.	We have the money counted.

(n) Expressing disgust: uses of the word asco

Están hechos un asco.	They are disgusting (filthy).
Ese tipo me da asco.	That bloke revolts me.
Me dan asco las aceitunas.	I loathe olives.
¡Qué asco!	How disgusting!
Esta habitación es un asco.	This room is disgusting (filthy).

(o) The use of Diminutives – *grammar reference page 301*
These are formed by adding a syllable to the noun:

un momento	un momentito
una silla	una sillita

Another possible syllable which may be added is -illo:

Un cigarro	Un cigarrillo

The -ito syllable and its variants -cito and -ecito far outnumber any other diminutive form. They are used to form pet names and phrases and convey both the idea of smallness as well as pretty, sweet, dear, etc.

¡Qué niñita!	What a pretty little girl!
Esta es mi mujercita.	This is the 'little woman'

(p) Expressing 'something is about to happen': estar para + the infinitive
– *grammar reference page 295*

Está para llover.	It is about to rain.
El tren está para salir.	The train is about to leave.

8.4 EXERCISES

Exercise 1   ¿Qué se dice?
(The role-play exercises will begin to depart significantly from the text of the dialogues, requiring more creative use of language.)

Fill in the gaps in the dialogues, taking your cues from the English phrases in the brackets

Usted: (Greet the young lady, and suggest she is a tourist in London.)
Señorita: Eso es, pero, ¿cómo lo sabe usted?
Usted: (Explain that it is because of the camera she is carrying and add that all tourists usually carry a camera.)

Señorita: Pues entonces usted debe ser turista también ¿no? Porque usted lleva una máquina fotográfica.

Usted: (Explain that you are a member of a camera club and are visiting London to take photographs of the historic buildings.)

Señorita: Ah, sí. Ahora comprendo.

Exercise 2   ¿Qué se dice?

Fill in the gaps in the dialogues, taking your cues from the English phrases in the brackets.

Usted: (Ask how much the cassette of folklore music might cost.)

Joven: Pues se la puedo dejar por trescientas pesetas.

Usted: (Say you think it is rather dear.)

Joven: No, señor (señora/señorita). Aquí en esta cassette tiene usted toda la tradición de la ciudad.

Usted: (Ask what types of musical instruments there are on the cassette.)

Joven: Pues hay mandolinas, laúdes y guitarras.

Usted: (Ask if you can take a photo of the young man with his guitar as a souvenir of your visit to Santiago.)

Joven: Claro que sí. Con muchísimo gusto.

Exercise 3   ¿Qué se dice?

Fill in the gaps in the dialogue, taking your cues from the English phrases in the brackets.

Usted: (Greet your friends and say you wish to introduce your new Catalan friend. Ask your friend's name, and suggest you can use the familiar form of address since you are now friends.)

Su amigo: Claro que sí. Me llamo Manuel. Mucho gusto en conoceros.

Usted: (Ask if he is a student at the university.)

Su amigo: Eso es.

Usted: (Ask which course he is following.)

Su amigo: La física. Estoy en el cuarto curso.

Usted: (Ask how the course is going.)

Su amigo: Muy bien. Los profesores ponen mucho interés, el material docente es excelente y los laboratorios son magníficos.

Usted: (Ask if he has a grant from the government.)

Su amigo: Sí, tengo una beca muy buena.

Usted: (Ask him what he wants to do when he finishes his course.)

Su amigo: Espero ser profesor de física en un instituto.

Usted: (Wish him luck.)

Exercise 4   ¿Qué se dice?
Fill in the gaps in the dialogue, taking your cues from the English phrases in the brackets.

Usted: (Ask for the Poste Restante.)
Empleado: Aquella taquilla.
Usted: (Ask if there are any letters or postcards for you. Give your name.)
Empleado: Un momentito, por favor. Sí, aquí tiene usted. Una carta y dos tarjetas postales.
Usted: (Ask him what there is to pay.)
Empleado: Nada, ya que la carta y las tarjetas llevan los sellos necesarios.
Usted: (Ask if you can send a telex to England from there.)
Empleado: Sí, en la taquilla número seis.
Usted: (Ask how long a telex will take to reach England.)
Empleado: No lo sé seguro. ¿Quiere preguntarlo en la taquilla? Allí lo sabrán.

Exercise 5   Where did it happen?
Example: Encontré a Juan en la plaza.
                    Di con Juan en la plaza.

1. Encontré a Manuel delante de la catedral.
2. ¿Dónde encontraste a tu marido?
3. María encontró a su amigo cerca de la estación.
4. Los niños encontraron a sus padres en la playa.
5. Encontré a mi madre en el mercado.

Exercise 6   What must you do?
Example: Tengo que poner un telex a mi oficina en Inglaterra.
                    Debo poner un telex a mi oficina en Inglaterra.

1. Usted tiene que ir a la cama.
2. Tenemos que volver a Madrid.
3. Tienes que visitar la catedral de Santiago.
4. Tengo que escribir una carta a mi familia en Londres.
5. Marta tiene que preparar la cena.

Exercise 7   Who does he look like?
Example: ¿A quién se parece el niño? ¿A su padre?
                    Sí, se parece a su padre.

1. ¿A quién te pareces? ¿A tu madre?
2. ¿A quién se parece la niña? ¿A su abuelo?

3. ¿A quién se parecen los niños? ¿A su papá?
4. ¿A quién te pareces? ¿A tu abuela?
5. ¿A quién se parece tu mujer? ¿A su padre?

Exercise 8   He just carried on doing it
Example: Estaba andando por la calle y, al verme, . . .
     Estaba andando por la calle y, al verme, siguió andando.

1. Estaba leyendo un libro y, al sonar el teléfono . . .
2. Estábamos escuchando la música de la tuna y, al pasar el desfile . . .
3. Marta estaba jugando al tenis y, cuando empezó a llover, . . .
4. Los dos amigos estaban andando por la calle y, al ver el accidente, . . .
5. Yo estaba hablando por teléfono con mi jefe y, al entrar mi secretaria, . . .

Exercise 9   Oh, I do hope so
Example: ¿Cree usted que hará sol mañana?
     Ojalá que haga sol.

1. ¿Cree usted que el tren llegará pronto?
2. ¿Cree usted que el hotel será bueno?
3. ¿Cree usted que hará buen tiempo en España?
4. ¿Cree usted que los niños lo pasarán bien en Santiago?
5. ¿Cree usted que su marido volverá pronto?

Exercise 10   How revolting!
Example: ¿Te gusta ese hombre?
     No; me da asco.

1. ¿Te gustan las aceitunas?
2. ¿Te gusta el ajo?
3. ¿Te gustan los hombres muy machos?
4. ¿Te gusta esta playa?
5. ¿Te gustan los calamares en su tinta?

Exercise 11 How nice!
Change the italicised word to the diminutive form.

Example: Este *niño* es muy bueno.
     Este niñito es muy bueno.

1. Este *hotel* es estupendo.
2. Esta *mujer* es muy guapa.
3. Estos *zapatos* son muy bonitos.

4. Esta *mesa* es una monada.
5. Me gusta mucho esa *blusa*.

Exercise 12 Vamos a escribir

Whilst in Santiago, Robert Robinson decides to write to a firm in Toledo to enquire about tourist souvenirs for his shops in England. Juan López helps and together they draft the following letter. Read it carefully, answer the questions in English, and then write a letter of your own to fit the information given below.

Sr. D. Francisco Morales
Director de 'Artesanía Española'
Calle de Samuel Levi, 4,
TOLEDO

Muy Sr. mío:
Le agradeceré se sirva mandarme a su más pronta conveniencia sus mejores precios y fecha de entrega para los siguientes artículos incluidos en su catálogo 'Artesanía Española' que usted me mandó hace un mes:
    Pendientes: arte damasquinado
    Pulseras: arte damasquinado
    Broches: arte damasquinado
    Bolsos de mujer: de terciopelo con adorno de arte damasquinado.
Le pido que tome nota de que en caso de que podamos llegar a un acuerdo necesitaré recibir las citadas mercancías para el día veinte de setiembre próximo, ya que tengo el proyecto de organizar, a primeros de octubre, una Semana Española en las tres tiendas de recuerdos que tengo en York, Harrogate y Scarborough durante la cual pienso montar una exposición de artículos de recuerdo importados de España.
    En espera de su pronta respuesta, le saluda atentamente,

R. Robinson

1. Who is Robert Robinson writing to, and what sort of firm is it?
2. What two pieces of information does Robert Robinson want?
3. Which four articles does he wish to order?
4. When must he receive the goods?
5. Which particular project does he want them for?

Now write a letter to the manager of a fashion house in Spain asking for prices and delivery dates for the cotton summer dresses, cotton summer skirts and nylon blouses which you saw in the catalogue *Moda española*.

146

Say you will need the goods for 10 May because you hope to organise a special display in the shop you have in central London in early June showing ladies' fashions imported from Spain.

¿COMPRENDE USTED ESTA CANCIÓN ESTUDIANTIL?

Listen to the song from the Santiago University 'tuna' and write down five facts about Pepín.

Pepín

Yo soy Pepín, el niño más guapo del colegio,
Quizás, quizás, mi nombre sea todo un sortilegio.
Soy el gachó más guapo de este barrio,
De este sector que está en el extrarradio.
Soy Pepín, un niño muscular,
No hay ningún chulo que me se pueda igualar.
Yo estoy aquí para hacer el ingreso en Medicina,
Quizás, quizás, conquistaré al gachó que me examina.
Derrocharé mi garbo postinero,
Aunque a papá le cueste su dinero.
Yo soy Pepín, un niño muscular,
No hay ningún chulo que me se pueda igualar.
Y al llegar a casa suspendido,
Papá dirá: Pepín, y mamá dirá: Pepín.
Y después del consabido follón,
Papá dirá 'Te has portado como un ca . . . nalla.
Yo soy Pepín; mi nombre es todo un figurín,
Yo no soy macho, pero soy machín.

8.6 LECTURA

Student unrest was a typical feature of university life during the Franco regime, but unrest has returned to Spanish universities again, although this time the reasons are different. Students no longer demand political freedoms but rather better teaching, more generous grants and more adequate facilities for teaching and research.

Lea con cuidado este artículo de la prensa española y luego conteste a las preguntas en inglés. Hay un pequeño vocabulario para ayudarle.

Rebelión en la Universidad

Estudiar más y mejor

Hace diez años, los universitarios luchaban por la libertad y la democracia.
Ahora pelean por una enseñanza de mayor calidad

El pasado 23 de febrero dos mil estudiantes cercaban el claustro de la Universidad de Sevilla. Los 180 claustrales tuvieron que utilizar un furgón de la Policía para traspasar la barrera humana que los estudiantes habían interpuesto para evitar que se aprobaran los estatutos de la Universidad. Cinco días más tarde, la Policía cargaba contra un numeroso grupo de universitarios que pretendían repetir la acción en la Universidad de Valladolid.

Justo diez años antes, en los «viejos tiempos», ambas Universidades habían sido cerradas por los correspondientes rectores como respuesta a la acción de un movimiento estudiantil que «alteraba el orden público» en plena agonía de Franco.

Una curiosa coincidencia, sin duda, que ha llevado a muchos a hablar de un resurgimiento del movimiento estudiantil. Un «revival» de las carreras, las huelgas y las manifestaciones que provocaron el apelativo de «búnker rojo» con el que la ultraderecha bautizó a la Universidad española de los años sesenta y setenta.

Pero, ¿realmente los universitarios están resucitando una especie de «Tal como éramos»? Parece que no. Si las movilizaciones de los setenta pedían libertad, democracia y fuera Policía, las de ahora hablan de tasas, de más becas e inversiones, y, eso sí, «más dinero a las Universidades y menos gastos militares», tal y como gritan los sectores más radicales.

Las cosas son ahora de otra manera. Para empezar, el «progre», figura típica de la Universidad de hace diez años, con su barba, camisa de franela, pantalones de pana, botas camperas y un libro de Sartre bajo el brazo ha pasado al baúl de los recuerdos.

«A nosotros lo que nos preocupa es que se aumente la calidad de la enseñanza. Que haya mejores medios y más profesores», dice Mark Labeyrie, estudiante de Derecho y líder de los universitarios alicantinos.

Se quiere que haya más dinero para la Universidad para aprender más y estar mejor preparado para el mercado de trabajo o, al menos, desterrar la sensación de haber perdido el tiempo durante los años de Facultad.

Un dato sintomático: las cinco horas que estuvieron negociando los representantes del llamado sector moderado de los estudiantes con el Ministerio de Educación se consumieron en la subida de las tasas, el aumento de las becas y los miles de vericuetos académicos que reglamentan la Universidad.

Tiempos modernos éstos. Porque el factor que ha dinamizado todo este embrión confuso y poco organizado aún que se llama movimiento estudiantil es la ley de Reforma Universitaria. La LRU ha tenido el mismo efecto que una piedra que cae en un estanque apacible.

Su aplicación ha empujado a un debate a todos los sectores de la enseñanza superior, incluso los más dormidos. Los estudiantes españoles han conseguido tener una representación que oscila entre el veinte y el treinta por ciento de todos los claustros constituyentes, con lo cual la Universidad española es una de las más participativas, en este sentido, de toda Europa.

1. What happened on 23 February last?
2. How did the staff get into the university, and why were they going there?
3. What happened five days later?
4. What happened in these two universities ten years earlier?
5. What nickname did the right-wing students give to Spanish universities in the 1960s and 1970s?
6. What were students demanding in the 1970s and what are they demanding now?
7. How did the progre dress ten years ago?
8. What concerns students nowadays according to Mark Labeyrie?
9. What did students discuss with the Ministry of Education for five hours?
10. What effect has LRU had?
11. What student representation is there when university matters are discussed?
12. What does this make the Spanish university?

Vocabulario

cercar	to besiege, surround
el claustral	university teacher
el furgón	wagon, truck
alterar	to change (for the worst), disturb
la huelga	strike
la tasa	standard, norm
el baúl	coffin
atenazar	to torture
el vericueto	difficult track, difficulty
el estanque	pool, pond
empujar	to push, force

COSAS DE ESPAÑA 2
LOS ESPAÑOLES SE
DESCRIBEN

'LA PIRÁMIDE NACIONAL'

Miguel de Unamuno, who lived from 1864 to 1936, was the Professor of Greek at the University of Salamanca and might have been a great poet, or a great novelist or a great philosopher had he not dispersed his energies over so wide a field of writing, teaching and lecturing. His six volumes of Essays (1916-18) are all very stimulating criticisms of education, religion, politics and similar subjects. He was the intellectual gadfly of his generation and delighted in standing accepted wisdom on its head in dazzling displays of paradoxical oratory or writing. In this article, from the collection España y los españoles, he suggests that all university and secondary school teachers should become primary school teachers, teach reading, writing and arithmetic and broaden the base of the national pyramid.

La Pirámide Nacional

Uno de los más claros signos del progreso económico de un pueblo es el de que aumente en él la producción de artículos de universal consumo en mayor medida que la de aquellos otros de relativo lujo. Por el consumo medio del obrero se gradúa la riqueza social. Es indudable síntoma de adelanto el que transmigren los capitales de la producción de ricas telas de fantasía a la de paños comunes. Abaratan así los géneros que gasta la masa obrera, sube su salario real, o sea la cantidad de cosas que pueden comprar, aunque el nominal, es decir, lo que en dinero perciba, permanezca estacionario, consume así más y al consumir más provoca un aumento de producción.

Puédese trasladar lo dicho a la esfera de la riqueza intelectual de un pueblo. Uno de los más claros signos del progreso intelectual de una sociedad, de su mayor cultura, es que aumente en ella la instrucción primaria en mayor medida que la facultativa. Creo que acaso fuese un expediente salvador el de suprimir en España todas las Universidades y aun los

Institutos, convertirnos a los profesores de unas y otros en maestros de escuela y repartirnos por los pueblos después de que hubiéramos aprendido a enseñar a leer, escribir y contar con sentido. Es más fácil que surjan de por sí, espontáneamente, buenos médicos, ingenieros o artistas de un pueblo de sólida instrucción primaria que no el que un escogido pelotón de especialistas dé cultura a un pueblo que la necesita.

La cultura general, los conocimientos sólidos al alcance a ser posible de todo el mundo, determinan el valor social de todo conocimiento especializado, como el salario real el precio de las cosas.

Languidecen en España los mejores talentos por falta de ambiente, sustentándose con dificultad suma por carecer de adecuado asiento social, como no se sostiene la elevada cumbre de una pirámide si es pequeña su base de sustentación.

A una pirámide, en efecto, podemos comparar un pueblo. Si desde un alto echáis trigo, forma el montón una especie de cono, una pequeña parva. Así la forman los hombres echados por el destino al mundo. Unos en la base, los de debajo; otros en la cima. Pero éstos sólo se mantienen en ella merced a aquéllos, a los que no pueden descender más. Desde la cima a la base hay una serie de capas, menos extensas cuanto más altas, lo mismo en fortuna económica que intelectual. Por transiciones se pasa lo mismo del sabio al ignorante que del millonario al pobre. De la mayor brusquedad del tránsito depende la forma de la pirámide social.

No importa tanto que sea mayor la distancia de la cima a la base si siendo la transición lenta son suaves las pendientes. Es tanto mayor la estabilidad de la pirámide cuanto más bajo esté su centro de gravedad cayendo sobre la base, cuanto más se acerque a las últimas capas del pueblo el nivel de la cultura media. Si la pirámide crece en altura afilándose y sin ensanchar su sustento, pierde en seguridad. Tan malo es que en un pueblo aumenten las primeras fortunas y se concentren sin ampliarse el bienestar de las últimas capas, como que se cultiven por algunos especialistas conocimientos especiales sin una extensión correlativa de los elementales. Mejor harían los sabios en tal caso dedicarse a escribir manuales para las escuelas de niños. ¡Desgraciada cultura la de un país en que unos pocos magnates del saber se dedican a resolver intrincados problemas de ecuaciones trascendentales mientras el pueblo no sabe multiplicar!

Para el cultivo se miden las tierras en proyección horizontal, según su base. Sabido es que las faldas de una montaña, con ocupar más área que la base de ella si la cortarán de raíz, no producen más, porque creciendo las plantas verticales siempre y no perpendicularmente al suelo no caben más de ellas en las laderas de la montaña que en su base cabrían. No se siembra el trigo como se tiende una alfombra. Así es la cultura espiritual de un pueblo, cuyos frutos crecen en derechura al cielo. Hay que calcular por la extensión de la instrucción primaria.

El problema de la instrucción pública en España suele ser un mero tópico de retórica; la triste verdad es que se menosprecia a los maestros. Cuidar caballos produce más que desasnar niños. Viven los pobres maestros en terrible círculo vicioso; no se les recompensa mejor porque su trabajo no lo merece, y no lo merece porque no se les recompensa mejor.

Creo hay en España quienes tienen fuerzas y bríos para subir tan alto como puedan los mejores de otros países; pero es mucho más difícil alcanzar la cima donde las laderas son más escarpadas por ser la base de cultura general menos extensa.

La principal razón del marasmo en que yace nuestra juventud intelectual consiste en que hay muchos españoles que no saben leer siquiera, y de los que leen los más no *pronuncian*. Debían suprimirnos a los catedráticos de segunda y tercera enseñanza, convirtiéndonos en maestros de instrucción primaria. Más de una tendría que aprender de nuevo las cuatro reglas.

Vocabulary

la medida	measure
graduar(se)	to grade, classify
el adelanto	progress
la tela	fabric
fantasía(de)	fancy
el paño	cloth
abaratar	to reduce the price
trasladar	to move, transfer
facultativo	faculty, university
repartir	to share, distribute
el pelotón	mass, crowd
languidecer	to languish, pine away
la parva	heap, pile
la cima	top, summit
merced a	thanks to
la capa	layer
afilar(se)	to sharpen
ensanchar	to broaden
medir	to measure
sembrar	to sow
tender(se)	to lay, stretch out
menospreciar	to despise
cuidar	to raise, care for
desasnar	to educate
merecer	to deserve
escarpado	steep
el marasmo	wasting, atrophy

'RETRATO'

Antonio Machado lived from 1875 to 1939 and was truly one of the great poets of the 20th century. Born in Seville, the vicissitudes of his profession as a French teacher took him first to Soria in Castille and then to Baeza in Andalusia. He was the antithesis of the typical Spaniard, being thoughtful, introspective and much given to a gentle melancholy. He wrote of the landscape of Castille and of the inner explorations of his own internal landscape. Progressively the one landscape invaded the other and his poems became profound statements of a tortured man longing for peace for himself and for Spain. 'Retrato', from the collection Campos de Castilla, gives a good portrait of this quiet poet.

Retrato

Mi infancia son recuerdos de un patio de Sevilla,
y un huerto claro donde madura el limonero;
mi juventud, veinte años en tierra de Castilla;
mi historia, algunos casos que recordar no quiero.

Ni un seductor Mañara, ni un Bradomín he sido
—ya conocéis mi torpe aliño indumentario—,
mas recibí la flecha que me asignó Cupido,
y amé cuanto ellas puedan tener de hospitalario.

Hay en mis venas gotas de sangre jacobina,
pero mi verso brota de manantial sereno;
y, más que un hombre al uso que sabe su doctrina,
soy, en el buen sentido de la palabra, bueno.

Adoro la hermosura, y en la moderna estética
corté las viejas rosas del huerto de Ronsard;
mas no amo los afeites de la actual cosmética,
ni soy un ave de esas del nuevo gay-trinar.

Desdeño las romanzas de los tenores huecos
y el coro de los grillos que cantan a la luna.
A distinguir me paro las voces de los ecos,
y escucho solamente, entre las voces, una.

¿Soy clásico o romántico? No sé. Dejar quisiera
mi verso, como deja el capitán su espada:
famosa por la mano viril que la blandiera,
no por el docto oficio del forjador preciada.

Converso con el hombre que siempre va conmigo
—quien habla solo espera hablar a Dios un día—;
mi soliloquio es plática con este buen amigo
que me enseñó el secreto de la filantropía.

Y al cabo, nada os debo; debéisme cuanto he escrito.
A mi trabajo acudo, con mi dinero pago
el traje que me cubre y la mansión que habito,
el pan que me alimenta y el lecho en donde yago.
    Y cuando llegue el día del último viaje,
y esté al partir la nave que nunca ha de tornar,
me encontraréis a bordo ligero de equipaje,
casi desnudo, como los hijos de la mar.

Vocabulary

el recuerdo	memory
madurar	to ripen
recordar	to recall
torpe	slovenly
el aliño	dress
la flecha	arrow
amar	to love
la vena	vein
la gota	drop
brotar	to spring up, flow
el manantial	spring
el afeite	make-up
desdeñar	to disdain
la espada	sword
blandir	to flourish
el forjador	iron worker
acudir	to go to
el lecho	bed
yacer	to lie, repose
ligero	light

MEMORIAS DE UN NIÑO DE DERECHAS

Francisco Umbral is one of the most widely read of modern Spanish novelists and essayists. In this extract from *Memorias de un niño de derechas*, published in 1972, he evokes the years immediately after the Spanish Civil War by describing the place occupied by the bicycle in the social order.

Había dos razas de niños: los que tenían bicicleta y los que no teníamos bicicleta. Los niños de las bicicletas solían ser los mismos niños que vestían de blanco: ligeros, rubios, ilesos, impolutos, impecables, ampo de niñez. Los otros niños, los que no teníamos bicicleta, les mirábamos desde nuestra quietud, desde nuestro estatismo de pobres —quién sabe si la pobreza es un estatismo—, pasar en su velocidad de niños ricos, de criaturas afortunadas y velocípedas. Nunca tuvimos una bicicleta.

Tampoco había bicicletas para dar y tomar, esa es la verdad, de modo que aquellos niños solían tener una bicicleta para todos los hermanos, o a lo más dos bicicletas, una de chico y otra de chica, si había hermanos de ambos sexos. Niña se conoció que llegaría a malograrse por no comprarle a tiempo una bicicleta de su sexo, pues las bicicletas masculinas tenían barra, una barra horizontal que iba debajo de las piernas del pedaleante, y las bicicletas femeninas no tenían barra y eran todas ellas de formas como más alabeadas, rizadas y coquetas.

Ver a una chica subida en una bicicleta de chico, con los pliegues de la falda deshechos por la barra de la bicicleta, era como ver algo antinatural, morboso, extraño, torvo y quién sabe si sucio. Algunas niñas, ya digo, llegaron a malograrse por esta tontería, aunque parezca que no, la Ina sin ir más lejos, porque la Ina se hizo una rotura entre las piernas, un desgarroncito sin remedio, una sangrecita de nada, todo por culpa de la barra de la bicicleta.

A las chicas que montaban en bicicleta de chico las llamábamos chicazos, y, por el contrario, a los niños que iban en bicicleta de niña les decíamos maricas, pues la ausencia de barra les permitía juntar las rodillas, al pedalear, de una manera femenina, sosa y delicada. Pero había misteriosos arranques del temperamento por los cuales un niño, al despertarse de la siesta de verano, decidía, sin saber él mismo por qué, coger la bicicleta de su hermana y salir pedaleando, femenino y loco, como con una invisible melena al viento, sintiéndose quizá su propia hermana.

De algunos de aquellos niños se dice que dieron en lo peor, luego, pero eso nunca se ha sabido. Las bicicletas de chico eran como más masculinas, y no digamos si eran de carrera, bicicletas de piñón fijo, escuetas y silbantes, la admiración y la envidia de todo el barrio, pues ya por entonces estaban Cañardo, Berrendero y otros grandes ciclistas nacionales, a quienes los niños con bicicleta de carrera emulaban subidos en su máquina, en tanto que los niños sin bicicleta los emulábamos haciendo correr chapas de gaseosa por un tour previamente dibujado en la calle, con tiza, y llamándole Cañardo a una chapa y Berrendero a otra, y así.

Las bicicletas de chica solían tener una redecilla en la rueda de atrás, hecha de varios colores, preferentemente los de la bandera española, y aquella red era como un cazamariposas de la velocidad, que iba atrapando las alas del viento, que se le escapaban una y otra vez, o era quizá como la falda de la rueda, su falda corta y ligera, la que le ponía un poco de pudor al pedalear loco de toda la bicicleta. Por delante, la bici llevaba cintas, también figurando la bandera española, como las cintas de la estudiantina, y las cintas revolaban mucho con el viento, y sonaba el timbre plateado de la bicicleta, como un grillo de sonido, como un grillo vestido de tuno con aquellas cintas, del mismo modo que todos los tunos tienen algo de grillos grilladores en la noche provinciana de las afueras. Nos enamorábamos de las niñas de las bicicletas, que era como enamorarse de un ser de otra especie, de una amazona, de un centauro de mujer y velocidad.

La bicicleta era un signo de riqueza. Los domingos por la tarde, se iban las pandillas con sus bicicletas, había mucho ruido claro de timbres en la calle o en la plaza, muchos brillos metálicos, mucho color de cintas, y la pandilla salía con sus meriendas, sus gritos, su ropa limpia, hacia el campo, la acequia, la libertad. Hacia una infancia más veloz y más hermosa que la nuestra.

Nosotros, ya digo, no teníamos bicicleta. Llevaban de merienda bocadillos de mortadela, de tortilla, quizá de salchichón, y si alguna confusión había habido entre ellos y nosotros, a lo largo de la semana, si la natural democracia del niño nos había mezclado alguna vez, en la tarde del domingo quedaban bien claras las diferencias: ellos se iban, ellos eran los de las bicicletas y nosotros los de las chapas de gaseosa. En el hueco parado de olor a tortilla y a la colonia tonta y pura que les ponían a todos sus madres, nos quedábamos nosotros, alelados, y qué trabajo costaba arrodillarse en el suelo, volver al duro asfalto, al tour dibujado con tiza, y hacer la excursión odiosa de las chapas.

La chica de la bicicleta, de la que nos habíamos enamorado como de una sirena o de una amazona, sólo volvería al atardecer, sofocada, sucia de los besos del viento y la arena del camino, en los revolcones de las caídas, cuando se le había venido encima un niño de blanco con otra bicicleta.

No había bicicletas para todos, en el país. Algunos obreros tenían su bicicleta grande, vieja, como un cigarrón que montaban para ir al trabajo y que luego colgaban en la pared de la alcoba, con esa afición que tienen los pobres de poner todas las cosas por las paredes, muy a la vista (pues también puede que la pobreza sea un barroquismo, un horror al vacío) y entonces, allí colgada, la bicicleta era más cigarrón que nunca, un insecto enorme que se había quedado pegado a la pared. En una revista que quizá se titulase «Alegría y Descanso» vimos una vez un artículo titulado «El trabajador y la bicicleta», donde se veía, como ilustración, una fotografía de un grupo de trabajadores yendo al trabajo en bicicleta, con el paquetito de la comida detrás del sillín.

En todo caso, no tenía nada que ver aquella raza de bicicletas laborales con las bicicletas ociosas y excursionistas de los niños de blanco. Había señoritas que, metidas ya en noviajos, seguían con la afición entre infantil y pecaminosa de la bicicleta, y las veíamos pasar, hechas unas mujeres, dando timbrazos y pedaleando en su bicicleta, y procurábamos verles un poco de pierna, sólo un poquito, al pedalear, pues era inevitable que algo quedase al descubierto entre la falda escocesa y la pantorrilla. Lo que más celos nos daba era que una niña accediese a que un chico la llevase a dar una vuelta en su bicicleta, cosa que a veces ocurría, y entonces ella iba sentada en la barra horizontal, con las dos piernas a un lado, la falda un poco remangada y la cabeza levemente ladeada y hundida en el pecho, bajo la cabeza del chico, que se inclinaba sobre ella para conducir y quedaba constelado por los cabellos al viento de la niña, que se le enredaban en los ojos, en la boca, en la barbilla.

Debía ser muy hermoso y excitante llevar a una niña en la bicicleta de uno, pero nosotros ni siquiera teníamos bicicleta. Fuimos siempre los niños que se quedaban esperando la vuelta de los otros, y esto nos creó una melancolía de niños pobres de derechas que con el tiempo se haría incurable dentro del pecho, como una tuberculosis sentimental. Aún hoy nos sigue pareciendo inaccesible —cuando ya no hay casi nada, casi nadie inaccesible—, la mujer en bicicleta.

Vocabulary

ileso	untouched
el ampo	dazzling whiteness
la barra	crossbar (of bicycle)
el pliegue	fold
morboso	morbid
la rotura	break
el marica	homosexual
soso	insipid, dull
la melena	lock (of hair)
el piñón	pinion
emular	to emulate, copy
la chapa	disc, small metal plate
la tiza	chalk
la redecilla	small net
el cazamariposas	butterfly net
la pandilla	gang, band
el timbre	bell
la acequia	canal
la colonia	eau de Cologne
alelado	bewildered
el cigarrón	cicada
pecaminoso	sinful
la pantorilla	calf (of leg)

YO ME SOY EL REY PALOMO;
YO ME LO GUISO,
YO ME LO COMO

9.1 DIÁLOGOS

Diálogo 1

Después de pasar unos días en Santiago de Compostela, los López y los Robinson fueron por la costa norte de España hacia Santander pero, al llegar a las afueras de Gijón, Juan López se dio cuenta de que su coche no andaba bien y lo llevó a una estación de servicio.

Empleado: Buenos días. ¿Qué le pongo, súper o extra?

Juan: Gracias, no necesito gasolina. Es que mi coche no anda bien.

Empleado: ¿Qué le pasa?

Juan: No lo sé seguro, pero es difícil cambiar de marcha. Es posible que sea el embrague, ¿no?

Empleado: ¿Cuándo mandó usted el coche al garaje para el mantenimiento por última vez?

Juan: Hace una semana; antes de empezar estas vacaciones.

Empleado: Pues entonces no creo que sea el embrague porque siempre se mira bien el embrague al revisar esta marca de coche. Tiene fama de estropearse muy rápidamente.

Juan: Pues, ¿qué cree usted que será?

Empleado: No lo sé. Yo no soy el mecánico aquí, señor. Yo no hago más que vender gasolina y aceite. El mecánico ha ido al centrol de la ciudad por unas piezas de recambio para ese Citroen.

Juan: ¿Y cuándo volverá?

Empleado: Es muy probable que vuelva sobre las tres. Creo que después de coger las piezas que necesita va a comer en el centro.

Juan: ¿Y podrá arreglar mi coche cuando vuelva? Es preciso que lo tenga para esta tarde porque quiero llegar a Llanes.

Empleado: Pues se lo diré en cuanto vuelva, señor. Mire, es la hora de comer. ¿Por qué no come usted por aquí cerca? Entonces, después de

Por la carretera

comer, podrá volver aquí para hablar con el mecánico sobre las tres de la tarde. ¿Vale?

Juan: Vale. ¿Dónde se come bien por aquí?

Empleado: Pues tiene usted el Restaurante Tino que está cerquita en la calle de Alfredo Truán. Ahí se come bien y bastante barato.

Juan: ¿A qué distancia está de aquí?

Empleado: Pues está a unos quinientos metros; por esta calle y a mano izquierda.

Juan: Muchas gracias. Hasta las tres, entonces.

Empleado: Adiós. Hasta luego.

Diálogo 2

Juan López explicó el problema que tenía con su coche a sus amigos, y todos fueron a comer en el Restaurante Tino. Entraron, se sentaron y pidieron el menú pero, al mirarlo, encontraron un plato que les sorprendió mucho.

María: Mira, Robert. Debieron de haber sabido que tú ibas a comer aquí hoy, y han puesto Riñones de ternera a la Robert en el menú.

Robert: ¿Cómo dices, María? Apenas puedo creer que sea para mí. Pero, ¿qué será?

María: Yo qué sé. Vamos a preguntarlo al camarero. ¡Camarero!

Camarero: Sí, señora. ¿Qué van a tomar?

María: Antes de pedir la comida, ¿quiere ser tan amable como explicarnos lo que es este plato: Riñones de ternera a la Robert?

Camarero: Pues, es un plato de riñones, pero no sé cómo se hace. ¿Quiere esperar un momento? Voy a preguntarlo en la cocina.

(Pausa corta)

Camarero: Dice la cocinera que si quiere saber cómo se hace ese plato, puede pasar a la cocina y ella se lo explicará.

María: ¡Qué amable! Vamos.

(Pausa corta)

Cocinera: Buenas tardes, señora. Le interesa saber cómo se hacen los Riñones de ternera a la Robert, ¿verdad?

María: Eso es. Me interesa porque este señor, que es inglés, se llama Robert y todos vamos a comer este plato ahora, pero queremos saber cómo se prepara.

Cocinera: Muy bien. Pues yo se lo iré explicando mientras lo hago, y ustedes pueden tomar nota. ¿Tiene usted un lápiz y una hoja de papel?

María: Sí, pero no quiero molestar. ¿No tiene usted un libro de recetas? Puedo copiar la receta fácilmente.

Cocinera: ¡Qué va! Aquí no hay ningún libro de recetas, señora. Yo aprendí a cocinar en casa de mi abuela y las recetas las sé de memoria. ¿Está usted lista?

María: Sí.

Cocinera: Muy bien. Primero, los ingredientes: quinientos gramos de riñones de ternera, y deben ser de ternera porque los de vaca tienen un sabor muy fuerte y no valen para este plato. Luego usted necesita setenta gramos de mantequilla, medio vaso de vino blanco, una cucharada de mostaza, perejil, limón, sal y pimienta.

María: ¿Y cómo se hace?

Cocinera: El modo de hacerlo, como dicen en los manuales de cocina, ¿verdad? Pues se ponen cuarenta gramos de mantequilla en una cacerola con mango, se calienta y se echan los riñones partidos en trozos y se saltean a lumbre viva.

María: ¿Cuánto tiempo se saltean?

Cocinera: El tiempo que haga falta: dos o tres minutos. Se sazona con sal y pimienta, se sacan y se poneu un un plato. En la grasa que queda se echa el vino blanco y se deja hervir dos minutos; se retira la cacerola del fuego y se añade la mostaza, el resto de la mantequilla, perejil y un poco de zumo de limón.

María: ¿Y eso es todo?

Cocinera: No; luego se echan los riñones y se calienta sin dejarlo hervir y se sirven.

María: Muchas gracias. Es usted muy amable. Vamos todos a probar Riñones de ternera a la Robert.

Robert: Pero, ¿por qué se llama este plato Riñones de ternera a la Robert?

Cocinera: Esto no lo sé. Es el nombre que aprendí en casa de mi abuela y desde aquel entonces siempre se ha llamado así. Bueno; si ustedes quieren volver al restaurante, el camarero les traerá la comida en seguida. Y les recomiendo que tomen un buen vino blanco con los riñones.

María: De acuerdo. Y muchas gracias por su amabilidad, señora.

Cocinera: De nada, señora. Para mí es un gran placer compartir las recetas de mi abuela con la gente.

Diálogo 3

Después de comer, los López y los Robinson volvieron a la estación de servicio donde pudieron hablar con el mecánico que acababa de volver del centro de la ciudad.

Juan: Buenas tardes. ¿Ha podido mirar mi coche?

Mecánico: ¿Cuál es su coche, señor?

Juan: Ese Seat blanco. Creo que el embrague no funciona bien.

Mecánico: Sí, lo he mirado, señor, pero no es el embrague, sino los frenos. El freno delantero se había trabado. ¿Frenó usted violentamente hoy?

Juan: Sí, al salir de Santiago un perro cruzó la calle delante de mí y tuve que frenar de repente.

Mecánico: Y entonces el freno se trabó. Pero está bien ahora y no creo que tenga más problemas.

Juan: Pero, ¿cómo es que no pude cambiar de marcha? ¿La caja de cambios funciona bien?

Mecánico: Sí, señor, la caja de cambios funciona divinamente. Pero a veces con este modelo de Seat la caja se pone un poco difícil sobre todo en un viaje largo. Pero no se preocupe. Dudo que tenga más problemas.

Juan: Muy bien. ¿Qué le debo?

Mecánico: Son diez mil pesetas, señor. Tuve que cambiar uno de los discos.

Juan: Aquí tiene usted. Y muchas gracias por haberlo hecho tan deprisa.

Mecánico: De nada, señor.

9.2 VOCABULARIO

andar	to walk, go (machines)
cambiar	to change
cambiar de marcha	to change gear
el embrague	clutch (of car)
el mantenimiento	servicing (of car)
revisar	to service (of car), maintain
la marca	make, brand
tener fama de	to have the reputation of
estropearse	to deteriorate, go wrong
la pieza de recambio	spare part
arreglar	to repair, fix
es preciso	it is necessary
cerquita	near by
sorprender	to surprise
apenas	hardly, scarcely
el riñón	kidney
la ternera	calf, veal
el lápiz	pencil
la hoja	sheet, piece
molestar	to bother, disturb
la receta	recipe
listo	ready (with estar)
el sabor	taste

la mantequilla	butter
la cucharada	spoonful
la mostaza	mustard
el perejil	parsley
la pimienta	pepper
la cacerola	saucepan
calentar (ie)	to heat
partir	to divide, share
el trozo	piece
saltear	to '*sauté*'
la lumbre	heat, fire, stove
sazonar	to season
la grasa	fat, grease
hervir (ie)	to boil
añadir	to add
el placer	pleasure
el freno	brake
trabar	to jam, stick
frenar	to brake
la caja de cambios	gear-box
dudar	to doubt

9.3 EXPLANATIONS

(a) Spanish cooking

Spanish cuisine is as distinctive and varied as any in Europe and lacks the pretentiousness sometimes found in other European countries. Regional dishes abound with the dish reflecting the special character of the area where it is found. Asturias, in the north, contributes Fabada Asturiana, a delicious stew of beans, ham and sausage; Valencia offers the visitor paella, a famous dish made from the local products of rice and seafood; Andalucía in the hot southern part of the country refreshes the tourist with gazpacho andaluz, a cold soup made from tomatoes, peppers, garlic, oil and vinegar and served garnished with diced cucumber and bread; and Madrid startles the unwary tourist with callos a la madrileña, a dish made from tripe with a very piquant sauce. Throughout Spain every region offers the visitor interesting and original menus.

Generally speaking, Spanish cooking is simpler than that found in other European countries, with the accent on speed of preparation rather than elaborate sauces and garnishes. 'A buen hambre no hay pan duro', says the proverb or, as Cervantes expressed it in Don Quijote, 'Hunger is the best sauce in the world', and the Spanish have never felt the need to titillate jaded palates with fancy dishes or elaborate rituals.

With the spread of tourism has come the development of cafeterias which seek to cater for the assumed needs of the tourist with bland menus displayed in colourful photos around the walls of the establishment. The food is neither Spanish nor European and should be avoided as should be the 'fast food' restaurants which have spread throughout Europe. The genuine tourist who wants to experience Spain will leave the main streets of the town and seek the small, family restaurants where the Spaniards go to eat and will find a degree of friendly service which has long disappeared from the restaurants of many European countries.

(b) Expressing 'Mr and Mrs . . . . . . '
You simply use the Definite Article Los + the name.

Los López están en casa.	Mr and Mrs López are at home.

(c) Further uses of the verb andar – *grammar reference page 294*
This verb expresses 'to walk':

Andaba por las calles de la ciudad.	I used to walk along the city streets.

It can also express 'go' of machines:

Mi reloj no anda muy bien.	My watch is not going very well.

and can be used idiomatically:

¿Cómo anda tu vida?	How is your life going along? (How are things with you?)

(d) The use of the Subjunctive after Impersonal expressions – *grammar reference page 292*
If the expression does not state a certainty, the following verb is in the Subjunctive.

Es posible que sea el embrague.	It is possible that it is the clutch. (*But it is not certain.*)
Es muy probable que vuelva sobre las tres.	It is very probably that he'll return around three o'clock. (*But it is not certain.*)
Es preciso que lo tenga para esta tarde.	It is necessary that I have it for this afternoon. (*It may be necessary, but it is not certain.*)

(e) The use of the Subjunctive after expressions of denial, doubt or uncertainty – *grammar reference page 291*

No creo que sea el embrague.	I do not believe that it is the clutch. (*But it could be.*)
No creo que tenga más problemas.	I do not think you will have any more problems. (*But you might.*)
Apenas puedo creer que sea para mí.	I can hardly believe that it is for me. (*But it might be.*)
Dudo que tenga más problemas.	I doubt that you will have any more problems. (*But you might.*)

(f) Saying that you realise something – *grammar reference page 294*
This verb is expressed by using darse cuenta:

No me di cuenta.	I did not realise.

If you state what you did not realise, the verb is followed by de and very often que:

No me di cuenta de que iba a llover.	I did not realise it was going to rain.

(g) Expressing 'The fact is . . .'
You begin the sentence with 'Es que . . . '

Es que no me acuerdo de su dirección.	The fact is I can't recall his address.

(h) Saying that something or someone has the reputation of being something – *grammar reference page 296*
You use the expression 'Tener fama de . . .':

Tiene fama de tacaño.	He has a reputation for meanness.
Tiene fama de estropearse.	It has the reputation for breaking down.

(i) How to say 'OK'
You use part of the verb Valer, usually used for asking prices.

A las cinco en el bar. ¿Vale? Sí, vale.	At five in the bar. OK? Yes, OK.

Or you can use **De acuerdo**:

Vamos al bar. ¿De acuerdo?	Let's go to the bar. OK? OK.
De acuerdo.	

(j) Another diminutive: cerquita – *grammar reference page 301*
The diminutive form of **cerca** conveys the idea of 'quite nearby':

Está cerquita.	It is quite nearby.

(k) Saying what must happen – *grammar reference page 294*
When used as an auxiliary verb before an infinitive, **deber** expresses the idea of duty, obligation or necessity often expressed in English by 'ought, should, must'.

Usted debe contestar a su carta.	You should answer his letter.

It also expresses an inference derived from circumstantial evidence.

Usted debe haber viajado mucho.	You must have travelled a lot.

Deber de plus the infinitive is used to express an assumption.

Debe de estar en casa.	He must be at home.
Debieron de haber sabido.	They must have known.

(l) Making a polite request
The Imperative often sounds brusque and you may prefer to use ¿Quiere? plus the infinitive.

¿Quiere esperar un momento?	Will you wait a moment?

(m) Making a very polite request
A greater degree of politeness will be attained by using ¿Quiere ser tan amable como para? plus the infinitive.

¿Quiere ser tan amable como para explicarme?	Will you be so kind as to explain to me?

(n) Avoiding the Passive by using the Reflexive
The 3rd Person, Singular or Plural, is used to avoid the Passive:

Se sacan y se ponen en un plato.	They are taken out and are placed on a plate.

Se echa el vino blanco y se deja hervir.	The white wine is poured in and it is allowed to boil.

The forms 'one, you, they' are also expressed by this form.

¿Dónde se come bien por aquí?	Where can one eat well around here?
Se dice que el Restaurante Tino es muy bueno.	They say the Tino Restaurant is very good.

(o) Saying what you need
You can use the regular verb necesitar:

Necesito gasolina.	I need petrol.

Or the Impersonal verb hacer falta, which behaves like gustar:

Me hace falta gasolina.	I need petrol.
Me hacen falta discos nuevos.	I need new discs.

(p) Saying what has or had just happened
To say what has just happened, you use the Present Tense of acabar de with the infinitive.

Acabo de llegar a esta ciudad.	I have just arrived in this city.

To say what had just happened, you use the Imperfect Tense of acabar de with the infinitive.

El mecánico acababa de llegar del centro.	The mechanic had just arrived from the centre.

(q) Saying what had happened: the Pluperfect – *grammar reference 287*
The Pluperfect is formed with the Imperfect Tense of haber and the Past Participle.

El tren había salido cuando llegué a la estación.	The train had left when I arrived at the station.
El freno delantero se había trabado.	The front brake had jammed.

(r) The Infinitive Perfect - *grammar reference page 287*
This form is not found very often, but is simple to form and use. You simply use the Infinitive of haber and the Past Participle.

Muchas gracias por haberlo hecho.   Many thanks for having done it.

9.4 EXERCISES

Exercise 1   ¿Qué se dice?
Fill in the gaps in the dialogue, taking your cues from the English phrases in the brackets.

Empleado: Buenos días. ¿Qué le pongo, súper o extra?
Usted: (Explain that you do not need petrol. Say your car is not going well.)
Empleado: ¿Qué le pasa?
Usted: (Say you are not sure, but is is difficult to change gear. Suggest it is possibly the clutch.)
Empleado: ¿Cuándo mandó usted el coche el garaje para el mantenimiento por última vez?
Usted: (Say it was a month ago, before you came to Spain.)
Empleado: Pues no creo que sea el embrague.
Usted: (Ask him what he thinks it will be.)
Empleado: No lo sé. Yo no soy el mecánico aquí, señor. El mecánico ha ido al centro.
Usted: (Ask when he will be back.)
Empleado: Volverá a las tres.
Usted: (Ask if he will be able to fix your car when he comes back. Explain that is necessary for you to have it for the afternoon because you want to get to Barcelona.)
Empleado: Pues se lo diré en cuanto vuelva.

Exercise 2   ¿Qué se dice?
Fill in the gaps in the dialogues, taking your cues from the English phrases in the brackets.

Usted: (Greet the mechanic and ask if he has been able to look at your car.)
Mecánico: ¿Cuál es su coche?
Usted: (Tell him it's the blue Fiat. Explain that the clutch is not working well.)
Mecánico: No es el embrague, sino los frenos. ¿Frenó usted violentamente hoy?

Usted: (Say you have. On leaving Gijón a young girl crossed the street in front of you and you had to brake suddenly.)

Mecánico: Y entonces el frenó se trabó. Pero está bien ahora.

Usted: (Ask how it was that you could not change gear. Ask if the gearbox is working well.)

Mecánico: Sí, la caja de cambios funciona divinamente.

Usted: (Say very well and ask what you owe him.)

Mecánico: Son diez mil pesetas.

Usted: (Give him the money and thank him for having done the work so quickly.)

Exercise 3   It may be so . . .

Example: ¿Cree usted que lloverá esta tarde? (It's possible . . .)
        Es posible que llueva esta tarde.

1. ¿Cree usted que hará sol mañana? (It's possible . . .)
2. ¿Cree usted que llegaremos a Barcelona antes de las seis? (It's very probable . . .)
3. ¿Cree usted que volverá pronto? (It's possible . . .)
4. ¿Cree usted que nevará mañana en los Pirineos? (It's very probable . . .)
5. ¿Cree usted que lo hará esta tarde? (It's necessary . . .)

Exercise 4   Do you think so?

Example: ¿Cree usted que es el embrague? (No)
        No creo que sea el embrague.

1. ¿Cree usted que la caja de cambios funciona bien? (No)
2. ¿Cree usted que tendré más problemas con el coche? (I doubt it.)
3. ¿Cree usted que esta carretera va a Llanes? (I can hardly believe it.)
4. ¿Cree usted que hará buen tiempo en Málaga? (No)
5. ¿Cree usted que podremos jugar al tenis en este hotel? (I doubt it.)

Exercise 5   Didn't you realise that?

Example: ¿No se dio usted cuenta de que iba a llover? (No)
        No, no me di cuenta de que iba a llover.

1. ¿No se dio usted cuenta de que la caja de cambios no funcionaba bien? (No)
2. ¿No se dio Juan cuenta de que su coche andaba mal? (Sí)
3. ¿No se dieron ustedes cuenta de que está prohibido aparcar en esta calle? (No)
4. ¿No te diste cuenta de que los faros de tu coche no funcionaban? (No)
5. ¿No os disteis cuenta de que no está permitido sacar fotos aquí? (No)

Exercise 6   You must do it
Example: Usted tiene que contestar a su carta.
Usted debe contestar a su carta.

1. Tenemos que volver al hotel ahora.
2. Tengo que marcharme porque se hace tarde.
3. Juan tiene que llevar su coche a la estación de servicio.
4. Tienes que probar este plato, es muy bueno.
5. Los niños tienen que acostarse ahora.

Exercise 7   It must be so
Example: ¿Dónde está Marta? En casa.
Debe de estar en casa.

1. ¿Dónde están los niños? En la playa.
2. ¿Dónde se vende la gasolina? En la estación de servicio.
3. ¿Qué hora es? Las once.
4. ¿Con qué se hace este plato? Con huevos y patatas.
5. ¿Dónde está tu marido? En el bar.

Exercise 8   Be polite!
Example: Póngame veinte litros de súper.
¿Quiere ponerme veinte litros de súper?

1. Tráigame el menú.
2. Dígame su número de teléfono.
3. Vuelva mañana a las tres de la tarde.
4. Arrégleme los frenos del coche.
5. Déme tres sellos de treinta pesetas.
6. Explíqueme cómo funciona esta máquina.
7. Escriba el precio en este papel.
8. Hable más despacio.
9. Repita su dirección.
10. Pídame una cerveza.

Exercise 9   Do you know Spain?
1. ¿Dónde se encuentra la catedral más grande de España?
2. ¿En qué ciudad se halla la Mezquita?
3. ¿En qué año se expulsaron los moros de España?
4. ¿Dónde se cultiva el arroz en España?
5. ¿Con qué se hace una tortilla española?
6. ¿En qué región de España se encuentran las rías?
7. ¿Cómo se llama el arte típico de Toledo?

8. ¿Dónde se cultivan las naranjas en España?
9. ¿Dónde se puede ver una corrida de toros en España?
10. ¿En qué ciudad se halla la Torre del Oro?

Exercise 10   What do you need?
Example: ¿Qué necesitas?
¿Qué te hace falta?

1. Necesito gasolina y aceite.
2. Juan necesita un coche nuevo.
3. Necesitaré más tiempo.
4. Los niños necesitan zapatos nuevos.
5. Necesitamos toallas y trajes de baño si vamos a ir a la playa.

Exercise 11   It has just happened.
Example: ¿Ha vuelto el mecánico?
Sí, acaba de volver.

1. ¿Ha salido el tren para Sevilla?
2. ¿Han vuelto los niños?
3. ¿Ha empezado el concierto?
4. ¿Has echado la carta?
5. ¿Ha pedido usted la cuenta?
6. ¿Habéis comido?
7. ¿Ha visitado usted el museo?
8. ¿Has arreglado el coche?
9. ¿Se han dormido los niños?
10. ¿Ha encontrado usted su habitación?

Exercise 12   It had already happened.
Select one part from each column of phrases to make ten reasonable sentences.

Cuando llegué a la estación vi que	su amigo le había pedido una cerveza.
Al entrar en la habitación me di cuenta de que	el tren había salido.
Cuando vi a Marta noté que	un ladrón me había robado.
Al entrar en el teatro me dijeron que	no habíamos visto la catedral.
Cuando Pepe entró en el bar vio que	el embrague se había trabado.
Fui a llamar a la policía porque	había perdido mi traje de baño.
Visitamos Toledo porque	la criada había hecho la cama.
Llevé mi coche a la estación de servicio porque	se había puesto un vestido nuevo.

Al llegar a la playa me di cuenta de que	mi amigo me había comprado un regalo.
Me puse muy contento porque	el concierto había empezado.

Exercise 13 Vamos a traducir

A colleague of yours at work brings you the following advertisement which he has received. Write him a memo in English telling him what the advertisement is about.

Familia universitaria de cuatro personas desea alquilar una vivienda por tres-cinco semanas entre el veinte de julio y el treinta de agosto en algún lugar de Inglaterra. También puede intercambiar vivienda familiar a unos veinticinco kilómetros de Barcelona. Interesados escribir a:

> Dr. Antonio F. Tullar; Apartado de Correos, 41
> Bellaterra (Barcelona) Spain.

9.5 ¿COMPRENDE USTED EL ESPAÑOL HABLADO?

Whilst in Spain you listen to a programme about Spanish cooking. Write down in English the recipe, including the ingredients and the way to make the dish.

The Food Programme

Mujer: Buenos días, señoras y señores. Hoy el programa Recetas por radio les ofrece un plato muy típico del sur de España, el famoso gazpacho andaluz. Primero, los ingredientes:

Tomates,	Un cuarto de kilo
Pimientos,	Dos piezas
Ajo,	Un diente
Aceite,	Cinco cucharadas
Vinagre,	Dos cucharadas
Miga de pan,	Ciento cincuenta gramos

Y ahora el modo de hacerlo.

En un mortero se pone el ajo, el pimiento cortado en trozos y un poco de sal; se machaca todo junto, añadiendo poco después el tomate cortado en trozos y la miga de pan mojada. Bien mezclado se va añadiendo aceite poco a poco, trabajándolo con la mano del mortero como si fuese mayonesa. Cuando haya absorbido todo el aceite, se va añadiendo hasta litro y medio de agua fría. Cuando ha pasado todo, se añade el vinagre, se sazona de sal y se echa en la sopera sobre unos trozos de pan. Se sirve muy frío.

Vocabulario

el mortero	mortar
machacar	to crush, mash
mojado	wet
la mano	pestle (usually hand)
la sopera	soup tureen

9.6 LECTURA

(a) Un plato español

He aquí otra receta para un plato español. Léala con cuidado y luego escriba en inglés el nombre del plato, los ingredientes y cómo se hace.

Ingredientes y cantidades

Patatas, $1\frac{1}{4}$ kilos

Huevos, 6
Aceite, 1 decilitro
Cebolla, 1
Sal

Modo de hacerlo

Se mondan las patatas y después de lavarlas se cortan muy finas. Se pica la cebolla muy fina también. En una sartén se pone el aceite, y cuando está caliente se echa la cebolla. Se empieza a cocinar y en seguida se echan las patatas, a las que se añade sal y se tapan, moviéndolas de vez en cuando, hasta que estén tiernas. Se baten los huevos con un poco de sal y se hacen dos tortillas a buena lumbre. Se sirven en un plato grande, una al lado de otra.

Vocabulario

mondar	to peel
picar	to chop
la sartén	frying pan
tapar	to cover, put lid on
tierno	soft, tender
batir	to beat

(b) Precios para todos los gustos

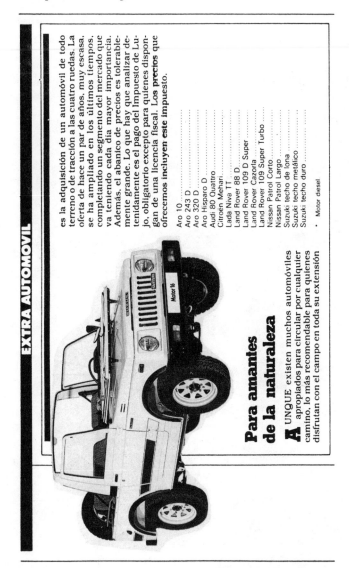

EXTRA AUTOMOVIL

es la adquisición de un automóvil de todo terreno o de tracción a las cuatro ruedas. La oferta de hace un par de años, muy escasa, se ha ampliado en los últimos tiempos, completando un segmento del mercado que va teniendo cada día mayor importancia. Además, el abanico de precios es tolerablemente grande. Lo que hay que analizar detenidamente es el pago del impuesto de Lujo, obligatorio excepto para quienes dispongan de una licencia fiscal. **Los precios que ofrecemos incluyen este impuesto.**

Aro 10 ....
Aro 243 D ....
Aro 320 D ....
Aro Hisparo D ....
Audi 80 Quattro ....
Citroën Mehari ....
Lada Niva T T ....
Land Rover 88 D ....
Land Rover 109 D Super ....
Land Rover Cazorla ....
Land Rover 109 Super Turbo ....
Nissan Patrol Corto ....
Nissan Patrol Largo ....
Suzuki techo de lona ....
Suzuki techo metálico ....
Suzuki techo duro ....

• Motor diesel

Para amantes de la naturaleza

A UNQUE existen muchos automóviles apropiados para circular por cualquier camino, lo más recomendable para quienes disfrutan con el campo en toda su extensión

Car ownership in Spain has reached the point where specialised magazines for motorists and features in general magazines are common. In a slightly sexist way, this discusses the various types of car available for different classes of people.

Lea con cuidado este artículo de la prensa española y luego conteste a las preguntas en inglés.

174

Para familias numerosas

NO hay una gran oferta de automóviles con más de cinco plazas y cada día hay menos automóviles familiares. La moda de los portones traseros ha dejado parcialmente obsoletos a estos modelos pese a que siguen gozando de las preferencias de los que tienen un elevado número de hijos, y quienes quieren un vehículo muy capaz para sus desplazamientos de fin de semana o vacaciones.

Citroën GSA Special Break.......
Citroën CX Diesel Familiar.......
Ford Sierra 2.0 GL Fam...........
Ford Granada Diesel Fam..........
Mercedes 300 TDT................
Nissan Vanette 8 plazas..........
Peugeot 505 GRD Break...........
Renault 18 GTL Familiar..........
Renault 18 GTD Familiar..........
Volkswagen Passat Variant GL TD
Volvo 245 GL....................
Volvo 245 GL Diesel.............

* Motor diesel.

Para el hijo de papá

SIGUEN quedando aún seres afortunados a los que sus papás les regalan un coche el día que aprueban la Selectividad. A los hijos les gustan los coches pequeños y rápidos, medianamente personalizados y, a menudo, con techo practicable o llantas de aleación. Quedan muy bien aparcados en doble fila a la salida de los sitios de moda, y si los conduce una linda muchachita es imprescindible que lleve las Vuarnet sujetas del cuello por el cordón.

Alfa Romeo Sprint Veloce.........
Austin MG Metro Turbo............
Autobianchi A 112 Abarth.........
Ford Fiesta XR2.................
Ford Escort XR3i................
Opel Corsa GT..................
Opel Kadett GSi................
Peugeot 205 GTi................
Renault 5 GT Turbo.............
Suzuki SJ 410..................
Talbot Samba S.................
Volkswagen Golf GTi............
Volkswagen Scirocco GTS........

Para el ejecutivo agresivo

EL ejecutivo agresivo debe disponer de un automóvil de importación, de un tamaño medio, de una marca de prestigio y con cierto aire entre deportivo y juvenil. Luego, la mayoría de las veces, ni conducirá deportivamente ni le valdrá de nada el presumir de automóvil caro, pero esa es otra historia. La mayoría de las marcas tienen un modelo que se puede ajustar a este patrón, aunque luego sus compradores sean registradores de la propiedad o amas de casa.

Alfa Romeo Alfetta 2.0 0.0 ....
Audi Coupe GT ....
BMW 323i ....
Ford Sierra XR4i ....
Lancia Delta HF Turbo ....
Opel Kadett GSi ....
Opel Ascona GT ....
Opel Manta 200 ....
Porsche 924 ....
Renault Fuego GTX ....
Saab 900 Turbo ....
Volkswagen Scirocco GTS ....
Volvo 360 GLT ....

Para las amas de casa

No es que nuestras sufridas amas de casa necesiten un automóvil especial: lo normal es que, incluso, no dispongan más que ocasionalmente del automóvil familiar. Pero, si pese a que Boyer crea lo contrario, hemos de aconsejar un modelo determinado, nos inclinaríamos por un coche de dimensiones no muy grandes, apto por tanto para desenvolverse con agilidad en el tráfico urbano, y con portón posterior para facilitar la carga. Preferiblemente, con dos únicas puertas laterales, ya que es más seguro cuando se traslada a niños pequeños. Los precios son los finales, es decir, puestos en la calle.

Austin Metro 1.3 HLE ....
Autobianchi A 112 LX ....
Citroën LNA 11 E ....
Citroën Visa Challenger ....
Fiat Uno 45 ES 3p. ....
Ford Fiesta Balear ....
Opel Corsa Citty 1.0 ....
Peugeot 205 XL ....
Renault Super 5 TL ....
Seat Panda 40 ....
Seat Ibiza L 1.2 ....
Talbot Samba LS Super ....
Volkswagen Polo 40 Oxford ....

1. For whom are these five cars intended?
2. What sort of car is best for driving across country?
3. What was the supply of such cars like two years ago?
4. What problem is there with the price of these cars?
5. What sorts of car do young people prefer?
6. Where do you find them parked?
7. What has happened to the range of bigger cars?
8. What has caused this?
9. When are these cars particularly useful?
10. What type of car should the thrusting executive buy?
11. Will the new driver drive sportily?
12. What is normal car use for many housewives?
13. What type of car should they acquire?
14. Why are two doors preferable to four?
15. Which of the five cars featured would you buy?

Vocabulario

disfrutar	to enjoy
la rueda	wheel
la oferta	offer, supply
escaso	scarce
el abanico	fan, range
el impuesto	tax
el ser	human being
lindo	pretty
el portón trasero	hatchback
ajustar	match, adjust
el patrón	model, pattern
desenvolverse	to move, travel
trasladar	to move, travel with

CHAPTER 10

LIBRO CERRADO NO SACA LETRADO

10.1 DIÁLOGOS 📼

Diálogo 1

Por fin los López y los Robinson llegaron a Santander y decidieron pasar un día tranquilo en la playa, leyendo y tomando el sol. Antes de ir a la playa, entraron en una librería para comprarse unas novelas.

María: ¿No trajiste ningún libro contigo desde Inglaterra, Robert?

Robert: No, porque cuando estoy en España, me gusta leer libros escritos en español y es difícil conseguir novelas españolas en Inglaterra. No hay más de dos o tres librerías especializadas y creo que están todas en Londres.

María: ¿Y qué clase de libro te gusta leer?

Robert: Pues me gustan las grandes novelas importantes.

María: ¿Las novelas clásicas como Don Quijote?

Robert: No, las novelas de hoy; del siglo veinte. Cuando vine a España el año pasado, me hablaste de un autor latinoamericano pero no me acuerdo de su nombre.

María: Pues hay muchos autores latinoamericanos . . .

Robert: Me dijiste que había escrito la novela más importante del siglo veinte que iba a ser tan importante como el Quijote.

María: Pues entonces te hablé de Gabriel García Márquez y su gran novela *Cien años de soledad*.

Robert: Eso es. Márquez es un autor mejicano, ¿verdad?

María: No, actualmente vive en Méjico, pero es colombiano.

Robert: ¿Y de qué trata su novela? No quiero leer una novela aburrida de pobreza y tristeza.

María: Pues, ¿cómo te la voy a explicar? Yo diría que trata de toda la historia de América del Sur desde el descubrimiento por Cristóbal Colón hasta nuestros días.

Robert: Eso me parece bastante aburrido.

¿Qué quieres leer?

María: No, Robert, te aseguro que es fascinante, porque toda la novela tiene lugar en un solo pueblo que se llama Macondo.

Robert: Pues eso no me lo explico. ¿Cómo puede toda la historia de América del Sur tener lugar en un solo pueblo?

María: Pues como te dije el año pasado, la novela es una alegoría: los personajes desaparecen y luego vuelven a aparecer bajo otra forma, o mueren y vuelven a nacer más tarde en la novela. La tendrás que leer para comprenderla. ¿Quieres que te la pida?

Robert: Bueno; la voy a leer, pero no hace falta que me la pidas. No quiero una intérprete por guapa que sea. ¡Señor!

Empleado: Sí, señor. ¿Qué deseaba usted?

Robert: ¿Tendría *Cien años de soledad* por Gabriel García Márquez?

Empleado: Claro que sí, señor. Aquí la tiene usted.

Robert: ¿Cuánto vale?

Empleado: Trescientas cincuenta pesetas, señor. ¿Quiere que se la envuelva?

Robert: No, gracias, no hace falta. La voy a leer inmediatamente en la playa. Aquí tiene usted quinientas pesetas.

Empleado: Ciento cincuenta pesetas de vuelta. Gracias, señor. Adiós.

Robert: Adiós.

Diálogo 2

A Juan y a David no les interesaba tanto la idea de leer novelas en la playa y, por eso, se dirigieron a un quiosco para comprarse unos periódicos y revistas.

Juan: Pues aquí hay de todo, David. ¿Qué te apetece leer? ¿La prensa española o la inglesa?

David: La española, claro. Siempre puedo leer la prensa inglesa cuando estoy en casa. Y la prensa española ha mejorado mucho en los últimos años, ¿verdad?

Juan: Claro. Bajo Franco apenas valía la pena leer los periódicos porque estaban todos llenos de mentiras y propaganda del régimen. En aquellos años había la censura, ¿sabes?

David: Pues, ¿cómo te enterabas de lo que pasaba en el mundo?

Juan: Escuchábamos las noticias de Radio Moscú.

David: ¡Radio Moscú! Pero eso sería peor que la radio de aquí, ¿no?

Juan: No, David, Radio Moscú era el nombre que nosotros dábamos a la Radio España Libre porque venía de detrás del telón de acero en la Europa del este. También escuchábamos la BBC de Londres.

David: Pero ahora todo ha cambiado, ¿verdad?

Juan: Claro que sí. Ahora tenemos una prensa libre como ves aquí. ¿Qué vas a comprar?

David: Pues quiero un periódico diario para enterarme de lo que pasa ahora en España y una revista semanal.

Juan: Entonces te recomiendo que compres *El País*, que es un diario muy bueno, y *Cambio 16*, que es para mí la mejor revista del país.

David: Muy bien. *El País* y *Cambio 16*, por favor.

Vendedor: Aquí tiene usted. Son doscientas ochenta pesetas.

David: Aquí tiene usted.

Vendedor: ¿Y para usted, señor?

Juan: Déme el *ABC* y *Moto Verde*.

Vendedor: Aquí tiene usted.

Juan: Son doscientas ochenta, ¿verdad?

Vendedor: Eso es. Gracias. Adiós.

Juan: Adiós.

Diálogo 3

Los cinco amigos fueron a la playa, donde hacía mucho sol, se tumbaron en la arena y empezaron a leer sus novelas y sus periódicos. De pronto, David dijo a María:

David: Ya veo que vosotros tenéis muchos de los mismos programas que nosotros en la televisión. Esta semana hay Falcon Crest, MASH y Fama, que supongo es el programa Fame que está en la televisión en Inglaterra. Y también hay ese programa para niños Barrio Sésamo que en Inglaterra se titula Sesame Street.

María: Sí, hay mucha basura americana en la televisión española.

David: ¿No te gusta la televisión, María?

María: Para mí ver la televisión es perder el tiempo. Y los programas americanos son fatales.

Juan: ¡Hombre! No es para tanto. A mí me gusta ver la televisión por la tarde cuando estoy cansado.

María: Precisamente. La televisión es buena cuando no puedes ni pensar ni apreciar nada. Pero, dejemos esto. No quiero discutir cuando lo estamos pasando tan bien aquí en la playa.

Juan: ¿Sabéis una cosa? Estoy por bañarme. Hace un calor insoportable aquí. ¿Te apetece zambullirte en esa agua tan fresquita, David?

David: No, gracias.

Juan: ¡Huy! ¡Mirad aquella chica!

David: ¿Cuál?

Juan: La rubia: la que lleva el bikini azul minúsculo. ¡Quién tuviera veinte años otra vez!

María: ¿Tú sabes una cosa, cariño? Ya empiezas a ser un viejo verde. Esa chica tiene unos veinte años y tú más de cuarenta y cinco. ¿No te da vergüenza? Tú podrías ser su papá.

Juan: ¿Y no puedo ni siquiera mirar? En este mundo, David, no hay justicia para los casados, ¿ves?

María: Bueno, ¿te vas a bañar o no? Porque si no te vas a bañar y tienes ganas de escaparte de mí, puedes ir a buscarme un helado de aquel chico que va por la playa.

Juan: ¿Qué chico? Yo no veo ningún chico.

María: Aquél que tiene el pelo rubio muy rizado y que es tan guapo que da gusto mirarle. ¡Quién fuera joven otra vez!

Juan: ¡Oye, cariño! No me tomes el pelo. Ya sabes que no me gusta.

María: Pues vete a buscarme un helado, y trae para los otros también.

Juan: Bueno, bueno, ya voy, ya voy, no te pongas tan mandona.

10.2 VOCABULARIO

ninguno	no, none
conseguir(i)	to manage, get
el siglo	century
tratar	to deal with
la pobreza	poverty
la tristeza	misery, sadness
el descubrimiento	discovery
tener lugar	to take place
volver a	to do . . . again
envolver	to wrap up
la prensa	press
mejorar	to improve
valer la pena	to be worth the trouble
la mentira	lie
enterarse	to find out about
peor	worse
el telón de acero	iron curtain
diario	daily
semanal	weekly
tumbarse	to stretch out, lie down
la arena	sand
titular(se)	to be entitled
la basura	rubbish
discutir	to argue, discuss
insoportable	unbearable
zambullir(se)	to plunge into
minúsculo	tiny
la vergüenza	shame
tener ganas de	to wish to
el helado	ice-cream
rizado	curly
tomar el pelo	to pull someone's leg
mandón	bossy

10.3 EXPLANATIONS

(a) The media in Spain

After some forty years of Franco's regime, during which all the media – newspapers, radio, television, the cinema and the theatre – were subject to a rigorous censorship, the media in Spain today are lively and imaginative. The news-stands abound with well-written and presented magazines for all tastes and political inclinations and the daily newspapers have regained the vigour they had in the 1930s. One phenomenally successful publishing enterprise has been the '16' group, so-called because sixteen people were prepared to risk their reputations, funds and even liberty in the latter days of the Franco regime to make tentative moves towards a more liberal press. Today the group has a whole range of publications, ranging from the daily newspaper *Diario 16*, through a colourful and provocative weekly magazine *Cambio 16* to specialist magazines such as *Motor 16*, designed for the motorcar addict.

Book publishing has also been given a new lease of life, with more than 33 000 new titles per year and more than 200 000 different books filling the shelves of the bookshops.

The radio and television services are also beginning to emerge from the doldrums of the 1970s and are becoming more adventurous in their programming. Television now offers two major channels *Primera* and *Segunda Cadena* with regional programmes in Catalan on *TV 3* and in Basque on *Euskal Telebista*. A number of the programmes, as in other European countries, are imported from America, but an increasing number are now made in Spain. The radio service has exploded now that the national networks are forced to compete with any number of independent and regional services such as *Radio Extremadura* and *Antena 3*.

Now, more than ever before, the Spanish people and visitors to Spain are being well served by the Spanish media and can hope to be well informed and entertained by the numerous daily papers and weekly magazines available.

(b) Forms of the Irregular Preterite

There are several examples of these irregular forms in this lesson:

¿No trajiste ningún libro contigo?	Didn't you bring any book with you?
Cuando vine a España el año pasado.	When I came to Spain last year.
Me dijiste que había escrito la novela.	You told me he had written the novel.
Como te dije el año pasado.	As I told you last year.

(c) Saying you have 'no' or 'none' - *grammar reference page 298*
You use ninguno which shortens to ningún before a masculine singular noun.

¿No trajiste ningún libro?	Did you not bring any book?
Ningún español cree eso.	No Spaniard believes that.
Compra libros, pero no lee ninguno.	He buys books, but reads none.

(d) Irregular Past Participles - *grammar reference page 286*
One example is found:

Había escrito la novela.	He had written the novel.

(e) Asking what something is about - *grammar reference page 297*
You use tratar de with a noun or a pronoun.

¿De qué trata este libro? Trata de Franco.	What's this book about? It's about Franco.

When used impersonally the verb expresses that something is under consideration.

¿De qué se trata aquí?	What's going on here?
No se trata de reír ahora.	It's not a laughing matter.

(f) Irregular forms of the Conditional Tense - *grammar reference page 285*
Three examples are found in this lesson:

Yo diría que trata de toda la historia de América del Sur.	I would say that it deals with the whole history of South America.
¿Tendría *Cien años de soledad*?	Would you have *100 Years of Solitude*?
Tú podrías ser su papá.	You could be her dad.

(g) Expressing that something took place: tener lugar - *grammar reference page 296*

Toda la novela tiene lugar en un solo pueblo.	All the novel takes place in a single village.
¿Dónde tuvo lugar el accidente?	Where did the accident take place?

(h) **Saying you can't make something out: explicarse** – *grammar reference page 295*

You use explicarse idiomatically:

No me lo explico.   I can't make it out.

(i) **Saying that something occurs again volver a + the infinitive** – *grammar reference page 297*

Desaparecen y vuelven a aparecer.   They disappear and appear again.
Mueren y vuelven a nacer.   They die and are born again.
'No', volvió a decir.   'No', he said again.

(j) Expressing 'However . . . it may be' – *grammar reference page 292*
You use Por . . . que . . . and the verb is in the Present Subjunctive.

Por guapa que sea.   However pretty she may be.
Por mucho que cueste.   However much it may cost.

(k) **Saying that something is worth the trouble: valer la pena**

No vale la pena discutirlo.   It's not worth the trouble
                                     discussing it.
Apenas valía la pana leer los   It was hardly worth the trouble
periódicos.   reading the papers.

(l) **Saying how you find out about something: enterarse de**

¿Cómo te enterabas de lo que   How did you find out about what
pasaba?   was going on?
No me enteré de nada.   I didn't find out anything.

(m) Expressing 'neither . . . nor': ni . . . ni – *grammar reference page 298*

Cuando no puedes ni pensar ni   When you can neither think nor
apreciar nada.   appreciate anything.
No tengo ni cigarrillos ni cerillas. I have neither cigarettes nor matches.

(n) Expressing 'not even': ni siquiera – *grammar reference page 298*

¿Y no puedo ni siquiera mirar?   And I'm not even allowed to look?
No le conozco ni siquiera de vista. I don't even know him by sight.

(o) Asking which one
To ask which one or ones you see ¿Cuál? or ¿Cuáles?

¿Cuál prefieres de los dos?	Which do you prefer of the two?
¡Mirad aquella chica! ¿Cuál?	Look at that girl! Which one?
¿Cuáles prefieres, éstos o ésos?	Which ones do you prefer, these or those?

(p) Expressing a fervent desire: 'Oh to be . . .!' – *grammar reference page 292*
You use Quién with the Imperfect Subjunctive.

¡Quién tuviera veinte años otra vez!	Oh to be twenty years old again!
¡Quién fuera joven otra vez!	Oh to be young again!
¡Quién estuviera en España ahora!	Oh, if only I were in Spain now!

(q) Saying that something is 'blue' or 'dirty'
The Spanish equivalent for 'blue' in this sense is verde:

Ya empiezas a ser un viejo verde.	You're getting to be a dirty old man.
Ese libro es muy verde.	That book is very 'blue'.

(r) Expressing shame: vergüenza – *grammar reference page 294*
You use the keyword vergüenza with either tener or dar used impersonally.

¿No tienes vergüenza?	Aren't you ashamed?
Me da vergüenza decírselo.	I'm ashamed to tell him.

(s) Saying that you wish to do something: tener ganas de

Tengo ganas de tomar una cerveza.	I'd like to have a beer.
Tienes ganas de escaparte de mí.	You wish to get away from me.

(t) Saying you feel inclined to do something: estar por – *grammar reference page 295*

Estoy por bañarme.	I feel like having a swim.
Estoy por salir.	I'm inclined to leave.

(u) Expressing 'to mock, ridicule, pull someone's leg': **tomar el pelo** – *grammar reference page 296*

No me tomes el pelo.	Don't pull my leg.
Me estás tomando el pelo, ¿verdad?	You're pulling my leg, aren't you?

(v) Increasing the power of adjectives and nouns: the Augmentative Suffix – *grammar reference page 301*
You find -on or -ona as the ending to adjectives.

No te pongas tan mandona (from mandar)	Don't get so bossy.
Es muy comilón. (from comer)	He's a big eater.
Soy dormilona. (from dormir)	I'm a lazy sort. (I like my bed.)

With nouns, the same forms are found, and the object or person is bigger or greater.

Una silla – Un sillón	An easy chair
Unos zapatos – Unos zapatones	Big shoes

10.4 EXERCISES

Exercise 1 ¿Qué se dice?
Fill in the gaps in the dialogue, taking your cues from the English phrases in the brackets.

Su amigo: ¿No trajiste ningún libro contigo desde Inglaterra?
Usted: (Explain that you didn't because when you are in Spain you like to read books written in Spanish.)
Su amigo: ¿Y qué clase de libro te gusta leer?
Usted: (Say you prefer great and important novels.)
Su amigo: ¿Las novelas clásicas como Don Quijote?
Usted: (Say no, today's novels, from the 20th century. Say your friend mentioned a Latin American author but you cannot remember the name.)
Su amigo: Pues hay muchos autores latinoamericanos.
Usted: (Say that your friend told you he had written the most important novel of the 20th century.)

Exercise 2   ¿Qué se dice?

Empleado: Buenos días. ¿Qué deseaba usted?

Usted: (Ask if he might have *100 Years of Solitude* by Gabriel García Márquez.)

Empleado: Claro que sí. Aquí la tiene usted.

Usted: (Ask the price.)

Empleado: Trescientas cincuenta pesetas. ¿Quiere que se la envuelva?

Usted: (Say it is not necessary. You are going to read the book immediately in the cafeteria. Give him 500 pesetas.)

Empleado: Ciento cincuenta pesetas de vuelta. Gracias. Adiós.

Exercise 3   ¿Qué se dice?

Su amigo: ¿Qué te apetece leer? ¿La prensa española o la inglesa?

Usted: (Say the Spanish, of course, because you can read the English press at home. Add that the Spanish press has improved a lot recently.)

Su amigo: Claro. Bajo Franco había la censura, ¿sabes?

Usted: (Ask how they found out what was going on in the world.)

Su amigo: Escuchábamos las noticias de Radio Moscú.

Usted: (Suggest that that would be worse than the radio of Spain.)

Su amigo: No. También escuchábamos la BBC de Londres.

Usted: (Suggest that everything has changed now.)

Su amigo: Claro que sí.

Exercise 4   ¿Qué se dice?

Su amigo: ¡Huy! ¡Mira aquella chica!

Usted: (Ask which one.)

Su amigo: La rubia; la que lleva el bikini azul minúsculo. ¡Quién tuviera veinte años otra vez!

Usted: (Express the view that your friend is becoming a dirty old man. The girl is only twenty and he is over fifty. Ask if he is not ashamed because he could be her dad.)

Su amigo: En este mundo no hay justicia para los casados.

Exercise 5   What did you do?

Example: ¿Qué trajiste hoy a la playa, un libro o una revista? (a magazine)
    Traje una revista.

1. ¿Cómo viniste a España este año, en coche o en avión? (by air)
2. ¿A quién trajiste a España, a tu hijo o tu mujer? (your son)
3. ¿Qué diste al recepcionista, tu dirección o tu número de teléfono? (address)
4. ¿Por qué viniste a España, por el sol o el vino? (the sun)
5. ¿Qué trajiste a la playa hoy, una radio o un libro? (a book)

Exercise 6   None at all!
Example: ¿Tienes algún pariente en España?
    No, no tengo ningún pariente en España.

1. ¿Compraste alguna blusa en los almacenes?
2. ¿Leíste algún libro interesante durante les vacaciones?
3. ¿Me traerás algún regalo cuando vuelvas de América?
4. ¿Me puedes dejar algún dinero?
5. ¿Tienes algún animal en casa?

Exercise 7   He said he had
Example: ¿Ha hecho el trabajo?
    Pues, me dijo que lo había hecho.

1. ¿Ha escrito el artículo?
2. ¿Ha puesto la mesa?
3. ¿Se ha roto la pierna?
4. ¿Ha visto la película?
5. ¿Ha devuelto los documentos?
6. ¿Ha abierto el paquete?
7. ¿Ha dicho la verdad?
8. ¿Ha descubierto su nombre?

Exercise 8   What would you do with it?
Example: ¿Qué haría usted con una naranja?
    Pues la comería.

1. ¿Qué haría usted con una naranjada?
2. ¿Qué haría usted con un disco?
3. ¿Qué haría usted con una novela?
4. ¿Qué haría usted con un cigarrillo?
5. ¿Qué haría usted con un plátano?

Exercise 9   And then he did it again.
Example: Leyó la carta y luego la leyó otra vez.
    Leyó la carta y luego volvió a leerla.

1. Besó a la chica y luego la besó otra vez.
2. Habló al guardia y luego le habló otra vez.
3. Saludó a sus amigos y luego les saludó otra vez.
4. Me miró y luego me miró otra vez.
5. Nos gritó y luego nos gritó otra vez.

Exercise 10   I just don't care

Example: Le quiero . . . . . however stupid he is.

Le quiero por tonto que sea.

1. Los quiero . . . . . . however much they cost.
2. Voy a ir . . . . . . however far it is.
3. Lo voy a comprar . . . . . . however dear it is.
4. Lo voy a hacer . . . . . . however difficult it is.
5. No lo quiero . . . . . . however cheap it is.

Exercise 11   I haven't got either

Example: Necesito cigarrillos y cerillas.

No tengo ni cigarrillos ni cerillas.

1. Necesito un traje de baño y una toalla.
2. Me hacen falta gafas de sol y crema bronceadora.
3. Quiero una hoja de papel y un lápiz.
4. Necesitamos periódicos y revistas.
5. Nos hacen falta tiempo y dinero.

Exercise 12   How I wish that it were so!

Example: Me encantaría estar en España ahora.

¡Quién estuviera en España ahora!

1. Me encantaría tener un coche nuevo.
2. Me gustaría mucho tener veinte años otra vez.
3. Me encantaría vivir cerca de la playa.
4. Me gustaría mucho poder hablar bien el español.
5. Me encantaría ser rico(rica).

Exercise 13   I want to do that

Example: Quiero zambullirme en el agua fresca.

Tengo ganas de zambullirme en el agua fresca.

1. Quiero tumbarme al sol en la playa.
2. Me apetece tomar una cerveza fría.
3. Queremos leer alguna novela interesante.
4. Quiero comprarme unos periódicos españoles.
5. Nos apetece visitar la antigua catedral de Burgos.

Exercise 14   I'm inclined to do that

Example: Quiero bañarme en el mar.

Estoy por bañarme en el mar.

1. Me parece que voy a dejar de fumar.
2. Quiero comprarme un vestido nuevo.
3. Queremos tomar el sol en la playa.
4. Marta quiere comprarse un helado de chocolate.
5. Me parece que voy a volver a casa ahora.

Exercise 15   Are you like that?
Give genuine answers.

1. ¿Es usted mandón (mandona)?
2. ¿Es usted comilón (comilona)?
3. ¿Es usted dormilón (dormilona)?
4. ¿Lleva usted zapatones?
5. ¿Tiene usted sillones en su dormitorio en casa?

Exercise 16   Vamos a traducir
A colleague who works in a nearby company is looking for a Spanish
agent. He receives the following letter from a man in Spain and asks you to
tell him what it is about. Can you help him by writing a brief summary of
the main points of the letter?

Sr. A. Camacho,
San Mateo, 35,
Salamanca.
Muy señor mío:
Desde hace más de diez años me dedico a viajar por las provincias del
centro y del sur de España como representante de varias casas francesas e
italianas que producen zapatos de alta calidad para señoras. Me acabo de
enterar de que su empresa también produce esta clase de zapatos y que
necesita representación en España. Por eso tengo el gusto de ofrecerle mis
servicios de representación de sus zapatos en las regiones indicadas.
   Adjunto me permito acompañar cartas de recomendación de mis
clientes actuales que sin duda le ayudarán a considerar mi solicitud. Creo
que, dados mis largos años de experiencia del mercado español, le ayudaré
a vender sus zapatos aquí en España. ¿Quiere ser tan amable de mandarme
información sobre comisiones y gastos, así como sugerir una fecha para
que le visite en su fábrica para ver los modelos que tiene usted para la
próxima temporada?

Le saluda muy atentamente,

Alberto Camacho

10.5 ¿COMPRENDE USTED EL ESPAÑOL HABLADO?

Whilst on holiday in Spain, you hear the following item on the radio. Listen to it and answer the questions in English.

1. What type of item is it?
2. Who has supplied the information?
3. Which period of the week is covered by the item?
4. Where will there be low temperatures, and what might result from these?
5. Where will the risk of accident be particularly high?
6. Where might there be tailbacks?
7. What will the weather and driving conditions be like on Sunday?
8. Where will the bottlenecks build up?
9. What should drivers who wish to avoid these do?
10. Where are there roadworks?
11. What good news is there about Road no. 340?

The Weather Forecast

. . . y ahora van ustedes a escuchar las informaciones facilitadas por el Real Automóvil Club de España para la región de Cataluña. Se acerca el fin de semana, y los automovilistas que piensan pasarlo fuera de Barcelona deben tener cuidado. En los Pirineos hay temperaturas bajas, y es posible que haya niebla durante las próximas veinticuatro horas, con los consiguientes peligros de accidentes en la carretera, sobre todo en las carreteras que pasan por las montañas. Se anticipa gran número de coches en las carreteras principales que van hacia la frontera francesa y, por consiguiente es muy probable que habrá tardanzas y otros problemas en estas carreteras. Por otra parte, el domingo hará buen tiempo por toda la región y las condiciones serán muy buenas en todas las carreteras. Por la tarde habrá mucho tráfico efectuando la vuelta a Barcelona. Se aconseja a los automovilistas que quieran volver sin pérdida de tiempo que se pongan en camino antes de las cuatro de la tarde. Hay obras en la carretera nacional 2 entre Martorell y Sant Esteve y es posible que haya tardanzas en aquella carretera. Sin embargo, el camión que bloqueaba la carretera nacional 340 en las afueras de Ordal se ha podido quitar. Que pasen un buen fin de semana y ¡vayan con cuidado!

10.6 LECTURA

During the Spanish Civil War, the defence of the Alcázar of Toledo, the huge army barracks besieged by the Republican forces and defended by General Moscardó and supporters of Franco, filled the newspapers of

Europe. A daily newspaper was produced by the besieged Franco supporters and, after the war, the event was remembered by sustaining the name in a daily newspaper. With the arrival of democracy, El Alcázar became the voice of the right-wing opposition to the elected governments and was even accused of helping to organise the attempted *coup d'état* of 23 February 1981 by publishing coded messages to the rebels in its columns. This interview with the current editor gives some flavour of right-wing thinking in Spain.

He aquí una entrevista con el director del periódico *El Alcázar*. Léala con cuidado y luego contesta a las preguntas en inglés. Hay un vocabulario para ayudarle.

Antonio Izquierdo: cronista de la revolución pendiente

Su último libro se titula *Elegía por una generación perdida*. ¿De qué tiene usted añoranza?

—Bueno, ese libro más que un libro es un álbum de fotos que hemos hecho entre Juan Blanco y yo sobre una generación como la nuestra, que se sintió estafada.

—O sea, que a ustedes también les defraudó Franco . . .

—No fue Franco, sino las propias jerarquías del Movimiento, y de eso yo tengo pruebas extraordinarias. Franco tuvo muchos aciertos, y entre ellos no sólo el de ganar la guerra, sino la paz y, sobre todo, librarnos de la Segunda Guerra Mundial. Además, Franco fue, sin duda, un gran estadista que fue capaz de moderar la vida española.

—A base de represión . . .

—Es rigurosamente falso lo del estado policial. En mil novecientos setenta y cinco, España tenía algo así como la veinteava parte de la Policía que existe hoy.

—También me refería a la represión cultural . . .

—Perdóname, hija, pero eso es absolutamente falso. Tú dime un libro prohibido y yo te lo enseño ahora mismo en la biblioteca de mi casa, comprado en el año cincuenta.

—No debe ser muy cómodo ser un periódico de derechas con un Gobierno socialista . . .

—Eso de las derechas y las izquierdas es una valoración equívoca y artificial, porque el mundo se divide antes que en derechas o izquierdas en fuertes y débiles, en ricos y pobres, en guapos y feos. De todas formas te diré que lo que sí sentimos es la enorme persecución del Gobierno socialista, que nos ha cercado. Se nos ha quitado anticonstitucionalmente la mayordomía de Iberia — la prensa de los vuelos — y también se nos ha retirado toda la publicidad oficial, lo cual nos supone una pérdida de unos cincuenta millones al mes. Yo quiero ser un ciudadano universal que mira el mundo con los ojos abiertos y que cree en unas seis cosas y se ríe de las otras seiscientas . . .

—¿En qué cosas cree?

—Evidentemente creo en Dios y me considero católico, aunque soy un católico de tercera regional, porque nunca he pertenecido a ninguna organización eclesial, ni siquiera laica.

—También ha sido usted joseantoniano . . .

—Lo he sido y lo soy. Quiero hacerte una declaración: soy joseantoniano, pero no comulgo con las interpretaciones que se han hecho de él. A José Antonio una sociedad lo mató a tiros y otra lo mató a versos. El dijo una frase lapidaria que refleja su drama y que dice: «Los que me quieren no me entienden y los que me entienden no me quieren.»

—También dijo que la monarquía era una institución gloriosamente fenecida. Sin embargo, Franco la resucitó. ¿Lo considera usted como una traición?

—No, la frase te la diré de memoria porque la tengo muy buena, aunque dicen que la memoria es la inteligencia de los tontos. José Antonio dijo: «La monarquía española cumplió su ciclo y se desprendió como cáscara muerta sin que entrara en lucha ni siquiera un piquete de alabarderos.»

—Usted hablaba antes do los errores de Franco. Supongo que para usted el hecho de que Franco no nacionalizara la Banca y no emprendiese una reforma agraria entra en el cómputo de sus errores . . .

—Es que Franco nunca prometió la nacionalización de la Banca ni la reforma agraria, en el sentido en que la entiende el socialismo, que es un sentido equívoco. ¡De qué sirve repartir la tierra si la gente sigue arañando desde siglos una tierra absolutamente improductiva! Pero Franco tampoco nacionalizó la Banca y ni siquiera se lo propuso, porque Franco no era un revolucionario. Franco era un militar de formación monárquica con un conocimiento bastante profundo de la historia de España y con un sentido de la serenidad bastante acusado. Por otro lado, la guerra no sólo la ganó el ejército nacional, sino que es la Falange, la Banca, la Iglesia, la democracia cristiana, los monárquicos alfonsinos y los monárquicos tradicionalistas los que, simbólicamente, se reparten el botín de la victoria.

—Sin embargo, la venganza fue atroz después de la contienda . . .

—Yo, honradamente, te digo que no, si me atengo a los datos y no a la propaganda política. Hubo mucha gente condenada a tres y cuatro penas de muerte que ahora aparecen en la televisión. Además, durante y después de las guerras, el hombre se vuelve feroz y las represiones suelen ser durísimas en cualquier bando.

—Pero sigue sin decirme usted cuáles fueron los errores de Franco . . .

—Aparte de suponer que él podía crear una monarquía nueva eligiendo la rama más antigua, otro grave error fue el de no atender el campo. Si se estudia la guerra civil con espíritu observador, se da uno cuenta que la contienda fue un poco la guerra del campo contra la ciudad, del agro contra la industria. Y quien verdaderamente perdió la guerra fue el campo, que no participó del gran desarrollo de la España de los sesenta.

—En *El Alcázar* parecía que estaban muy al corriente de lo que pasó durante el 23-F . . .

—Yo te doy mi palabra de honor de que no tengo ni idea de qué es lo que ocurrió. Yo estaba en mi despacho y, cuando escuché por la radio los tiros, lo primero que pensé fue en un comando de ETA disfrazado de guardia civil. Yo, al igual que Tejero, sigo sin saber qué había detrás. Tejero, en un momento dado, dijo: «Algún día me explicarán qué pasó el 23-F.» Y de lo que estoy absolutamente convencido es de que Tejero se limitó a cumplir órdenes, pero que no tenía ni idea del porqué ni del para qué.

—Usted ha tenido mucho protagonismo en la creación de las Juntas. ¿Le atrae la política más que el periodismo?

—Mira, hija, a mí la política me aburre soberanamente, y en lo de las Juntas yo ofrecí una sugerencia que he plasmado en algunas conferencias y que consiste en que, dado que España está demasiado partida, tanto en la división política como la territorial, hay que crear un partido que haga revivir la entidad nacional, incluyendo las distintas posiciones. España tiene una deuda exterior que no la podrá pagar jamás y encima nos permitimos el lujo de costear dieciocho Gobiernos y dieciocho autonomías que implican un gasto incalculable.

—¿Usted se considera un ultra?

—No, y ni siquiera me considero de derechas. Mi ideología, en el campo socioeconómico, pôr ejemplo, va mucho más lejos que la del socialismo. Si yo gobernase, nacionalizaría la Banca en veinticuatro horas, establecería la socialización del crédito y tomaría una serie de medidas profundamente revolucionarias. Si te sitúas en el área religiosa, soy católico y no renuncio a mis creencias.

1. What was the title of Antonio Izquierdo's last book?
2. How does he describe it?
3. What were Franco's achievements, according to Izquierdo?
4. How do numbers in the police force of 1965 compare to the numbers today?
5. How does Izquierdo seek to prove there was no cultural repression under Franco?
6. In rejecting the Right/Left way of looking at society, how does Izquierdo classify people?
7. How has the Socialist government caused the loss of 50 million pesetas a month to Izquierdo's organisation?
8. What does Izquierdo believe in?
9. What splendid phrase of José Antonio does Izquierdo quote?
10. What did José Antonio say about the monarchy?
11. What did Franco never promise to do?
12. How does Izquierdo describe Franco?
13. Who won the war, apart from the nationalist army?
14. How does Izquierdo prove that the vengeance wreaked on the losers was not so bad?
15. What were Franco's mistakes, according to Izquierdo?

16. How does he react when accused of knowing about the *coup d'état* of 23 February?
17. What role did Tejero play in the *coup*?
18. What is needed in Spain to heal the many splits in society?
19. Does Izquierdo consider himself to be an extremist?
20. How does he seek to prove he is not right-wing?

Vocabulario

la añoranza	longing, nostalgia
estafar	to swindle, defraud
la jerarquía	hierarchy
la prueba	proof
el acierto	skill, ability
el estadista	statesman
veinteavo	twentieth
cercar	to besiege
la mayordomía	control
fenecer	to end, die
cumplir	to complete, fulfil
desprender	to shed, discard
la cáscara	shell, peel
el cómputo	computation, calculation
arañar	to scratch, scrape
atroz	atrocious
la rama	branch
el desarrollo	development
al corriente	informed
disfrazar	to disguise
plasmar	to shape, form
la deuda	debt
el lujo	luxury
costear	to pay for
la medida	measure

EA, EA, QUE BURGOS NO ES ALDEA, SINO CIUDAD Y BUENA

11.1 DIÁLOGOS 📼

Diálogo 1

Después de pasar unos días en Santander, los López y los Robinson cogieron la carretera nacional número 623 y fueron hacia Burgos. Cerca del pueblo de Alceda el coche de Juan López en que viajaban Juan López y Joan Robinson se paró de pronto. Juan López bajó y miró la rueda delantera.

Juan: ¡No faltaba más que esto! ¡Un pinchazo!

Joan: No te preocupes, Juan. No es nada. Ven, te ayudaré. ¿Dónde tienes el gato?

Juan: Está en el maletero, y la rueda de recambio está ahí también.

Joan: Muy bien. ¿Y dónde se coloca el gato?

Juan: Aquí cerca de la rueda delantera.

Joan: Bueno. Tú aflojas las tuercas y luego yo levantaré el coche con el gato.

Juan: ¡Huy! Estas tuercas están muy bien apretadas. ¿Quieres ayudarme? Pon la mano aquí y tira muy fuerte. Ya está.

Joan: Muy bien. Ahora yo puedo levantar el coche. Ve a buscar la rueda de recambio.

Juan: Aquí la tienes. ¡Maldita sea! Mira, Joan, tengo los pantalones todos manchados de grasa.

Joan: No te enfades, Juan. En Burgos habrá tintorerías, ¿verdad? Pues en cuanto lleguemos, te cambias de ropa y llevaremos esos pantalones a la tintorería.

Juan: De acuerdo. Bueno, si pongo la rueda así, tu puedes apretar las tuercas ¿verdad?

Joan: Eso es. Ya ves, Juan, no era difícil.

Juan: Yo no sabía que tú eras tan lista arreglando coches, Joan. María no tiene ni idea de cómo funcionan.

La catedral de Burgos

Joan: Pues en Inglaterra yo tengo mi propio coche y, de vez en cuando, me pasa esto y tengo que saber cambiar una rueda. Bueno. Pon el gato en el maletero y vamos hacia Burgos.

Diálogo 2

En Burgos los cinco amigos se reunieron en la Plaza de José Antonio y fueron a buscar habitaciones para la noche porque no tenían reservas en ningún hotel. Entraron en el Hotel Condestable en la Calle de Vitoria.

María: Buenas tardes. ¿Tiene usted habitaciones libres?

Recepcionista: Sí, señora. ¿Para cuántas personas?

María: Para cinco. Nos hacen falta dos habitaciones dobles y una individual.

Recepcionista: Muy bien, señora. Vamos a ver. Sí, la 65 y la 66, que son habitaciones dobles, están libres y luego le puedo dar la 33, que es una individual. No están todas en el mismo piso. ¿Le importa eso?

María: No, en absoluto. ¿Cuánto valen las habitaciones?

Recepcionista: Las dobles valen tres mil quinientas pesetas y la individual dos mil ochocientas.

María: Muy bien. Y todas tienen cuarto de baño y teléfono, ¿verdad?

Recepcionista: Claro que sí, señora. Todas nuestras habitaciones tienen cuarto de baño y teléfono, y también tienen el mini-bar, que es un nuevo servicio que acabamos de ofrecer a nuestros clientes.

Juan: ¿El mini-bar? ¿Qué será eso?

Recepcionista: Pues hay un pequeño bar en todas las habitaciones. Usted toma las bebidas que quiera y rellena una hoja que luego usted entrega aquí en Recepción y nosotros ponemos las bebidas que haya tomado en su cuenta.

Juan: ¡Qué bien! ¡Qué idea más magnífica!

Recepcionista: Pues aquí tiene usted las llaves, señora, y el ascensor está ahí a la derecha.

María: Gracias. ¿A qué hora se sirve la cena?

Recepcionista: A partir de las ocho, señora.

María: ¿Hay una tintorería en el hotel?

Recepcionista: En el hotel, no, señora, pero hay una a unos doscientos metros. Salga del hotel y tuerza a la izquierda. La tintorería está a unos doscientos metros por esta misma calle al lado del Cine Sol.

María: Muchas gracias.

Recepcionista: Perdóneme, señora, se me olvidó preguntarle para cuántas noches quieren ustedes las habitaciones.

María: Sólo para esta noche. Salimos mañana para Madrid.

Recepcionista: Gracias, señora.

Diálogo 3

Juan López se cambió de ropa y luego Joan le acompañó a la tintorería.

Empleada: Buenas tardes, señor. ¿En qué puedo servirle?

Juan: ¿Puede usted limpiarme estos pantalones para mañana?

Empleada: Claro que sí, señor. Y si usted quiere nuestro servicio rápido, podrá recogerlos dentro de dos horas. Claro que cuesta un poco más.

Juan: ¿Cuánto más?

Empleada: Pues el servicio normal cuesta trescientas pesetas, y el rápido trescientas cincuenta.

Juan: Entonces el servicio rápido, por favor. ¿Cuándo estarán listos los pantalones?

Empleada: Vamos a ver. Ahora son las cuatro. Si usted quiere volver sobre las seis, señor.

Juan: Muy bien. ¿Y podrá quitar esta mancha de grasa de los pantalones?

Empleada: Sí, creo que sí, señor.

Juan: Muy bien.

Empleada: ¿Y qué deseaba usted, señora?

Joan: Pues yo tengo esta falda que tiene también manchas de grasa. Es que tuvimos que cambiar una rueda del coche por la carretera y no me di cuenta de que se me había ensuciado la falda.

Empleada: No se preocupe, señora. Eso se quita muy fácilmente. ¿Qué quiere usted, el servicio normal o el rápido?

Joan: El rápido, por favor. Volveremos a eso de las seis.

Empleada: Muy bien, señora. Las prendas estarán listas.

Joan: Gracias. Adiós.

Empleada: Adiós señora. Hasta luego.

Diálogo 4

Después de solucionar los problemas del hotel y la ropa sucia, los cinco fueron a ver la catedral de Burgos.

David: ¡Qué enorme! ¿Es la catedral más grande de España, María?

María: No, es la tercera catedral del país, después de las de Sevilla y de Toledo, que son más grandes, pero es el mejor ejemplo del estilo gótico que tenemos.

Juan: Y también es el mejor ejemplo del estilo plateresco.

Joan: ¿Qué es eso?

Juan: Pues es cuando trataron de capturar en piedra estilo de los plateros, es decir, los hombres que trabajaban con plata. Mira, esa puerta que se llama el Portal Pellejería es un buen ejemplo del estilo.

Joan: ¿Y cuándo se construyó esta parte de la catedral?

Juan: Es del siglo dieciséis y es obra de un tal Francisco de Colonia.

Robert: ¿Vamos a entrar?

Juan: Si quieres, pero hay que ir por la catedral con un grupo y con un guía. La entrada vale treinta pesetas y hay que dar otras treinta al guía también.

Robert: ¿Y está prohibido entrar para verla si no formamos parte de uno de esos grupos?

Juan: Eso es.

Robert: Pues no me gusta nada la idea de hacer eso. ¿Por qué no miramos el exterior y luego os invitaré a tomar algo en aquel bar?

María: ¡Qué buena idea! Tengo mucha sed después del viaje desde Santander. ¿Qué opinas tú, Joan?

Joan: Bueno, me gustaría ver el interior, pero no quiero hacer de turista tonta, y no tengo inconveniente.

Juan: Vamos entonces. Yo os explicaré todos los detalles de la fachada y luego iremos a tomar algo.

11.2 VOCABULARIO

parar(se)	to stop
la rueda	wheel
delantero	front
el pinchazo	puncture
el gato	jack (car), cat
de recambio	spare (wheel, etc.)
colocar(se)	to place, put
aflojar	to loosen
la tuerca	nut (car)
apretado	tight
apretar (ie)	to tighten
tirar	to pull
¡maldita sea!	damn it!
manchar	to stain, soil
la mancha	stain, spot
la grasa	grease, oil
enfadarse	to get angry
la tintorería	drycleaners
listo	clever (with 'ser'); ready (with 'estar')
reunirse	to meet
ofrecer	to offer
la bebida	drink
rellenar	to fill in
entregar	to give in, hand over
olvidar(se)	to forget

acompañar	to accompany
recoger	to collect, pick up
ensuciar(se)	to dirty, get dirty
la prenda	garment
solucionar	to solve
el estilo	style
tratar de	to try, attempt
el platero	silversmith
la piedra	stone
la obra	work
tener inconveniente	to mind
no tengo inconveniente	I don't mind

11.3 EXPLANATIONS

(a) Burgos, a fine city

Burgos was refounded in 951 by Diego Porcelos after having been destroyed several times in its early years. Fernán González made it the capital of Castilla and it became even more powerful in 1037 when Fernando I united Castilla, León and Asturias under one crown. Victories against the Moors followed with the capture of Madrid in 1083 and Toledo in 1085, and the tributes paid by the Moors made the city prosperous. The city is also famous because of Rodrigo Díaz de Vivar who fought against the Moors in the 11th century and was given the name of El Cid by them. El Cid was banished by Alfonso VI because it was thought he had kept tribute collected from the Moors but owed to the king, and he became a soldier of fortune who fought as a mercenary for whoever paid best. His most famous exploit was the capture of Valencia after a nine month siege in 1094. He held the city for five years and died in 1099. Legend has it that he last appeared leading his troops against the Moors after his death, held upright on his horse by a special iron saddle. His widow held Valencia for three years and finally abandoned it in 1102, returning to Castilla with the corpse of El Cid. Before leaving, she set fire to the city. El Cid was buried first in the Monastery of San Pedro de Cardeña, ten kilometres to the east of Burgos, but his body was moved in 1942 and reinterred in Burgos Cathedral.

Although Burgos ceased being the capital of Castilla in 1492 when the capital was moved to Valladolid, it did not lose any of its prestige or wealth, and all Spanish kings have traditionally been crowned there. This symbolic importance did not escape Franco, who set up the first provisional government there against the Republic in 1936, was proclaimed head of the government and commander of the armed forces in revolt against the Republic in Burgos and announced the cease-fire which ended the Spanish Civil War on 1 April 1939 from the Isla Palace in that city.

(b) Expressing that something is the last straw - *grammar reference page 295*
A useful idiomatic expression is formed from faltar - to lack:

¡No faltaba más que eso!   That's the last straw.

(c) Giving orders to people you know: the Familiar Imperative - *grammar reference page 287*
Several of these are irregular, and the ones found in this lesson are:

Ven (from venir)	Come
Pon la mano. (from poner)	Put your hand
Ve a buscar la rueda. (from ir)	Go and fetch the wheel

The negative form is the same as the Present Subjunctive.

No te preocupes.	Don't worry.
No te enfades.	Don't get angry.

(d) Saying that there will be: Habrá - *grammar reference page 289*
The irregular future form of hay is habrá:

Habrá tintorerías en Burgos.   There will be drycleaners in Burgos.

It is both singular and plural in meaning.

Habrá muchos restaurantes en la
ciudad.

There will be many restaurants in
the city.

(e) Saying that someone is 'clever' or 'ready' - *grammar reference page 299*
The adjective listo has two separate meanings depending on whether it is
used with ser or estar:

(i) With ser = clever

Usted es muy listo.	You are very clever.
No sabía que eras tan lista en arreglando coches.	I didn't know you were so clever at repairing cars.

(ii) With estar = ready

¿Cuándo estarán listos los pantalones?	When will the trousers be ready?
Las prendas estarán listas.	The garments will be ready.
¿Estás listo?	Are you ready?

(f) Adjectives which change their meaning when placed before or after the noun – *grammar reference page 300*

The two found in this lesson are mismo and propio.

(i) Mismo before the noun = same

Está por esta misma calle.	It's along this same street.
No están todas en el mismo piso.	They're not all on the same floor.

(ii) Mismo after the noun = self (myself, himself, etc.), very, even

Su madre misma no le comprende.	His mother herself does not understand him.
El rey mismo no lo sabe.	The king himself does not know it. (Even the king does not know it.)

(iii) Propio before the noun = own

Tengo mi propio coche.	I have my own car.
Vivo en mi propia casa.	I live in my own house.

(iv) Propio after the noun = special, characteristic, typical

Es un plato propio de Burgos.	It's a typical dish of Burgos.
Es la fruta propia del tiempo.	It's the fruit in season.

(g) Saying that something does or does not matter: importar

This verb behaves like gustar and can be used as a one-word answer.

No importa.	It doesn't matter.

Personal pronouns allow you to say that something does or does not matter to me, him, her, etc.

¿Le importa eso? No me importa en absoluto.	Does that matter to you? It does not matter at all to me.

A curious idiomatic expression is:

No me importa un pepino.	I don't give a damn. (*Literally*: 'I don't care one cucumber.')

(h) Using the Present Tense to express the future
This happens regularly in Spanish as it does in English.

Salimos mañana para Madrid.	We are leaving for Madrid tomorrow.
Voy a las tiendas. ¿Te compro tabaco?	I'm going to the shops. Shall I buy you some tobacco?

(i) Saying that you tried to do something: tratar de + the infinitive –
grammar reference page 297
You use tratar de + the infinitive:

Trataron de capturar el estilo de los plateros.	They tried to capture the style of the silversmiths.
Traté de llamarte por teléfono pero no pude.	I tried to ring you but I couldn't.

(j) Saying that something is necessary: hay que + the infinitive

To express the ideas of 'it is necessary to . . .; you ought . . .; one has to . . .; etc. you use Hay que + the infinitive of the verb.

Hay que dar treinta pesetas al guía.	One has to give 30 pesetas to the guide.
Hay que conocer los pubs de Madrid.	You ought to get to know the Madrid pubs.

(k) Saying you do not mind: tener inconveniente – *grammar reference page 296*
This useful phrase can be used to ask if someone minds if you do something, or to say that you do not mind.

¿Tiene usted inconveniente en explicarme el plano?	Do you mind explaining the plan to me?
No, no tengo inconveniente.	No, I don't mind.

If there is a different subject for the second verb in the sentence, the subjunctive will be found in the second verb.

¿Tiene usted inconveniente en que yo saque una foto?	Do you mind if I take a photo?
¿Tienes inconveniente en que salgamos ahora?	Do you mind if we leave now?

11.4 EXERCISES

Exercise 1   ¿Qué se dice?

Su amigo: ¡No faltaba más que eso! ¡Un pinchazo!
Usted: (Tell your friend not to worry; it is nothing important; you will help him. Ask him where he keeps the jack.)
Su amigo: Está en el maletero, y la rueda de recambio está ahí también.
Usted: (Say OK, and ask where the jack is placed.)
Su amigo: Aquí cerca de la rueda delantera.
Usted: (Suggest that he loosens the nuts and then you will lift the car with the jack.)
Su amigo: ¿Quieres ayudarme? Pon la mano aquí y tira muy fuerte. Ya está.
Usted: (Say that's fine and now you can lift the car. Tell your friend to go and get the spare wheel.)

Exercise 2   ¿Qué se dice?

Usted: (Say good afternoon, and ask if they have any rooms free.)
Recepcionista: Sí. ¿Para cuántas personas?
Usted: (Say for three. You need one double and one single room.)
Recepcionista: Sí, la 65 y la 33 están libres.
Usted: (Ask the price of the rooms.)
Recepcionista: La doble vale tres mil quinientas pesetas y la individual dos mil ochocientas.
Usted: (Say OK, and ask if they have a bathroom and telephone.)
Recepcionista: Claro que sí. Todas nuestras habitaciones tienen cuarto de baño y teléfono y también un mini-bar.
Usted: (Ask what a mini-bar might be.)
Recepcionista: Pues hay un pequeño bar en todas las habitaciones.
Usted: (Express great enthusiasm for this new service.)

Exercise 3   ¿Qué se dice?

Empleada: Buenas tardes. ¿En qué puedo servirle?
Usted: (Ask if they can clean a suit for tomorrow.)
Empleada: Claro que sí. Y si usted quiere nuestro servicio rápido podrá recogerlo dentro de dos horas. Claro que cuesta un poco más.
Usted: (Ask how much more.)
Empleada: Pues el servicio normal cuesta trescientas pesetas, y el rápido trescientas cincuenta.
Usted: (Select the fast service and ask when the suit will be ready.)

Empleada: Ahora son las cuatro. Si usted quiere volver sobre las seis.
Usted: (Ask if they can remove a grease stain from the suit.)
Empleada: Sí, creo que sí.

Exercise 4   ¿Qué se dice?

Select a phrase from the second column which is the best answer to one in the first.

¿Qué hora es?	Me duele el estómago
¿Dónde se come bien?	De la historia de América.
¿Cuánto te costó todo esto?	Tres mil pesetas por día.
¿Quieres un cigarrillo?	Lo siento pero no queda.
¿Qué te pasa?	Lleno de súper.
¿Lo pasaste bien?	Delante de la catedral.
¿Cuánto vale la habitación?	No tengo ni idea.
¿De qué trata la novela?	A las tres y media.
Déme el País.	El restaurante Sol es muy bueno.
¿Qué le pongo, súper o extra?	No, pero está para salir.
¿Dónde nos veremos?	Dejé de fumar hace mucho tiempo.
¿A qué hora quedamos?	Deben de ser las ocho.
¿Qué es esto?	Sí, lo pasé muy bien.
¿Qué viste en la televisión?	No mucho; sólo mil pesetas.
¿Ha salido ya el tren para Toledo?	Un programa de fútbol.

Exercise 5   What do you want me to do?

Example: ¿Qué quieres que me ponga? (the blue suit)
          Ponte el traje azul.

1. ¿Qué quieres que me ponga? (the green dress)
2. ¿Dónde quieres que ponga las flores? (on the table)
3. ¿A qué hora quieres que venga? (at five)
4. ¿Qué día quieres que venga? (Tuesday)
5. ¿Adónde quieres que vaya? (to the Post Office)

Exercise 6   ¿Ser o estar?

Fill in the gaps with the correct part of ser or estar in the correct tense.

1. ¿Cuándo . . . listos mis pantalones?
2. Ese chico lo sabe todo; . . . muy listo.
3. Siento llegar tarde, pero cuando quería salir, mi marido no . . . listo.
4. ¿ . . . lista la cena?
5. Yo no sabía que tú . . . tan lista arreglando coches.
6. No podemos salir todavía porque mis hijos no . . . listos.

7. ¡Qué listo . . . usted! Yo no sabía eso.
8. ¿Qué día . . . listo mi coche?
9. Los estudiantes de hoy no . . . tan listos como cuando yo era más joven.
10. ¿Tú crees que vamos a . . . listos para salir a las cinco?

Exercise 7   Does it matter to you?
Example: ¿Le importa que . . . . . . (I take a photo?)
            ¿Le importa que saque una foto?

1. ¿Le importa que . . . . . . (I arrive later?)
2. ¿Le importa que . . . . . . (I bring my friend?)
3. ¿Le importa que . . . . . . (I watch television?)
4. ¿Le importa que . . . . . . (we dine later?)
5. ¿Le importa que . . . . . . (we leave now?)

Exercise 8   What did you try to do?
Example: ¿Qué trataste de hacer? (get into the museum)
            Traté de entrar en el museo.

1. ¿Qué trataste de hacer? (get out without paying the bill)
2. ¿Qué trataste de hacer? (take a photo of the bullfight)
3. ¿Qué tratasteis de hacer? (climb the mountain)
4. ¿Qué tratasteis de hacer? (change the wheel)
5. ¿Qué trataste de hacer? (clean the suit)

Exercise 9   Do you mind?
Example: Leave now.
            ¿Tiene usted inconveniente en que yo me marche ahora?

1. Come later.
2. Take a photo of the cathedral interior.
3. Go to bed now.
4. Call London by phone.
5. Hand over the plans tomorrow.

Exercise 10   Vamos a escribir
You receive the following letter from a Spanish friend who is going to visit you. Read it carefully, answer the questions in English, and then compose a letter of your own following the suggestions given.

Querido amigo:

Te escribo para decirte que espero llegar al aeropuerto de Londres el próximo lunes, quince de marzo, a las tres y media de la tarde. Ya sé que a esa hora tú estarás cargado de trabajo como siempre en tu oficina y, por eso, cogeré un taxi e iré directamente a tu casa. Podré pasar unos diez días en Londres y espero que me podrás llevar a sitios interesantes. ¿No me dijiste que podríamos visitar Hampton Court, ese palacio situado en el río Támesis? Tampoco olvides que vamos a jugar al golf en uno de esos campos de golf magníficos que hay en el sur de Inglaterra, pero esta vez voy a ganar yo, ya verás. Te traeré un buen chorizo 'de mi pueblo' para que comas algo bueno y te acuerdes de España.

Recuerdos a toda tu familia,
Un abrazo,

1. Exactly when and where will your friend arrive?
2. What does he know that you will be doing then?
3. What will he do?
4. How long will he be able to stay?
5. What does he hope you will be able to do?
6. Which place does he mention and where is it?
7. What else does he remind you about, and how will this time differ from last time?
8. What is he going to bring you and why?

Now try to compose a letter to send to your Spanish friend which fits the following facts:

1. You will arrive at Barajas airport, Madrid, at 6.15 p.m. on Wednesday 26 May.
2. You will take a taxi to his house because you know that at that time of the day he is busy with clients in his office.
3. You will be able to spend two weeks with him and trust that he will take you to interesting places. In particular you want to visit Chinchón, a historic village near Madrid where they make anís in an old castle.
4. You also hope to play him at tennis at one of the famous Madrid tennis clubs and this time you will win.
5. You are taking him a packet of good English tea so that he will remember England.

11.5 ¿COMPRENDE USTED EL ESPAÑOL HABLADO? 📼

The Lópezes and the Robinsons did not go into Burgos cathedral, but we can. Listen to the guide's commentary and then answer the questions in English.

1. Where does the guide say you are?
2. Who began the building of the cathedral and when?
3. When was the nave built?
4. When were the aisles and the main doors built?
5. Where are these features to be seen?
6. How high is the nave and how long is it?
7. What were built in the 15th century?
8. When was the most famous of the chapels built?
9. What does it now contain?
10. Where does the guide propose to take you next?

Burgos Cathedral

Guía: Buenas tardes, señoras y señores. Están ustedes dentro de una de las mejores joyas de la arquitectura gótica de todo el mundo. Fernando III empezó la construcción de la catedral en el año 1221 y luego siguieron dos períodos muy distintos. En el siglo trece se construyeron la nave principal, las naves laterales y los portales que ahora pueden ustedes ver aquí a la derecha. La nave principal tiene cincuenta y cuatro metros de alto y casi cien metros de largo y es una de las más grandes naves de todas las catedrales de España. Luego, en el siglo quince, se construyeron las torres de la fachada occidental y muchas de las capillas que ahora pueden ustedes ver aquí a la derecha y a la izquierda. La más famosa de las capillas es la de los Condestables, construida en 1482 por Hernández de Velasco, Condestable de Castilla en aquellos años. Las tumbas del Condestable y de su mujer están situadas en la capilla que contiene también estatuas magníficas hechas por los mejores artesanos de la época. Y ahora, si quieren seguirme, señoras y señores, vamos a visitar la famosa Escalera Dorada que está al fondo de la catedral. Síganme, por favor . . .

11.6 LECTURA

Most visitors to Spain become familiar with the beaches of the various Costas, the famous and historic cities of Castilla and Andalucía but are unaware of places such as Doñana, one of the most important bird sanctuaries of the whole of Europe. Doñana, like Timanfaya, is a National Park similar to those found in Britain where the visitor is provided with facilities for enjoying the area and admonished to respect the wildlife found there.

Lea con cuidado estos dos artículos de la prensa española, y luego conteste a las preguntas en inglés. Hay un vocabulario para ayudarle.

Doñana: La reserva de Europa

Es el reino de las zonas húmedas, ya no sólo español sino también europeo: las marismas del Guadalquivir, donde paran y anidan las más valiosas aves migratorias de todo el continente. Es, también, el mayor parque nacional en extensión. Se llega a Doñana por la carretera general Sevilla-Huelva con desvío en La Palma del Condado, desde donde se va hasta El Rocío, sede de la famosa romería. Un poco más allá del pueblo está el centro de información. Para visitas en profundidad es preciso pedir autorización especial.

Como buena zona húmeda, lo mejor es recorrerla en coche — hasta donde se pueda, porque los arenales son temibles — o en *jeep* con tración cuatro ruedas, que pueden alquilarse con chófer. También hay un sistema de visitas guiadas organizadas por el Icona.

Sin Doñana, la mayor parte de las especies migratorias europeas desaparecerían o sufrirían importantes transformaciones. La primavera es una época ideal para ver llegar muchas especies y a otras que ya han regresado de sus migraciones africanas.

Alojamiento: Hay un excelente parador nacional en Mazagón. En Matalascañas es difícil encontrar camas fuera de la temporada veraniega. Para comer, el Mesón del Tambolilero, en Almonte, es un buen sitio: comida andaluza con estilo y sabor. Las tapas de la barra son excelentes, así como el vino. Altamente recomendable, la corvina al estilo de la casa.

Para una información más detallada: (955) 43 04 32.

(a) Doñana: La reserva de Europa

1. What type of reserve is Doñana?
2. How does it compare with other national parks?
3. How do you get there?
4. What is there a little beyond the village of El Rocío?
5. What is the best way to visit Doñana?
6. What type of vehicle can be hired?
7. What else is there to help the visitor?
8. What would happen to many migratory birds if Doñana were not there?
9. When is the best time to go?
10. Describe briefly the accomodation and eating facilities available.

(b) Timanfaya: Carne al volcán

1. If Doñana is basically a biological park, and the mountain parks basically about landscape, what distinguishes Timanfaya?
2. How do you get there?
3. What is the most interesting experience for the visitor?
4. Describe briefly the accomodation and eating facilities available.

Vocabulario

el reino	kingdom
la marisma	marsh
anidar	to nest
el ave	bird, fowl
la romería	pilgrimage
acceder	to proceed

Timanfaya: Carne al volcán

Si Doñana es un parque eminentemente biológico, y los de montaña, predominantemente paisajísticos, Timanfaya, en la exótica isla canaria de Lanzarote, es un parque geológico: lavas, arenas y lapillis vertidos por sus volcanes constituyen su atractivo, que no es poco.

Llegar a la isla no tiene secretos para nadie. Una vez en ella, se accede al parque a través de la carretera que, desde Arrecife, va hasta Yaiza, y desde allí a Islote de Hilario, al pie del volcán Timanfaya. Hay centros de recepción, restaurante y otros servicios.

Una de las actividades más recomendables es la posibilidad de subir al volcán a lomo de camello. No es una experiencia demasiado cómoda, pero sí muy interesante.

Alojamiento. — Numerosos en la parte más *playera* de la isla: Arrecife, Playa Blanca, Puerto del Carmen. Para comer, lo original es degustar unas salchichas o carne en la cima misma del volcán, asadas con el fuego geológico que sale del cerro. Por lo demás, la cocina de la isla y, en general, la gastronomía canaria no destaca demasiado.

Más información en el tel. (928) 24 87 35.

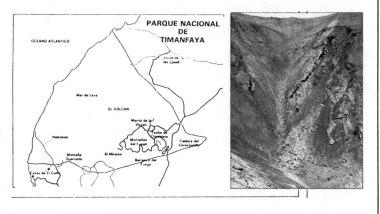

DE MADRID AL CIELO

12.1 DIÁLOGOS

Diálogo 1 🖾

De vuelta a Madrid los Robinson decidieron que querían comprar unos regalos para su hija Barbara y su yerno Peter. Fueron a Galerías Preciados y subieron a la sección de bisutería. En la escalera móvil que les llevaba hasta la tercera planta María López, que les acompañaba, se puso a hablar con Joan.

María: ¿No echas de menos a tu hija cuando estás fuera de Inglaterra, Joan?

Joan: No mucho, María. Ella tiene su propia vida con su marido en Manchester y la veo a menudo cuando estoy en casa.

María: Bueno, aquí estamos. ¿Qué quieres comprar para Barbara?

Joan: Pues le gustan mucho los pendientes, sobre todo los pendientes grandes y algo llamativos.

María: ¿Estos, quizás? Son bastante grandes y yo diría que son llamativos, ¿no?

Joan: ¿De qué son?

María: No lo sé. Voy a preguntarlo. ¡Señorita!

Dependienta: Sí, señora. ¿Qué deseaba usted?

María: ¿De qué son estos pendientes?

Dependienta: Esos son de plata, señora, y valen cuatro mil pesetas. ¿Son para usted?

María: No, son para la hija de esta señora.

Dependienta: ¿Y tiene su hija las orejas agujereadas, señora, porque estos pendientes son para orejas agujereadas?

Joan: Sí, tiene las orejas agujereadas. Aquéllos también son muy bonitos.

Dependienta: ¿Estos? Estos son de oro macizo, señora, y valen seis mil pesetas.

Joan: ¿Qué te parece, María, ésos o éstos?

Vamos de compras

María: Esos de oro son preciosos y muy vistosos. Creo que le van a gustar ésos.

Joan: Estos entonces.

Dependienta: Muy bien, señora. ¿Alguna cosa más?

Joan: Pues necesito algo para mi yerno, pero él no suele llevar joyas.

Dependienta: Pues tenemos unos gemelos muy bonitos, señora. ¿Quiere verlos?

Joan: No, gracias. Creo que le voy a comprar una corbata. ¿Dónde está la sección de ropa para caballeros?

Dependienta: Está en la cuarta planta, señora.

Joan: Gracias. Y los pendientes valen seis mil pesetas, ¿verdad?

Dependienta: Eso es, señora. ¿Quiere pagar en caja? Es por aquí.

Diálogo 2

A Juan López y a David Robinson no les gustaba mucho la idea de ir de compras por los almacenes y, por eso, subieron a la sexta planta y entraron en la cafetería. Allí tomaron café y Juan López empezó a hablar con David.

Juan: ¿Tú sabes una cosa, David? Con el inglés que aprendiste cuando eras niño, y el español que ahora hablas tan divinamente, puedes hablar con más gente en más países que con cualesquiera otros dos idiomas.

David: ¿De veras? Yo no sabía eso.

Juan: Pues claro. Mira, el español se habla aquí en España y en más de veinticinco países de América del Sur. El único país de América del Sur donde no se habla el español es el Brasil porque allí se habla el portugués.

David: ¿Cómo es eso?

Juan: Por el Papa que se mete en todo. Escucha; cuando Cristóbal Colón descubrió América en mil cuatrocientos noventa y dos, los españoles y los portugueses querían explotar la riqueza del Nuevo Mundo pero no llegaron a ponerse de acuerdo. Primero los portugueses querían trazar una línea horizontal por las Islas Canarias con toda la tierra descubierta al norte para España y la descubierta al sur para Portugal. Pero los españoles no estaban de acuerdo, y por fin el Papa trazó una línea vertical de polo a polo a una distancia de trescientas setenta leguas al oeste de las Islas de Cabo Verde. Esa línea dividió el continente de América del Sur en dos partes: una para España y otra para Portugal. La tierra descubierta al este de la línea llegó a ser el Brasil y la descubierta al oeste los otros países de América del Sur.

David: ¡Qué interesante! Y por eso hoy en día se habla el portugués en el Brasil.

Juan: Y ahora vamos a buscar a María y a tus padres, ¿no? ¡Camarero! ¿Quiere cobrar?

Diálogo 3

María, Joan y Robert llegaron a la sección de ropa para caballeros en la cuarta planta y se pusieron a escoger una corbata para Peter.

Dependiente: Buenos días. ¿En qué puedo servirles?

Robert: Quisiera ver algunas corbatas, por favor.

Dependiente: ¿De qué color quiere la corbata?

Robert: ¿Qué colores le gustan a Peter, cariño?

Joan: El azul oscuro, o quizás el rojo.

Dependiente: Pues ésta es muy bonita, señor.

Robert: ¿De qué es?

Dependiente: Es de seda pura, señor.

Joan: Aquélla es muy bonita. A Peter le gustan las corbatas elegantes, y aquélla es muy elegante.

Dependiente: ¿Esta roja oscura rayada de blanco? Sí, tiene usted razón, señora, es muy elegante.

Joan: ¿Cuánto vale?

Dependiente: Vale dos mil pesetas, señora. ¿Esta?

Joan: Sí, ésa, por favor. ¿Te gusta a ti, Robert?

Robert: Sí, me gusta mucho, y creo que le va a encantar a Peter.

Dependiente: ¿Algo más?

Joan: No, gracias.

Dependiente: ¿Quiere pagar en caja? Es por aquí.

Diálogo 4

Por fin llegó la hora de la salida y los Robinson y los López fueron al aeropuerto de Barajas. Allí todos se pusieron tristes porque había llegado el fin de sus vacaciones.

Robert: Muchísimas gracias por todo. Lo hemos pasado magníficamente bien. Han sido las mejores vacaciones de mi vida.

Joan: Sí, es verdad. Nunca hubiera creído que podría divertirme tanto.

María: Pues para nosotros ha sido todo un placer enseñar nuestro país a nuestros amigos ingleses.

David: Y vosotros vais a venir a Inglaterra el año que viene, ¿verdad? Quiero enseñaros el norte de Inglaterra, porque todavía hay muchos sitios muy bonitos que no habéis visto.

Juan: Os prometo que iremos a veros el verano que viene sin falta y pasaremos unas vacaciones juntos en Inglaterra.

David: ¿En qué mes podréis venir?

Juan: Bueno de eso hablaremos más tarde. Todo dependerá del trabajo que tengo en la oficina, pero os escribiré por Navidad para deciros cuándo podremos ir.

Joan: Bueno, me parece que tenemos que ir a coger el avión. Adiós, Juan, adiós, María y mil gracias por todo.

218

David: Adiós, y muchas gracias.
Robert: Adiós, y hasta la próxima, ¿eh?
Juan: Adiós, y buen viaje.
María: Adiós, y recuerdos a Barbara y a Peter.

12.2 VOCABULARIO

de vuelta (estar . . .)	back (to be . . .)
la bisutería	costume jewellery
la escalera móvil	escalator
echar de menos	to miss (someone)
a menudo	often
llamativo	showy, dressy
la oreja	ear
agujerear	to pierce (ear, etc.)
macizo	solid
el yerno	son-in-law
los gemelos	cufflinks
la corbata	tie
la planta	floor (of shop)
el Papa	Pope
meterse	to get involved in, meddle
trazar	to trace, draw
la legua	league (about 3 miles)
escoger	to choose
rayar de	to stripe with
triste	sad
el placer	pleasure
enseñar	to show, teach
la Navidad	Christmas

12.3 EXPLANATIONS

(a) Spanish as an international language

On 3 August 1492 Christopher Columbus left Palos in the south of Spain and sailed west to discover a new route to the Indies. On 12 October of the same year, he arrived at Guanahaní and thought he had reached India. He therefore called the inhabitants Indians, a name they still retain today. Columbus made three further journeys to South America and discovered the mainland on his third journey without realising he had discovered a new continent. He died on 20 May 1506, still ignorant of the great discovery he had made.

There followed in Columbus's footsteps a whole series of adventurers, collectively known as the Conquistadores, with Francisco Pizarro and Hernán Cortés among the most important, who brutally conquered the New World for the Crown of Spain. They went in search of gold and pursued ferociously the idea of El Dorado, who was thought to be a godlike figure who plunged into a sacred lake covered in gold with other gold ornaments flung in to placate the local gods. They found gold, but with their wars and the diseases they brought with them from Europe, they decimated the local populations.

Soon the whole of the New World, with the exception of the area later known as Brazil, was under a tenuous Spanish colonial rule, with the authority of the Spaniards confined to the major cities and plains with the hills in the hands of the local populations. Spanish became the official language of the countries of South and Central America, although local languages such as Guaraní, Mayan and Quechua survived and still survive. In fact, in Mexico, a country where many local languages survive, Spanish is used as a kind of *lingua franca* as Latin was in medieval Europe.

The principal difference between the Spanish spoken in Spain and that found in South America is the absence in South American Spanish of the pronunciation of 'z', ce and ci as if they were the initial sound of the English word 'thin'. In South America these consonants are pronounced as 's' and the phenomenon is known as seseo. Of course, there have been many borrowings from local languages, in particular the names of native flora and fauna, and the grammar of South American Spanish does differ from that of the Spanish of Spain. In some ways the Spanish of South America is 'purer' than that of Spain because, having been exported there in the 15th century, it remained free from the many influences which have subsequently affected the Spanish of Spain.

South Americans find the Spanish spoken by Spaniards, or by those who have learned their Spanish in Spain, slightly affected or modestly charming, but they also find it comprehensible. Therefore, apart from being one of the five languages used at the United Nations, Spanish can lay claim, along with English, to being a truly international language.

(b) The ordinal numbers 1st-10th-*grammar reference page 297*
These are used:

(i) to refer to titles:
Isabel Segunda   Elizabeth II

(ii) to refer to a series:
La cuarta casa a la derecha.   The fourth house on the right.

They are rarely used beyond tenth: décimo

La décima página	The tenth page
La página once	The eleventh page

(c) Saying that you miss someone or something: echar de menos – *grammar reference page 295*

Echo de menos a mi hija.	I miss my daughter.
Te echo mucho de menos.	I miss you a lot.
Echamos de menos los viejos tranvías.	We miss the old trams.

(d) Referring to 'this one, that one, these or those': éste, ése o aquél

The Demonstrative Pronouns are the same as the Demonstrative Adjectives except that they are marked by a stress mark to avoid confusion.

Este is used by the speaker to refer to something near to him or her.

Quiero éste, por favor.	I want this one, please.

Ese is used to refer to something near the person spoken to.

¿Quiere darme ése, por favor?	Will you give me that one, please?

Aquél is used to refer to something distant from both.

¿Quiere enseñarme aquél, por favor?	Will you show me that one over there, please?

Since they are pronouns, they agree with the noun they replace.

¿Una corbata? ¿Esta, ésa o aquélla?	A tie? This one, that one or that one over there?
¿Unos guantes? Estos, ésos o aquéllos?	Some gloves? These, those or those over there?

The same pronouns also refer to people.

Ese es mi padre.	That is my father.

(Notice that the stress mark is not placed on capital letters at the beginning of a sentence.)

(e) Adding 'ever' or 'soever' to relative pronouns and adverbs: the quiera ending

You add quiera to the word in question.

Cual = which, what

Cualquier cosa que digan.	Whatever they say

(Cualquiera may drop the final a before nouns).

These indefinite expressions are often followed by the subjunctive.

Quienquiera que sea.	Whoever he may be.
Dondequiera que vayamos.	Wherever we may go.
Cuandoquiera que vuelvan.	Whenever they return.

(f) Uses of the verb meterse

This useful verb can convey the idea of 'meddling in':

¡No te metas donde no te llaman!	Don't meddle where you're not wanted.
¡No se meta en lo que no le importa!	Don't meddle in what is not your business.

(g) Saying that you have reached an agreement: ponerse de acuerdo –
grammar reference page 296

You use ponerse de acuerdo:

No se pusieron de acuerdo.	They did not reach an agreement.
A ver si nos ponemos de acuerdo.	Let's see if we can reach an agreement.

(h) Uses of the verb cobrar

This verb conveys all the ideas of 'getting paid, charged, what is coming to you, etc.

¿Quiere cobrar?	How much is it? (In a bar, café, etc.)
Cobran demasiado.	They charge too much.
Hoy cobro.	I get paid today.
¡Cuidado, o vas o cobrar!	Watch out, or you'll get what's coming to you!

(i) Expressing astonishment, disbelief, etc: Nunca hubiera creído –
grammar reference page 293

The Pluperfect Subjunctive can be used to express disbelief, etc.

Nunca lo hubiera creído.	I would never have believed it.
¡Quién lo hubiera dicho!	Who would have said that!

12.4 EXERCISES

Exercise 1   ¿Qué se dice?

Usted: (Ask whether your friend misses his son when he is away from Spain.)

Su amigo: No mucho. El tiene su propia vida con su mujer en Toledo y le veo a menudo cuando estoy en casa.

Usted: (Ask what he wants to buy for his son.)

Su amigo: Pues le gustan mucho las corbatas, sobre todo las corbatas llamativas.

Usted: (Ask about this one; say it is fairly showy.)

Su amigo: ¿De qué es?

Usted: (Say you do not know but you'll find out and call the shop assistant.)

Dependiente: Sí, señor. ¿Qué deseaba?

Usted: (Ask what the tie is made of.)

Dependiente: Es de seda pura, señor.

Usted: (Ask if he has it in red.)

Dependiente: Sí, señor. Aquí tiene usted.

Usted: (Say you like it and ask the price.)

Dependiente: Vale dos mil pesetas, señor.

Usted: (Say you'll take it.)

Dependiente: Gracias, señor. ¿Algo más?

Usted: (Say no, but ask your way to the costume jewellery department.)

Dependiente: Está en la segunda planta, señor.

Usted: (Thank him and give him the 2000 pesetas.)

Dependiente: Gracias, y muy buenas tardes.

Exercise 2   ¿Qué se dice?

Dependienta: Buenas tardes. ¿Qué desea?

Usted: (Ask to see some ear-rings.)

Dependienta: ¿Qué clase de pendientes le gustan?

Usted: (Ask to see some large, and rather showy ear-rings.)

Dependienta: ¿Estos quizás?

Usted: (Say you quite like them, but prefer the ones over there.)

Dependienta: ¿Estos?

Usted: (Say yes, and ask what they are made of.)

Dependienta: Son de oro.

Usted: (Ask if they are of solid gold.)
Dependienta: Sí, son de oro macizo.
Usted: (Ask the price.)
Dependienta: Valen cinco mil pesetas.
Usted: (Say you will take them and give her the 5000 pesetas.)
Dependienta: Gracias. ¿Algo más?
Usted: (Say no and take your leave.)

Exercise 3   ¿Qué se dice?

Select a phrase from the second column which makes best sense with one from the first.

¿Le gusta éste?	No, está prohibido.
¿Dónde tienes el gato?	Son de Colombia.
¿A qué hora se sirve la cena?	Es de algodón.
¿De dónde sale el tren para Madrid?	Porque no tengo hambre.
¿Se puede aparcar aquí?	La salida.
¿Dónde se vende la gasolina?	Estoy por bañarme.
¿Para qué sirve?	Cómprame una revista.
¿Te importa que llegue tarde?	Póngame un café solo.
¿De dónde son?	Es bonito, pero me gusta más aquél.
¿De qué es la blusa?	Sirve para abrir latas.
¿Por qué no has comido la chuleta?	Del andén doce.
¿Qué vas a hacer?	Está en el maletero.
¿Qué quieres que te compre?	En la estación de servicio.
¿Qué busca usted?	A partir de las ocho.
¿Qué le pongo?	No me importa un pepino.

Exercise 4   ¿Qué número es?

1. ¿Cuál es el quinto día de la semana?
2. ¿Cuál es el octavo mes del año?
3. ¿Cuál es la primera estación del año?
4. ¿Quién es Isabel Segunda?
5. ¿Cuál de los Enriques tuvo tantas mujeres?

Exercise 5   Do you miss it?

1. ¿Echa usted de menos a su familia cuando está fuera de Inglaterra?
2. ¿Echa usted de menos los antiguos tranvías de Londres?
3. ¿Echa usted de menos su vida en el colegio?
4. ¿Echa usted de menos los años cincuenta?
5. ¿Echa usted de menos el sol de España cuando usted está en Inglaterra?

Exercise 6 Which one do you want?

1. ¿Qué blusa prefiere usted, ésta o aquélla? (that one over there)
2. ¿Qué pendientes quiere usted, éstos o ésos? (these)
3. ¿Qué revista le gusta más, ésa o aquélla? (that one over there)
4. ¿Qué coche va a comprar, éste o ése? (this one)
5. ¿Qué camisas prefiere, ésas o aquéllas? (those)

Exercise 7 ¿Quiere cobrar?

1. ¿Cobra usted mucho por su trabajo?
2. ¿Cobran mucho en los restaurantes donde come usted?
3. ¿Cuánto cobran por entrar en el cine en su ciudad/pueblo?
4. ¿Qué día de la semana o del mes cobra usted?
5. ¿Cobran demasiado en los bares de España?

Exercise 8 Vamos a traducir

You are trying to find a Spanish course in Spain for a friend's daughter, and receive the pamphlet shown opposite from a school in Madrid. What can you tell your friend about the school?

NUEVA ESCUELA es una Escuela de Idiomas autorizada por el Ministerio de Educación, perteneciente a ACEDIM (Asociación de Centros de Enseñanza de Idiomas de Madrid) y a la FECEI (Federación Española de Centros de Enseñanza de Idiomas), con un gran prestigio académico.

Su fin es ofrecer una enseñanza de español de primera categoría, en grupos muy reducidos, con una atención muy personal a cada alumno.

La Escuela está radicada en la zona más moderna y más agradable de Madrid. Con unas instalaciones muy actuales y técnicamente adecuadas.

Los profesores son graduados universitarios altamente cualificados.

Los Cursos se diseñan según las necesidades de cada alumno individualmente. Trabajando en grupos de 6 alumnos como máximo, desde 1 hora de clase diaria a 6 horas de clase diaria.

Si selecciona a NUEVA ESCUELA estará seguro de elegir, además de la garantía en la enseñanza, el curso más adecuado para sacar el mayor provecho a su aprendizaje de español.

ESPAÑOL EN ESPAÑA

Ofrecemos cursos de español para:
— ejecutivos,
— universitarios,
— estudios generales,
— comercio,
— principiantes y adelantads.

También ofrecemos:
— cursos muy intensivos,
— cursos de larga duración,
— cursos en grupos muy reducidos y clases individuales,
— visitas, excursiones, etc.

En caso de que usted tenga unas necesidades determinadas, puede dirigirse a:

NUEVA ESCUELA, especificando cuáles son sus necesidades concretas:
— aprobar un examen,
— obtener un diploma,
— aprender español administrativo,
— español técnico,
— incluso enseñar español en su país.

NUEVA ESCUELA podrá ayudarle también a encontrar alojamiento en un hostal o en un hotel en las cercanías de la Escuela.

NUEVA ESCUELA. Enseñanza Audiovisual de Idiomas.
Pedro Muguruza, 1 - Juan Ramón Jiménez, 26.
Teléfs. 250 54 83 - 458 82 44 - Madrid

Exercise 9   Vamos a escribir

After they arrive home, the Robinsons write to the Lopezes to thank them for the holiday. Read their letter, answer the questions and then compose a similar letter of thanks, taking your cues from the information given below.

Queridos amigos:

Volvimos a casa sanos y salvos después de pasar unas vacaciones magníficas con vosotros. Llegamos a Londres a las cinco de la tarde donde nos estaba esperando Barbara que estaba en Londres con su marido que asistía a un congreso de médicos. Cenamos con ellos antes de coger el tren para York y cuando les contamos lo bien que lo habíamos pasado en España se pusieron verdes de envidia y nos dijeron que el año próximo van a venir con nosotros.

Ahora os escribimos para agradeceros otra vez el habernos ofrecido las mejores vacaciones de nuestra vida. Nunca olvidaremos esos días de sol y de risa que pasamos con vosotros ni olvidaremos nunca aquella cena magnífica que tomamos juntos en aquel restaurante gallego en Vigo.

Esperamos veros aquí entre nosotros el año que viene, pero no podemos prometer que ni el tiempo ni la comida serán tan buenos como los que hemos disfrutado en España.

Un abrazo muy fuerte de
Vuestros amigos ingleses,

1. What condition were they in when they got home?
2. When did they arrive in London and who was waiting for them?
3. Why was she in London?
4. What did they do before catching the train for York?
5. How did Barbara and her husband react to being told about the holidays?
6. What do they intend to do next year?
7. What will they never forget about the Spanish holiday?
8. Which particular event stands out in their memory?
9. What do they hope for next year?
10. What can they not promise to their Spanish friends?

Now write a letter to some Spanish friends based on the following:
1. You got back to Manchester at 3 pm where your son was waiting because he was in Manchester attending a students' congress.
2. You had dinner with him before catching the train for Wakefield and told him about the holidays. He was very envious and asked if he could come with you next year.

3. You are writing to thank them for a splendid holiday. You will never forget the pleasant days on the beach, nor the magnificent lunch you had near the beach at Benidorm.
4. You hope to see them in England at Christmas, but cannot promise that the weather or the food will be as good as that which you enjoyed in Spain.

12.5 ¿COMPRENDE USTED EL ESPAÑOL HABLADO?

You are in Barajas airport in Madrid with a particularly nervous friend who does not understand Spanish but who insists that he must not miss his flight, the Iberia flight no. 236 to Manchester. Each time an announcement is made, he insists on knowing what it is about. Listen to the cassette and tell him.

Flight Announcements
1. La señorita Isabel González, representante de la compañía Miramar, a la puerta dos en seguida, por favor.
2. El señor Ramón Pérez, pasajero en el vuelo de Iberia número 127 con destino a Buenos Aires, al Control de Pasaportes, por favor.
3. Líneas Aéreas Iberia anuncia la llegada de su vuelo número 125 desde Sevilla.
4. El vuelo Iberia número 142 para Caracas va a salir dentro de breves momentos. Todos los pasajeros a la puerta 20, por favor.
5. British Air anuncia la llegada de su vuelo, número 80, procedente de Londres. El retraso en este vuelo es debido al mal tiempo que hace ahora en la capital inglesa.
6. Líneas Aéreas Iberia anuncia la salida de su vuelo, número 236, destino Manchester. Todos los pasajeros a la puerta 18, por favor.

12.6 LECTURA

Bullfighting, the second most popular spectator sport in Spain after football, causes violent discussion among Spaniards, just as it does among people from other countries. Now that Spain is a member of the European Community, some European politicians are seeking to have bullfighting banned, but it must be remembered that bullfighting in Spain would have collapsed for economic reasons long ago were it not for the vast numbers of tourists from those very European countries.

Muchos turistas que van a España quieren ver una corrida de toros pero, ¿qué son los toros: arte o barbarie? Lea con cuidado este artículo de la prensa española y luego conteste a las preguntas en inglés. Hay un vocabulario para ayudarle.

Toros: arte o barbarie

¿La fiesta nacional es una demostración exquisita de talento o un rito cruel que debería ser proscrito?
La polémica sobre el tema continúa, infatigable, con su apasionante colisión de valores: la reivindicación de una ceremonia fascinante, profundamente enraizada en la cultura española, contra el espectáculo de la sangre, la muerte, las cornadas y los puntazos que repugnan a muchas buenas conciencias.
CAMBIO 16 ha consultado a 21 famosos que manifiestan sus apasionadas opiniones sobre el tema.

ARTE

Soledad Becerril (ex ministra de Cultura del Gobierno de la UCD): «Sin discusión ninguna, arte.»

Antonio de Senillosa (político): «Arte. Sin ninguna duda, arte. Me parece que es bueno el desahogo de la agresividad en una fiesta, la descarga de adrenalina. Las dosis de salvaje y de barbarie que llevamos dentro es mejor que se explayen en una fiesta de arte, con cánones estéticos. Y, además, el toro no sufre en absoluto.»

Pablo Serrano (escultor): «Toda creación es un riesgo de vida o muerte, y el acto del toreo es muy bello. Desconozco técnicamente el toreo porque no soy aficionado, y ver sangre nunca es agradable, pero es bello por el riesgo de morir, aunque no sea agradable ver morir a un animal.»

Assumpta Serna (actriz): «Los toros me están empezando a parecer arte. Estoy aprendiendo a verlos. El domingo pasado estuve en una corrida, cosa que antes hubiera sido impensable. Como aficionada, soy una profana que escucha mucho.»

Massiel (cantante): «El arte de la tauromaquia es reconocido por todo el mundo. Sólo cuando se torea mal, cuando el matador no encuentra su sitio con la espada y somete a su rival a un castigo injusto por su falta de habilidad o de arte, la gran fiesta se convierte en una carnicería para el toro. Creo que los toros son cada día más para gente "enterada" aunque se da el fenómeno de que cada vez acuden más extranjeros a las plazas. Estoy a favor de la fiesta.»

BARBARIE

Luis Solana (presidente de Telefónica): «Estoy absolutamente en contra de la fiesta de los toros. Me parece un resto de salvajismo atávico de los seres humanos que se ha refugiado en España. Sería partidario de su supresión por ley orgánica, encargando a la Guardia Civil de su cumplimiento y repartiendo la carne de todas las ganaderías bravas entre los parados.»

Jorge Valdano (futbolista): «Respecto a los toros, yo creo que una fiesta de sangre y de muerte en la que siempre gana el mismo hay que emparentarla forzosamente con la barbarie. Me desconcierta el hecho de que buena parte de los intelectuales de este país hayan sostenido a lo largo de este siglo que se trata de la fiesta del arte por excelencia.»

ARTE Y BARBARIE

Miguel Delibes (escritor): «Es un espectáculo. Pero a mí me duele, aunque soy cazador, que la muerte de unos animales se exhiba como espectáculo público. Si tuviera que decidir sobre mantenerla o no, lo pensaría, porque los demás también tienen su opinión y su voto, y yo lo respeto. Puede tener su arte o, quizá mejor, su vistosidad, pero las corridas son un espectáculo con un suplicio paulatino: las puyas, las banderillas. . . Yo he ido muy pocas veces y, cuando lo he hecho, ha sido para ver de qué se trataba. Y desde luego me ha causado sufrimiento.»

José Caballero (pintor): «El espectáculo de los toros es ambas cosas, pero es superior el arte a lo que tiene de barbarie. Es un arte de enorme belleza plástica comparado con las peleas de gallos o las carreras de coches, que son mucho más brutales y menos bellas. Yo creo que no es barbarie, porque la barbarie no tiene límites, sino crueldad, ya que hay un mayor refinamiento. A la hora de decidir, a pesar de mi amor por los animales, creo que la fiesta debe continuar porque está muy conectada con todo lo español.»

Chumy Chúmez (humorista): «Son las dos cosas y, por tanto, también son barbarie. Yo rechazo los toros y no me gustan, pero porque yo quisiera ser el torero. A mí los toros me dan envidia, rabia y miedo. Envidia, sobre todo, de los toreros, de que sean tan famosos, tan guapos, de que vayan vestidos de bombillas y la gente les aplauda.»

Carlos García Gual (catedrático): «Me parecen las dos cosas, porque se ha hecho arte de un rito y una costumbre bárbara, con notas crueles. Existe todo un ceremonial y comportamiento artístico en torno a los toros, aunque hoy sólo lo aprecian unos pocos y son muchos más los que ven en ellos una fiesta sanguinolenta y espectacular. »

Pablo Castellano (político): «No son ninguna de las dos cosas, porque es una fiesta popular. Los toros son destreza, valor, etcétera, pero de ahí a la categoría de arte, ni hablar.»

Ian Gibson (historiador): «Yo creo que los toros son arte, pero personalmente no me atraen por mi educación protestante y británica. No tolero el espectáculo de la sangre derramada, pero no estoy en contra en absoluto.»

Fernando Delgado (actor): «En teoría son arte y, en realidad, barbarie. Cuando sale bien es arte. Y cuando no, una carnicería, una burrada. Lo que se ve en las plazas, una vez cada cinco meses, es arte.»

Jesús del Pozo (diseñador de modas): «Es un arte bárbaro. A mí me encantan los toros y yo siento la fiesta muy dentro, pero comprendo que es inhumana en muchas cosas, que no hay derecho a que se castigue así al animal. Creo que la fiesta me gusta porque estoy acostumbrado a ella. Estimo que tiene un 50 por ciento de arte y otro 50 por ciento de barbarie.»

Ana Torrent (actriz): «En los toros hay cosas que me parecen arte, sobre todo cuando el torero los burla con la capa. Pero al final es un espectáculo que me da pena. No puedo ver matar ni a una mosca.»

Félix Alcalá Galiano (inspector general de la Policía Nacional): «No soy entendido en la fiesta, pero creo que en ella hay arte, aunque la suerte de varas no me gusta. Me agradaría una fiesta sin picadores, aunque supongo que para muchos entendidos esto será una herejía. Francamente, ese aspecto de la fiesta me disgusta, aunque quizá esté diciendo una tontería. Para mi, mitad arte y mitad barbarie.»

Julio Caro Baroja (antropólogo): «Más que una barbarie, me parece un lugar común un poco apestoso. Algo que cansa, que aburre y que es un cliché un poco cargante para España. Gran responsabilidad en ello tienen los extranjeros, que son los que más hablan de los toros para denigrar a España y son los que más van a las plazas.»

Lola Forner (actriz): «Creo que los toros son más arte que barbarie, pese a que al final hay un sentido trágico. Yo odio ver matar, pero también se matan los corderos y las terneras. En los toros también está justificada la muerte como culminación. No soy muy aficionada, pero creo que es una herencia cultural española digna del mayor respeto.»

1. What is Antonio de Senillosa's view about the cruelty of the bullfight?
2. What does Pablo Serrano find attractive and unattractive about the bullfight?
3. What is happening to Assumpta Serna?
4. When does Massiel not find the bullfight attractive?
5. What would Luis Solana do about bullfighting?
6. What is Miguel Delibes's view?
7. Why does the bullfight not attract Ian Gibson?
8. How does Jesús del Pozo view bullfighting?
9. What is Ana Torrent's opinion?
10. What opinion does Julio Caro Baroja have about foreigners and bullfights?

Vocabulario

el desahogo	relief
explayarse	to spread out
el riesgo	risk
la profana	ignorant person (*fem.*)
el partidario	supporter
desconcertar	to puzzle, worry
la pelea	fight
rechazar	to reject
la burrada	stupid act
castigar	to punish, ill-treat
apestoso	sickening
odiar	to hate
la herencia	inheritance

COSAS DE ESPAÑA 3

ESPAÑA ES ASI

People go to Spain for any number of reasons, and the article published by *Cambio 16* in its section **Extra Vacaciones** (pp.234–40) gives fifty reasons for visiting Spain. Many of the attractions will be known to you, but some may trigger off a new interest.

Vocabulary

el patrimonio	heritage
recomponerse	to recover
el manjar	food
la tasca	inn, tavern
chispeante	sparkling
la juerga	spree
rematar	to end, finish off
manducar	to eat, stuff oneself
el rebaño	flock (of sheep)
el lobo	wolf
ahuyentar	to drive away
el olfato	sense of smell
el piropo	compliment
ligar	to pick up (girl, boy)
la cigueña	stork
gozar	to enjoy
embobarse	to be amazed by
los mariscos	shellfish
irse a la zaga	to leave behind
disfrutar	to enjoy
el peregrino	pilgrim
trazar	to trace
añejo	old, mature

50 razones por las qu

El sol

El sol es patrimonio de todo el sistema planetario y brilla en cualquier parte, pero en España, durante el verano, es una bendición constante: trescientas sesenta y dos horas de sol en Málaga durante julio, trescientas ochenta y siete en Madrid durante el mismo mes veraniego. Más de la mitad de los sobrados 40 millones de turistas que recibe España llegan fascinados por el sol. Gracias a él consiguen recomponerse después de los largos, oscuros, nublados meses del invierno nórdico y participar de la fiesta veraniega con semejante luminaria.

Las espadas de Toledo

Gran parte de la rica tradición militar española ha sido recogida por las fábricas de espadas y reproducciones de armas antiguas, situadas principalmente en Toledo, centro de uno de los aceros más famosos del mundo. Un *souvenir* de bajo precio, que fascina a los turistas, testimonio de una España conquistadora de tiempos pasados.

La tortilla de patatas

La materia prima vino de América en el siglo XVI y, probablemente, la primera mezcla de patatas con huevo la hizo un francés. Pero la tortilla de patatas es, a pesar de todo, inequívocamente española: un manjar simple y delicioso, siempre listo, frío o caliente, en cualquier tasca, bar o restaurante español.

Los españoles

Nada más variado y complejo que eso que se conoce como *los españoles*. Hay 38 millones para todos los gustos, pero con algunos denominadores comunes: la mediterránea alegría de vivir, la actitud abierta ante los visitantes, el deber de la hospitalidad, la generosidad, la capacidad de improvisación y la informalidad. Des-

de rudos vascos o melancólicos gallegos hasta los chispeantes andaluces, desde e culturales bañistas hasta ser tenciosos ancianos pueblerinos, lo mejor de España —qu duda cabe— son los españole

El chocolate con churros

«Las cosas claras y el chocolate espeso», dice un viejo refrán castellano, a ser posibl

con churros o porras. Tomad al amanecer, después d correr la juerga, es indispensable para irse a la cama con estómago (además del corazón) contento.

Los paradores nacionales

Son únicos en el mundo permiten a cualesquiera hijo de vecinos vivir como señore

paña es fascinante

...dales en un viejo castillo, ...no abades en antiguos mo... terios o como reyes en pa... os, pero con el confort del ...o XX. Los paradores nacio... es —en buena parte, edifi... s históricos restaurados y ...ilitados como hoteles— ...una institución de la que ...uede gozar a todo vapor en ...aña por precios ridículos, ...e los traduce a dólares.

as frutas

...resas, melocotones, albari... ...ues, naranjas, uvas, cere... ...s, guindas, picotas, melo... ...s, sandías ponen color y ju... ...al verano español. A se... ...ante *ensalada* de frutas ...ciosas se han añadido en ...últimos años los productos ...tropicales cultivados en Al... ...ría y Canarias: piñas, man... ...s, kiwis, chirimoyas, agua... ...es y los plátanos de las ...rtunadas.

pescado

...ina merluza de anzuelo, ...quisito rodaballo, atún, me... ...bacalao: el pescado del nor...

El cachondeo ibicenco

Para muchos es la Pompeya moderna, donde aparecen y desaparecen toda clase de grupos dedicados a la práctica del hedonismo. el esnobismo, la sofisticación y el culto de una estética tan frívola como exigente, todo ello, enmarcado por señoras y señores que no tienen más que ser guapos. De todos modos, Ibiza tiene sobrada fama en toda Europa y parte del extranjero como tierra del desmadre veraniego y el delirio para todos los gustos.

La siesta

Si no es exactamente un *invento* español, la palabra *siesta*, al menos, ha pasado a mu-

chos idiomas para definir una institución social desconocida en otras latitudes. La costumbre de sestear es la cosecuencia de la trasnochada, del opíparo almuerzo, del agobiante calor y del placer por practicar el ocio sistemático y estar en condiciones de lanzarse a la juerga viva de la noche en las mejores condiciones físicas y anímicas.

El tabaco negro

La fama y la buena comercialización en el extranjero del tabaco negro de cigarrillos la tienen los franceses. Pero España, sin duda, tiene la mejor materia prima y las mejores labores a precios que resultan irrisorios: 25 céntimos de dólar por una cajetilla de excelentes cigarrillos negros. Algo parecido ocurre con los cigarros puros elaborados en Canarias, de alta calidad y precios más que módicos, ideales para rematar gozosamente una buena comida.

El tapeo

Es una costumbre típicamente española: acodarse en la barra, beberse el vino o la cerveza y comer la tapa que viene adjunta mientras se le da al palique. Y luego, repetir lo mismo en otras tascas o bares, antes de decidirse al almorzar o a cenar. La *tapa*, ese bocadito que sirve para *tapar* los efectos etílicos, ha dado nombre a la costumbre que es moneda corriente de amistad.

...es una de las glorias gastro... ...micas de España. Gallegos, ...turianos, cántabros y vascos ...sólo saben cómo pescarlo, ...no, sobre todo, cómo prepa... ...rlo para chuparse los dedos.

Granada y la Alhambra

«Dale limosna, mujer / que no hay en la vida nada / peor que la pena de ser / ciego en Granada», pedía un poeta del 98 a las visitantes del Albaicín y el Generalife. Granada y su inigualable Alhambra, construida en el fino y frágil estilo nazarí, constituyen uno de los grandes tesoros de España y, según una reciente declaración, patrimonio de la humanidad.

Las cerámicas y los Lladró

Prácticamente cada región española tiene su propia cerámica depurada a través de los siglos o milenios: las archifamosas de Talavera de la Reina, Puente del Arzobispo o Manises, o las menos conocidas de Lanzarote o de Olot en Cataluña. Las figuras lánguidas y románticas de la fábrica Lladró, de Valencia, consideradas kitsch por algunos, han sido repartidas por todo el mundo: los turistas se pirran por los Lladró como souvenir de España.

La paella

Es el más famoso plato español en el extranjero, maltratado en todas las latitudes, inclusive en España. No abundan los sitios donde manducar una buena paella, porque tampoco es moco de pavo prepararla como es debido. Sin embargo, ¿dónde si no en la costa valenciana y alicantina, y en algunas sucursales dignas, se puede incursionar con éxito en el delicioso arroz levantino? La mesa está servida.

El jamón de jabugo

La pata negra de cerdo ibérico, alimentado con bellotas y curada en la serranía de Huelva, es la quintaesencia del jamón: nada más exquisito, con sus precisas inserciones de grasa. La peste porcina africana (absolutamente inocua para el hombre) impide su exportación, por lo que el jamón de Jabugo es una delicia que hay que catar y gozar en España.

El Corte Inglés

Allí se pueden encontrar desde alfileres hasta coches, desde las 10 de la mañana a las 8 de la noche, excepto domingos. Cada año sus centros comerciales venden más de 200.000 millones de pesetas en toda clase de artículos. El Corte Inglés, catedral española del consumismo, es un punto de atracción y de visita obligada para los turistas, y, naturalmente, para millones de españoles, en cualquiera de sus 16 grandes almacenes, que poco tienen que envidiar a sus mejores homónimos del extranjero.

Las compras en puertos franc·

Además de los chollo· gangas de la Península, Es· ña tiene puertos francos, d· de todos los artículos de ·portación —especialmente· electrónicos— no pagan ar· celes y son, por tanto, es· cialmente baratos: Ceuta, · lilla y las islas Canarias, · sus dos grandes mercados· Santa Cruz de Tenerife y · Palmas de Gran Canaria. · ellos se añade, en la fron· norte, Andorra, a pocos k· metros de Barcelona.

Los mastines españoles

Antiguos guardaespaldas · los rebaños de cabras y de · jas que pululaban por bu· parte de la geografía españ· los mastines, producto típ· mente nacional, constitu· una de las razas caninas · impresionantes: su tamañ· su fuerza corren parejo con· bondad y fidelidad al a· Hoy ya quedan pocos lob· los que ahuyentar para de· der el rebaño, y este desco· nal moloso se ha converti· sobre todo, en un leal am· del hombre.

«jet-set»
arbellí

lguna princesa germánica
a jet-set malagueña dijo no
e mucho que ellos eran el
ielo en el que los españoles
itaban verse. Por encima de
·outade farolera, la beautí-
people de Marbella consti-
e uno de los espectáculos
manentes más divertidos
Europa. Allí se congregan
iles en decadencia, multi-

lonarios árabes, estrellitas
a ambiciones, aventureros
fesionales y científicos dis-
guidos, dedicados a darse la
n vida.

jerez

:n la tierra albariza de la zo-
de Jerez de la Frontera, en
diz, se produce la materia
ma para uno de los vinos
is célebres del mundo: el fi-
y sus numerosas varieda-
s: oloroso, manzanilla,
iontillado, cream o jerez
ioroso. Cada uno en su tipo
n su momento es una baca-
I para los sentidos de la vis-
el olfato, el gusto.

ligue

Posiblemente sean los italia-
s los campeones del aborda-
inesperado e informal de las
ijeres en los sitios públicos.
ro también en España es
a vieja institución, precedi-
tradicionalmente por el le-

gendario piropo (cada vez más
escaso, lamentablemente) y
ahora por el conocimiento cir-
cunstancial e improvisado con
miras... a lo que salga. Hoy, los
que pretenden ligar no son solamente ellos, sino también
ellas, con todo derecho. Desde
luego, constituye un recurso
ideal para los visitantes, que,
por supuesto, no tienen quien
les presente al rubio o a la morena ésa.

Los precios

Para los apasionados del
consumo y también para los
otros, España es un paraíso de
compras. Hoy por hoy es uno
de los países más baratos de
Europa, donde un litro de
buen vino de Valdepeñas vale
30 céntimos de dólar; un hotel
de cuatro estrellas, 50 dólares,
y un buen par de zapatos, 30.
Comprar en España es un fes-
tin.

La juega nocturna
en las calles

Este es el último país de Europa que todavía sigue viviendo de noche, en las calles, al
menos durante los fines de semana y las vacaciones: la cultura española es, predominantemente, de puertas afuera.
España duerme poco durante
la noche veraniega: prefiere re-
focilarse en chiringuitos, tascas, tabernas, discotecas,
pubs y bares, y en sus inmediaciones, siempre ahítos del
jolgorio estival, al que suelen
unirse millones de extranjeros
visitantes.

Las cigüeñas

No hay país de Europa donde a fines del invierno se con-
greguen tantas cigüeñas como
en España: casi cada campa-
nario de las más de siete mil
pueblos de la Península está
tocado con un voluminoso ni-
do de Ciconia Ciconia. Aquí se
cortejan, se aparean, se repro-
ducen y viven hasta los confi-
nes del verano decenas de cigüeñas. Algunas, inclusive, re-
nuncian a su instintiva migra-
ción y se quedan a vivir contra el cielo español también
durante el invierno, como las
de la iglesia románica de Man-
zanares el Real, cerca de Madrid.

Los casinos

Prohibidos en España hasta
el advenimiento de la democracia, los casinos de juego se
multiplican por toda la geografía española como refugio de
los que quieren jugarse los
cuartos a la ruleta, el bacca-
rat, el black jack o en las má-
quinas tragaperras.

El brandy español

Nació por casualidad hace
casi dos siglos en Jerez de la
Frontera y se llamó coñac ofi-
cialmente, hasta que los productores de la región de ese
nombre (Cognac) reivindica-
ron la exclusividad del nombre. El brandy español tiene
personalidad propia, aunque
le falte un nombre propio que
no sea de importación, y com-
pite dignamente en el mundo
con cualquier otro aguardien-
te de vino de sus mismas características.

El rastro madrileño

A lo largo de la Ribera de Curtidores de Madrid y en sus inmediaciones, el visitante puede encontrar de todo —nuevo o viejo—, sobre todo viejo —y especialmente, aglomeraciones asfixiantes de compradores o paseantes los fines de semana. El Rastro madrileño, una institución de la ciudad, ha adquirido fama internacional y constituye una de sus atracciones. Para ver simplemente o para comprar desde lo más insólito y único a lo más vulgar.

Moros y cristianos

Una vieja tradición medieval de la que gozan particularmente, además de los protagonistas, los turistas en Levante. La historia es archiconocida: los moros, vestidos como tales, desembarcan en la costa e intentan tomar el pueblo; los cristianos se baten defensivamente contra ellos, montan el divertido espectáculo y, naturalmente, ganan la partida. Luego, fiesta para celebrar la victoria y la derrota previamente anunciada.

Las juderías

Hay cientos de historias de judíos descendientes de aquellos españoles obligados a abandonar su país en 1492, que llegaron a Toledo con la llave de la casa del siglo XV y consiguieron abrir la puerta. Las juderías de Castilla, Extremadura y Andalucía constituyen hoy reliquias fascinantes, testimonios de una cultura floreciente, infelizmente abortada.

Los pueblos blancos

Están, en su mayoría, a un paso de las playas. Los que saben no dejan de visitarlos para embobarse con sus encantos y saborear un vinillo con olivas, jamón o chorizos. Tal vez uno de los más fascinantes sea el malagueño pueblo de Casares.

Las discotecas

Durante el verano, más que en cualquier otra época del año, son las catedrales del ruido, el contoneo, el ligue y la diversión hasta la madrugada. Se cuentan por miles a lo largo de las costas y, naturalmente, en el interior del país.

Los mariscos

Es difícil que algún país del mundo pueda competir en materia de mariscos con la variedad y la calidad que tienen los mares españoles, y la habilidad de los nativos para prepararlos y convertirlos en platos exquisitos al alcance de todos.

El vino

Casi no hay ninguna de las 50 provincias españolas donde no se cultive la vid y se elabore vino, lo que da por resultado una variedad increíble de caldos de alta calidad. P[...] aparte de la diversidad y riq[...] za de la viticultura España [...] ne, indiscutiblemente, la m[...] jor relación precio-calidad [...] sus vinos y muchos caldos [...] cepcionales que enloquecer[...] al mismísimo Baco.

Los botos camperos

Los curtidos españoles s[...] inmejorables, producto de [...] *know how* milenario. Y eso [...] advierte, sobre todo, en los b[...] tos camperos —de caña ba[...] media o alta, con tacón o s[...] él— de fina piel vuelta, con [...] terciopelo, que, bien engra[...] dos, duran media vida. L[...] otras labores camperas en cu[...] ro no le van a la zaga.

La mayor pinacoteca del mundo

En Madrid, el Museo del P[...] do es un festín para los ojos [...] los amantes de las bellas arte[...] La colección de pintura itali[...] na del Renacimiento y de la e[...] cuela flamenca bastaría pa[...] seducir a cualquier aficionad[...] Pero además y sobre todo e[...] tán Velázquez, El Greco y G[...] ya. Y no lejos de allí, en el C[...] són del Buen Retiro, el *Gue[...] nica* y *La Dama Oferente*, [...] Picasso.

s guitarras

as mejores del mundo,
struidas por celosos *lu-
ers*, para los mejores dedos

l mundo: los de los grandes
estros de la guitarra. Con
o mencionar a Andrés Sego-
a o a Narciso Yepes bastaría.
ro también está en España
arte flamenco sofisticado de
co de Lucía, Manitas de Pla-
Habichuela o Serranito.

os sanfermines
amplonicas

as fiestas bárbaras que se-
cían tanto a Hemingway se
ebran en la semana del 7 de

lio. Sólo los expertos partici-
n como protagonistas del
cierro, pero el resto puede
sfrutar del espectáculo ado-
ado en los inevitables vinos
varros.

Los viajes
a caballo

Como lo hacían los viajeros
románticos del siglo XIX, en
1985 es posible recorrer las ca-
ñadas, cuerdas, veredas y playas españolas a lomo de noble
bruto disfrutando de una experiencia única. Un modo dis-
tinto de ver la Península. Tanto campo, desierto, bosques,
montañas sin aglomeraciones
urbanas es un privilegio de este país, al menos, en el contex-
to europeo. Y vale la pena ver
los paisajes donde no llegan
las carreteras, a caballo. Hay
viajes organizados en distintos
puntos de España.

La cerveza

Buena, bonita y barata, rubia, sudorosa y espumante, la
cerveza española corre en
torrentes durante el verano
para apaciguar las sequias in-
teriores que provoca el calor.
Los europeos del norte dan
buena cuenta de ella, inclusive con desmesura, visible en
los tripones que algunos rubi-
cundos turistas ostentan por
las playas y paseos marítimos.

El mejor
románico
de Europa

Hace más de un milenio los
peregrinos comenzaron a trazar el Camino de Santiago,
que partía de París, Vezelay,
Le Puy y Arlés hasta la capital
jacobea. A su vera se edificó la
mejor arquitectura románica
del continente, además de dos
monumentos impresionantes
del gótico español: las catedrales de León y de Burgos. Al final de la ruta jacobea surgió
una de las ciudades más fan-
tásticas de la Península: la in-
comparable Santiago de Compostela.

Toros y toreros

Vilipendiada por algunos,
adorada por otros, la *fiesta nacional* es una añeja ceremonia
decantada por los milenios,
que tiene mucho de ritual reli-
gioso, catarsis colectiva, espectáculo deportivo; pero, sobre todo, de arte, con un colo-
rido feérico, capaz de cautivar
a nacionales y extranjeros. Nada más español que los toros y
los toreros, *manque* sus
detractores.

El flamenco

Es pura magia y misterio *jondo*, fundamento de una filosofía y una presencia de la vida y de la muerte, alma de esa Andalucía, que lleva sobre sus hombros cinco mil años de civilización. El flamenco payo y gitano, *bailao*, *cantao* y *tocao*, es por sí solo una razón suficiente para venir a España o para ir a Andalucía, aunque haya que recorrer medio mundo. Y allí, fascinarse hasta los tuétanos.

La Universidad Menéndez y Pelayo

Crece todos los años y se pande hacia otras capita desde su *casa matriz* de S tander y es la Universidad tival donde caben las últir tendencias, las disciplinas ternativas y las ciencias y tes tradicionales. Miles de pañoles y extranjeros abre en sus fuentes de conocim to cada verano.

Las playas nudistas

Hace mucho ya que Esp se quitó los ropajes negros quisitoriales para dejar en los más variados aires fresc Inclusive los de los naturist que insisten en gozar del s del mar vistiendo el traje Adán en las dilatadas cos españolas. Desde el nudis *salvaje* (no legalizado, pero lerado) en calas recoletas h ta las instalaciones más c fortables en cotos cerrados paña tiene una de las ofer más atractivas del mundo la materia.

Alcázar, cochinillo y cordero

En medio de la meseta castellana, Segovia, escasamente contaminada por las oleadas turísticas y deslumbrantemente bella y evocadora, tiene en su casco urbano una joya protegida por el río Eresma: el Alcázar, vieja morada de los reyes castellanos. A escasos metros, la catedral, en gótico florido; el acueducto romano, todavía en uso, y un poco más allá, los fígones y restaurantes, donde humea el crujiente cochinillo y un cordero lechal delicioso.

Las fiestas de pueblo

En España hay casi tantas fiestas locales como pueblos y la mayoría se celebran durante los meses de calor. Los periódicos locales dan cuenta de ellas con precisión. Vale la pena abandonar las playas o las piscinas para sumarse al jolgorio popular y enterarse de la tradición y la leyenda local que ha dado nacimiento y justificación a la fiesta del pueblo.

Gibraltar

Españolísimo por derecho, inglés por ocupación, el Peñón de Gibraltar, a un paso de La Línea de la Concepción, es territorio asequible desde España, después de muchos años de cierre de la reja. Con sólo recorrer unos escasos kilómetros se puede pasar de la Andalucía clásica, a los *bobbies*, el tráfico circulando por la izquierda y las tiendas repletas de productos británicos.

Los zapatos españoles

Caminan sobre los pavimentos de todo el mundo, porque los zapatos *made in Spain* se exportan hacia los cuatro puntos cardinales del planeta. Pero la variedad máxima de los modelos fabricados por la industria levantina del calzado está, naturalmente, en los miles de zapaterías de las ciudades y pueblos españoles.

Los caballos andaluces

La Escuela Española de Equitación está en Viena, como para testimoniar el prestigio secular de los caballos de esta tierra, pero en Jerez está la Escuela Andaluza del Arte Ecuestre, cuyos caballos bailan al son de la música en un espectáculo inigualable. Andalucía es la patria de la raza de caballos más imponente del mundo, de una belleza apabullante, con sus cabezas finas, el cuello descomunal y la elegancia de sus patas. Cuando se ponen frente al toro, en el arte del rejoneo, es la conjunción perfecta.

PART II
REFERENCE
MATERIAL

KEY TO

EXERCISES

CHAPTER 1   LLEGADA A ESPAÑA

Exercise 1   ¿Qué se dice?

Empleado: Buenas tardes. ¿En qué puedo servirle?

Usted: ¿Sabe usted que llevo diez minutos esperando aquí?

Empleado: Lo siento, pero estaba ocupado con ese cliente.

Usted: Bueno, bueno. Creo que tengo un coche reservado aquí.

Empleado: Muy bien. ¿Qué nombre, por favor?

Usted: El nombre es (your name). Le escribí hace una semana desde Inglaterra.

Empleado: Ah, sí, aquí está. ¿Tiene usted el recibo que le mandamos?

Usted: No, no lo tengo. ¿Cuándo lo mandó usted?

Empleado: Hace unos cinco días. ¿Está seguro de que no lo tiene?

Usted: Estoy totalmente seguro, y no suelo perder documentos importantes.

Empleado: Claro que no. Bueno, no importa. ¿Quiere sentarse un momento?

Usted: Muy bien. No tengo prisa.

Exercise 2   ¿Qué se dice?

Usted: Esta es mi hija. Te hablé de ella cuando estuve aquí el año pasado.

Amigo: Mucho gusto. Estás en tu casa. ¿Qué tal el viaje?

Usted: Muy bien, gracias. Sólo tardamos cinco horas desde nuestra casa hasta el aeropuerto de Barajas.

Amigo: Y, ¿no ha habido ningún problema en el aeropuerto con la aduana o el coche?

Usted: Con la aduana, no, pero había un hombre muy desagradable que quería alquilar un coche.

Amigo: Sí, todavía existe ese tipo de hombre en España.

Usted: Bueno. Hablemos de cosas más agradables, ¿no? Mañana vamos a salir todos de vacaciones y lo vamos a pasar 'bomba'.

Amigo: Pues eso espero.

Exercise 3   Saying how long you have been doing something

1. Llevo diez años trabajando en la misma empresa.
2. Llevo seis meses aprendiendo el alemán.
3. Llevo una hora buscando a mi hijo.
4. Llevo veinte minutos arreglando el coche.
5. Llevo media hora esperando el autobús.

Exercise 4 Saying how long you have been doing something
1. Vivo en Toledo desde hace diez años.
2. Practico el golf desde hace tres meses.
3. Toco el piano desde hace veinte años.
4. Conozco a Marta desde hace seis años.
5. Tengo este coche desde hace ocho meses.

Exercise 5 How long ago did you do it?
1. Fui al cine por última vez hace tres semanas.
2. Salí de Inglaterra hace cinco horas.
3. Visité Madrid por última vez hace un año.
4. Me casé hace quince años.
5. Tomé el sol por última vez hace un mes.

Exercise 6 How long did it take?
1. Tardé cinco horas en llegar a Madrid.
2. El paquete tardó siete días en llegar a Londres.
3. Los chicos tardaron veinte minutos en escoger el regalo.
4. Tardamos cuatro horas en llegar a Barcelona.
5. Tardamos tres horas en visitar el Museo del Prado.

Exercise 7 What were you doing when it happened?
1. Me estaba bañando.
2. Estaban jugando al golf.
3. Estaba viendo la televisión.
4. Estábamos tomando el sol en la playa.
5. Estaba buscando un estanco.

Exercise 8 I'm sorry but I don't usually do that
1. Gracias; no suelo beber coñac.
2. Gracias; no suelo jugar al golf.
3. Gracias; no suelo beber mucho vino.
4. Gracias; no suelo ir al cine.
5. Gracias; no suelo aceptar cheques.

Exercise 9 What did you do with it?
1. ¡Qué hombre! Te los di hace un momento.
2. ¡Qué hombre! Te las di hace un momento.
3. ¡Qué hombre! Te la di hace un momento.
4. ¡Qué hombre! Te las di hace un momento.
5. ¡Qué hombre! Te lo di hace un momento.

Exercise 10 Where do we go?
(a) Vayan ustedes por este pasillo. Al final, suban la escalera hasta el segundo piso. Luego tuerzan a la derecha y la oficina es la tercera puerta a la izquierda.

(b) Vayan ustedes por esta calle. Al final, tuerzan a la izquierda y sigan todo derecho. Al final de esa calle, tuerzan a la derecha y tomen la segunda calle a la izquierda; es una calle ancha con muchas tiendas y oficinas. El centro de la ciudad está al final de esa calle.

¿COMPRENDE USTED EL ESPAÑOL HABLADO?

1. He complains that he has been waiting for more than ten minutes.
2. She was on the phone.
3. He bought a radio the day before yesterday but it does not work and he thinks it is broken.
4. She wishes to know if the man is sure he bought it at that shop.
5. He produces a receipt.
6. She did not know the shop stocked that model of radio.
7. The next day in the afternoon.
8. He has to go to Barcelona and will not get back until late.
9. He will return two days later in the morning.
10. She says it does not usually happen with their radios.

Lectura

Keep away from the bad woman, and do not trust the good one.
The first wife is a broom, and the second is the boss.
During her life a wife should go out three times: to her baptism, to her wedding and to her funeral.
A good wife fills an empty house.
The honest, married woman and a broken leg are best kept at home.
When a women thinks for herself, she thinks evil.
Women and bad nights kill a man.
The wife at home and the man in the square. (The woman keeps the house and the man goes out about his business.)
Good wives have neither eyes nor ears. (They do not see or hear flattery from other men.)
An idle wife cannot be virtuous.
Let your wife be your equal or inferior, if you want to be the boss.
In order to be beautiful a woman must have three things four times: be white in three, red in three, broad in three, long in three: white in her face, hands and neck; red in her lips, cheeks and chin; black in her hair, eyelashes and eyebrows; broad in her hips, shoulders and wrists; long in her waist, hands and throat.

2   COMER PARA VIVIR, Y NO VIVIR PARA COMER

Exercise 1   ¿Qué se dice?

Su amigo: ¿Qué te apetece de postre?
Usted: No puedo más, y no quiero engordar.
Su amigo: Pero si estás muy bien.
Usted: Me encantaban las cosas dulces pero ahora sólo tomo postre de vez en cuando.
Su amigo: Vamos, esta tarde comes bien y mañana te pones a régimen.
Usted: ¿Te acuerdas de lo mucho que comí el año pasado y de lo mucho que engordé.
Su amigo: Bueno, como quieras, pero yo voy a tomar leche frita.

Exercise 2   ¿Qué se dice?

Usted: ¿Hay un ministro para proteger los intereses de la gente?
Su amigo: Ahora, sí, pero hace poco no teníamos nada.
Usted: ¿Pero hay leyes para proteger a la gente?
Su amigo: Sí, pero 'Allá van leyes, donde quieren reyes'.

Usted: Lo siento pero no comprendo.
Su amigo: Quiero decir que los fuertes mandan en todo.
Usted: Ah sí, ahora comprendo.

Exercise 3   ¿Qué se dice?

Usted: Compré esta maquinilla eléctrica ayer pero no funciona.
Empleado: ¿Leyó usted bien las instrucciones antes de enchufarla?
Usted: Sí, las leí detenidamente, pero la maquinilla se negó a funcionar.
Empleado: Y, ¿no la dejó caer al suelo.
Usted: Claro que no la dejé caer. Compré la maquinilla, volví a mi hotel, subí a mi habitación y la enchufé, pero no funcionaba.
Empleado: Perdone usted. La voy a cambiar por otra en seguida.
Usted: Gracias. Adiós.

Exercise 4   Guessing the meaning

1. It was nine o'clock at night and the people were going along the streets to get home quickly because *it was getting dark*.
2. When I was in Spain last year I ate so many cakes and sweets that *I put on a lot of weight*.
3. Now I am going to stop eating sweet things because I want *to lose weight*.
4. He drank so much wine last night with dinner that *he got drunk*.
5. We could not see the castle well because it was eight o' clock and *night was falling*
6. John thought that Frank lived in the street near the church, but *I assured* him that I knew exactly where he lived.
7. The girl was so pretty and so pleasant that *I fell in love* almost at once.
8. I do not usually drink, but the wine is so good that *I am becoming accustomed* to the idea.

Exercise 5   What do you fancy?

1. No, me apetece un vino seco.
2. No, me apetece probar la tortilla española.
3. No, me apetece ir al teatro.
4. No, me apetece ir a la cama.
5. No, me apetece un anís.

Exercise 6   How often do you do that?

1. Juego al golf de vez en cuando.
2. No llego nunca tarde a la oficina. (Nunca llego tarde a la oficina.)
3. Esta vez voy a visitar Barcelona.
4. A veces practico el tenis.
5. Tomo vino con la comida muy de vez en cuando.

Exercise 7   What's so interesting about it?

(Your answers may vary, but my view is as follows.)
1. Lo fácil es la pronunciación.
2. Lo difícil es la gramática.
3. Lo interesante es el folklore.
4. Lo útil es poder hablar con los españoles.
5. Lo complicado es la gente.

Exercise 8 What do you want?
1. Lo que buscaba es el horario de trenes.
2. Lo que no comprendo es este plano de Madrid.
3. Lo que no sé es la hora de salida.
4. Lo que pido es la cuenta.
5. Lo que creo es que Paco está loco.

Exercise 9 Which one?
1. Quiero ver este vestido y el que está en el escaparate.
2. Me gustaría llevar esta maleta y la que usted tiene en el mostrador.
3. ¿Quiere usted llenar el depósito de mi coche y el de mis compañeros.
4. Voy a comprar estas sandalias y las que usted me enseñó hace un rato.
5. Quiero probarme estos guantes y los que están ahí.

Exercise 10 What did he do?
1. Los niños durmieron bien.
2. Marta pidió pollo asado.
3. Los chicos pidieron zumo de fruta.
4. María sirvió tortilla española.
5. Antonio repitió la lección muy bien.

Exercise 11 But me no buts
1. No pedí agua mineral sino vino tinto.
2. No llegué anoche sino anteayer.
3. No visité Valencia sino Alicante.
4. No hablo francés sino alemán.
5. No vine en barco sino en avión.

Exercise 12 Quite the reverse
1. Antes no me importaba nada engordar, pero ahora quiero adelgazar.
2. Antes me gustaba mucho el vino dulce, pero ahora prefiero el vino seco.
3. Hace unos años era una chica muy tonta, pero ahora es mucho más sensata.
4. Siempre me parecía un tipo muy malo, pero ahora que le conozco me doy cuenta de que es muy bueno.
5. Siempre encontraba esta ciudad muy aburrida, pero ahora me parece muy interesante.

¿Comprende usted el español hablado?
1. A programme on Radio Nacional
2. 'It's not right!'
3. Consumers complain directly to producers.
4. Marketing Director of the company Trapos
5. Ladies' clothing for the young market
6. A skirt
7. She paid 15 000 pesetas and was assured it would not shrink in the wash.
8. It shrank.
9. To wash the skirt in warm water without using detergent
10. On the balcony
11. She dried it on the balcony in direct sunlight instead of inside the house in the kitchen or the bathroom.
12. He will replace the skirt if she takes it back to the shop where she bought it.

248

248

Lectura

Aceites vegetales comestibles

1. To look after consumers' interests.
2. Because many died after consuming contaminated olive oil.
3. It will help consumers prepare complaints and claims against producers.
4. It is famous for its olive oil.
5. They remain in a liquid state at room temperature.
6. The animal kingdom, the natural world and mineral deposits. Oil from mineral deposits is unfit for human consumption.
7. They are extracted from the seed or fruit of plants.
8. They are compared to the fuel used in a car motor.
9. The body uses them to produce heat and energy and to carry out the normal human functions.
10. About one-third of food intake.
11. By reducing the fat intake and forcing the body to 'burn off' reserves of fat
12. Eating large amounts of fat (oil, butter, bacon, etc.).
13. When it changes colour and becomes solid.
14. It happens in cold weather but it is completely unimportant.
15. The oil will return to its original state and recover all its normal properties of smell, colour and taste.

3   POR LAS CARRETERAS DE ESPAÑA

Exercise 1   ¿Qué se dice?

Su amigo: ¿Conoces Toledo?
Usted: No, no he estado nunca.
Su amigo: Pues iremos primero a Toledo y yo te enseñaré la casa del Greco.
Usted: ¿Ese gran artista griego?
Su amigo: Eso es.

Exercise 2   ¿Qué se dice?

Usted: ¿Cuál es la mejor carretera para ir a Toledo?
Su amigo: La Nacional 401 es la más rápida.
Usted: ¿No te parece que es mejor ir hasta Maqueda en la Nacional 5 y luego coger la Nacional 401?
Su amigo: No, la Nacional 5 es muy peligrosa.
Usted: Han mejorado la Nacional 5 y ahora es mucho mejor que la Nacional 401.
Su amigo: Bueno, tú sabrás.

Exercise 3   ¿Qué se dice?

Su amigo: ¿Adónde iremos después de visitar Toledo?

Usted: A mí me gustaría ir hacia el sur. No he estado nunca en Andalucía pero dicen que es muy bonita.

Su amigo: ¿No conoces Sevilla?

Usted: No, no he estado nunca, pero me han dicho que es una ciudad encantadora.

Su amigo: Bueno. Tendremos que hacer más planes esta tarde en Toledo.

Usted: Vale.

Exercise 4   ¿Qué se dice?

Su amigo: ¿Qué estás estudiando en la universidad?

Usted: Estoy estudiando la física y los ordenadores.

Su amigo: Y, ¿cuándo terminarás la carrera universitaria?

Usted: El año que viene. Entonces tendré que escoger entre seguir estudiando o empezar a trabajar.

Su amigo: ¿Hay mucho paro en Inglaterra ahora?

Usted: Sí, hay mucho. Yo tengo amigos que terminaron la carrera hace tres años y que todavía no han encontrado trabajo.

Su amigo: Pues espero que tengas mucha suerte.

Exercise 5   Saying what you have done

1. Sí, he estado en España una vez/dos veces/varias veces.
   No, no he estado en España.
2. Sí, he visitado las ciudades del sur de España.
   No, no he visitado las ciudades del sur de España.
3. Me ha gustado más Sevilla/Granada/Córdoba/Ronda, etc.
4. Sí, he probado la horchata.
   No, no he probado la horchata.
5. Sí, he jugado al golf en España.
   No, no he jugado al golf en España.
6. Sí, he sacado fotos en España. En la costa/En la montaña/En la playa. He sacado fotos de monumentos/del paisaje/de la gente, etc.
   No, no he sacado fotos en España.
7. Sí, he comido paella en España.
   No, no he comida paella en España.
8. He traído (name of souvenirs) a casa de mis vacaciones.
9. Sí, he entrado en el Museo del Prado en Madrid.
   No, no he entrado en el Museo del Prado en Madrid.
10. Sí, he alquilado un coche en España.
    No, no he alquilado un coche en España.

Exercise 6   Planning your next holiday

1. Iré a Espanal/ (name of other country).
2. Mi marido/mujer/amigo/amiga me acompañará.
   Mis hijos/hijas me acompañarán.
3. Viajaré en avión/tren/coche/autocar.
4. Me quedaré en un hotel/un piso. Haré camping.
5. Pasaré una semana/dos/tres semanas/un mes/dos meses allí.
6. Tomaré el sol/Me bañaré en el mar/Visitaré museos/Jugaré al golf/tenis.
7. Hará buen tiempo/sol/mucho calor.
8. Tendré que sacar los billetes/cambiar dinero/hacer la maleta.
9. Compraré (name of souvenirs) como recuerdos de las vacaciones.
10. Sí, sabré hablar bien el español antes de ir.

Exercise 7   I'll just carry on doing it

1. Ahora estoy trabajando en esta empresa, y el año que viene seguiré trabajando aquí.
2. En este momento los niños están jugando en el jardín y supongo que seguirán jugando allí.
3. Los chicos son tan malos que están fumando en clase y, al entrar el profesor, siguen fumando.
4. Ahora estoy esperando a mi marido y, si no llega pronto, seguiré esperándole.

Exercise 8   Which is better?

1. El vino es más caro que la cerveza en España.
2. La fruta es más barata que la carne en España.
3. El fútbol es más interesante que el tenis./ El tenis es más interesante que el fútbol.
4. La gramática es más difícil que la pronunciación./ La pronunciación es más difícil que la gramática.
5. El alpinismo es más peligroso que la equitación./ La equitación es más peligrosa que el alpinismo.

Exercise 9   What's your opinion?

1. El vino es mejor que el coñac./ El coñac es mejor que el vino.
2. El tenis es mejor que el golf. / El golf es mejor que el tenis.
3. Un hotel es mejor que un camping./ Un camping es mejor que un hotel.
4. El calor es mejor que el frío./ El frío es mejor que el calor.
5. Una playa tranquila es mejor que una con mucha gente./ Una playa con mucha gente es mejor que una tranquila.

Exercise 10   Do you know your Spain?

1. Madrid es la ciudad más grande de España.
2. La montaña más alta de España está en la Sierra Nevada.
3. La catedral más grande de España se encuentra en Sevilla.
4. La plaza de toros más antigua de España se halla en Ronda.
5. Sevilla tiene el verano más cálido de España.
6. Avila tiene el invierno más frío de España.
7. El Ebro es el río más largo de España.
8. Las mejores naranjas de España se cultivan en la región de Valencia.
9. La catedral más fantástica de España se encuentra en Barcelona.
10. Jaime Milans del Bosch organizó el golpe de estado más reciente de España.

Exercise 11   Well, not exactly

1. Bueno, llegaremos a eso de las cinco.
2. Bueno, vendré a buscarte a eso de las once.
3. Bueno, llegarán a eso de las cinco.
4. Bueno, nos veremos a eso de la una.
5. Bueno, saldré de mi oficina a eso de las seis.

¿Comprende usted el español hablado?

This is what you tell your friend.

1. Otilia.
2. Very shortly ·
3. To Illescas.
4. To see the famous pictures of El Greco·
5. They are painted directly onto the wall of the church.
6. At about 10.30.
7. We'll have a coffee.
8. Then we visit the cathedral.
9. We'll go to see the house of El Greco and the museum next door to it.
10. The city and people of Toledo in the 16th and 17th centuries.
11. After visiting El Greco's house. Lunch has been booked for us in a restaurant.
12. Yes, we have the afternoon free to visit other places and buy souvenirs.
13. At 6 o'clock sharp.
14. There's a train at 6.20.

El acueducto de Segovia, o el puente del diablo

1. The aqueduct is 760 metres long, 29 metres high and has 166 arches. It contains 25 000 enormous blocks of stone and has been used to bring water to the city since Roman times.
2. She lived in a priest's house and was his housekeeper.
3. She disliked having to go a long way to fetch water.
4. She promised her soul to whoever brought the water to her house for her.
5. The devil promised to build a bridge in one night.
6. He cut enormous blocks of stone out of the valley side and piled them up.
7. She prayed to the Virgin.
8. She made the devil go to sleep so that he could not finish the bridge in one night.
9. Because the devil failed to fulfil his promise.
10. There is no cement between the stones; there are no Roman remains at the end of the aqueduct; it would be a nonsense to build an enormous aqueduct to no purpose, and one stone is missing – the aqueduct is not finished.

Por las carreteras de España

Europ Assistance

1. They will arrange for you to be sent home by ambulance, airline or flying ambulance.
2. You can arrange for a friend to join you at the centre.
3. A member of your family will be given a return ticket to visit you.
4. 400 000 pesetas.

5. If a member of your party dies, you can obtain return ticket or two singles to the place of burial. If you die, your body will be flown home.
6. A guarantee up to 600 000 pesetas and legal fees up to 85 000.
7. If you cannot continue to look after them, the costs of a member of your family or a courier will be paid to take them home.
8. A chauffeur or person selected by you will drive your car home.
9. They can get them within 48 hours.
10. You can claim hotel expenses for up to five days.
11. You and your party will be flown home and your car repatriated.
12. Your party will be given tickets to your home, with a further ticket to go and collect the car when it is found.
13. The company will make efforts to recover it.
14. The company will pay hotel expenses of up to 3500 pesetas per day per head for up to six days.

Un sitio para dormir

1. Bar, lift, money exchange, central heating, suites, air conditioning throughout the building and telephone in all rooms.
2. Skiing and fishing.
3. A mountain of salt.
4. Bull-running similar to that held at Pamplona.
5. A fish stew which is said to be 'exquisite' and sardines with their particular Mediterranean flavour. The cold meats are of high quality and the local cakes are a speciality.

4   TODO LO NUEVO PLACE Y EL VIEJO SATISFACE

Exercise 1   ¿Qué se dice?
Usted: Es muy impresionante. ¿Cuándo se construyó?
Su amigo: El edificio actual se construyó en el siglo diecinueve.
Usted: ¿Para qué servía?
Su amigo: Servía para defender la ciudad.
Usted: ¿Está abierto al público?
Su amigo: Claro que está abierto.
Usted: ¿Cuánto cuesta la entrada?
Su amigo: La entrada cuesta treinta pesetas. ¿Vamos a entrar?
Usted: Claro. ¿Dónde están los otros?

Exercise 2   ¿Qué se dice?
Su amigo: Y entonces ese pirata inglés, Drake, la venció.
Usted: ¡Pirata! Drake no era ningún pirata.
Su amigo: Sí, señor, era pirata.
Usted: No te pongas así. No es para tanto. ¿Dónde se come bien en Segovia?
Su amigo: Se come muy bien en el Mesón de Cándido. ¿Te gusta el cochinillo asado?
Usted: En mi vida he probado cochinillo asado.
Su amigo: Pues hay que probarlo; es muy bueno.

Exercise 3   ¿Qué se dice?
Usted: ¿Qué quieren los de la oficina?
Recepcionista: Quieren que usted vuelva a Madrid inmediatamente.

Usted: ¿Por qué quieren que haga eso?
Recepcionista: Hay algún problema con un contrato urgente.
Usted: Les voy a llamar por teléfono y les diré que no puedo volver.
Recepcionista: Parece que es posible que su compañía pierda el contrato.
Usted: Lo siento muchísimo, pero no tengo más remedio que volver a Madrid.

Exercise 4   Where is it done?
1. Los Picos de Europa se encuentran en el norte.
2. La Giralda se encuentra en Sevilla.
3. Los zapatos se fabrican en Menorca.
4. Las naranjas se cultivan en Valencia.
5. Las ovejas se crían en la Meseta Central.
6. Los coches se fabrican en Valladolid.

Exercise 5   Where was it done?
1. Se construyeron en el siglo once.
2. Se construyó en el siglo doce.
3. Se descubrieron en el año mil ochocientos setenta y nueve.
4. Se inauguró en el año mil setecientos ochenta y cinco.
5. Se construyó en el año setecientos ochenta y seis.

Exercise 6   When do you do it?
1. Me limpio los zapatos antes de ponérmelos.
2. Tomo café después de llegar a la oficina.
3. Leo mis cartas después de abrirlas.
4. Pago la comida en España después de tomarla.
5. Me pongo el pijama antes de ir a la cama.

Exercise 7   Upon doing that . . .
1. Al llegar a la oficina, leí las cartas.
2. Al salir de la estación, cogí un taxi.
3. Al ver a mi amigo por la calle, le saludé.
4. Al visitar el alcázar de Segovia, compré muchos recuerdos.
5. Al mirar el paisaje de Castilla, me quedé muy sorprendido.

Exercise 8   What's it for?
1. Sirve para limpiar los zapatos.
2. Sirven para proteger las manos.
3. Sirve para tratar las quemaduras del sol.
4. Sirven para cocinar el pescado.
5. No sirve para nada; es inútil.

Exercise 9   What was it used for?
1. Servía para proteger a la gente.
2. Servían para divertir a los turistas.
3. Servía para destruir los barcos de los piratas.
4. Servían para proteger la región contra los árabes.
5. Servía para traer agua a la ciudad.

Exercise 10   There is no alternative
1. Sí, usted no tiene más remedio que volver a Madrid.
2. Sí, ustedes no tienen más remedio que hablar con el encargado.

254

3. Sí, usted no tiene más remedio que pagar tanto dinero.
4. Sí, usted no tiene más remedio que llamar a la policía.
5. Sí, ustedes no tienen más remedio que pasar quince días en este hotel.

Exercise 11   What do you want me to do?
1. Quiero que usted escriba su dirección.
2. Quiero que usted traiga el contrato.
3. Quiero que usted haga café.
4. Quiero que usted cambie las libras.
5. Quiero que usted alquile una casa.

¿Comprende usted el español hablado?
1. The lady had been shopping to the square.
2. She noticed a funny smell.
3. She saw the kitchen was full of smoke.
4. No, it was not the stove.
5. A pan of oil on the stove.
6. Because she did not have a telephone in her own house.
7. Because of the mid–day traffic.
8. Everything was destroyed: the gas-stove, the washing machine, the table and three chairs.
9. It is full of water and made an absolute mess.
10. She invites Carmen and Alonso to dinner to discuss with her and Juan what they can do to help.

Lectura
1. It is described as a beautiful symphony of shapes and lights.
2. The backdrop is the blue and snowy peaks of the Guadarrama mountains.
3. It is on a rocky outcrop between two deep valleys formed by the rivers Eresma and Clamores.
4. It is compared to a stranded ship with the Alcázar as the prow.
5. They turn pale gold.
6. In the last months of summer and the early ones of autumn.
7. In the moments before the sunset .
8. 200 years .
9. Isabel the Catholic was proclaimed Queen of Castille.
10. Ignacio Zuloaga was an artist who interpreted superbly the light and the people of Segovia, and Antonio Machado was a poet from Andalusia who became the best poet of Castille.

5   DE MADRID AL CIELO

Exercise 1   ¿Qué se dice?
Usted: Buenos días, señor Mendoza. ¿Qué hace usted en Madrid? ¿No iba a venir el mes que viene?
Mendoza: Pues me ocurrió pensar que podría venir a verle antes de volver a Italia.
Usted: ¿Hay algún problema con el contrato?
Mendoza: Sí, la temporada empieza y no hemos recibido nada de su compañía.
Usted: ¿Qué pedido nos mandó usted exactamente?
Mendoza: Doscientos pares de botos vaqueros.
Usted: ¿Quiere esperar un momento? Voy a preguntar al ordenador lo que pasa con esas mercancías.

Mendoza: Muy bien.

Usted: No hay problema con los botos porque ya están en nuestro almacén aquí en Madrid.

Exercise 2 ¿Qué se dice?

Su amiga: ¿Qué quieres que te cuente de la plaza?

Usted: ¿Qué es ese edificio grande con el reloj encima?

Su amiga: Es la Dirección General de Seguridad.

Usted: ¿Puedo sacar una foto?

Su amiga: No, a los guardias no les gusta que hagamos fotos. ¿Qué te parece la plaza?

Usted: Pues me parece un poco destartalada con esos jóvenes sucios que no hacen nada sino vagar por la plaza como si fuesen fantasmas.

Su amiga: Sí, es verdad, que Madrid se ha estropeado mucho.

Exercise 3 ¿Qué se dice?

Vendedor: Un décimo, ¿verdad?

Usted: Sí, y quiero que usted me dé un número que termine en tres porque tengo tres hijos y el número tres me trae suerte.

Vendedor: No creo que me quede de ese número. Todos creen que trae buena suerte.

Usted: Yo también creo eso. ¿No cree usted que tengo razón?

Vendedor: Pues yo creo que estamos todos en manos de Dios.

Usted: Bueno. Esperaré hasta que salga el número y luego volveré y le invitaré a tomar una caña conmigo.

Vendedor: Todos dicen eso, pero nunca vuelven.

Exercise 4 Saying what you would do if you could

1. Si tuviera más dinero, compraría un coche nuevo.
2. Si viviera en Madrid, visitaría el Museo del Prado.
3. Si fuera más joven, practicaría el tenis.
4. Si me tocara la lotería, viajaría por todo el mundo.
5. Si viviera cerca del mar, haría el windsurf.

Exercise 5 Nothing has happened

1. No he leído nada este mañana.
2. Los niños no han hecho nada esta tarde.
3. Juan no ha dicho nada.
4. No hemos comprado nada en los almacenes.
5. No he visto nada en la televisión.

Exercise 6 I don't think that will happen

1. No creo que llueva esta tarde.
2. No creo que llegue pronto.
3. No creo que el tren salga con retraso.
4. No creo que nos diga todos los precios.
5. No creo que haga sol mañana.

Exercise 7 What did you want them to do?

1. Quería que el jefe de exportaciones me mandase las botas.
2. Quería que la secretaria llamase a su jefe.
3. Quería que el camarero me trajese más vino.

4. Quería que la chica me dijese su nombre.
5. Quería que el jefe de publicidad me mandase algunos folletos.

Exercise 8   I can't possibly do that

1. Me es imposible mandarle las botas por avión.
2. Me es imposible decirle los precios al por mayor.
3. Me es imposible acompañarle a la oficina del jefe.
4. Me es imposible explicarle estos planes.
5. Me es imposible darle mi número de teléfono.

Exercise 9   I'm so glad . . . I'm so sorry

1. Me alegro de que hayas aprobado el examen.
2. Me alegro de que te haya tocado la lotería.
3. Me alegro de que te haya gustado la cena.
4. Me alegro de que haya mejorado tu madre.
5. Me alegro de que hayas recibido las mercanías.
6. Me alegro de que hayas ganado tanto dinero.
7. Me alegro de que hayas encontrado un piso bonito.
8. Siento mucho que haya muerto tu abuelo.
9. Siento mucho que hayas perdido tu reloj.
10. Siento mucho que haya empeorado tu hijo.

Exercise 10   When will you do it?

1. Se la daré cuando le vea.
2. Te lo explicaré cuando tenga los detalles.
3. Se los daré cuando venga.
4. Esperaré hasta que me lo diga.
5. Se lo contaré cuando tenga más tiempo.

¿Comprende usted el español hablado?

1. Mendoza is calling Juan López.
2. He forgot to ask the price of the shoes due to be sent to Buenos Aires.
3. The prices are slightly higher because the quality is rather better.
4. No, only a few pesetas per pair.
5. The colours will be as ordered.
6. Red, green, grey and brown.
7. The sizes found in the original order.
8. He needs to know the shoes will arrive before the end of June.
9. The factory in Menorca might cause delay.
10. The goods will be dispatched as soon as they arrive at the Madrid warehouse.

Lectura

(a) 'Madrid-Suburbio': Cuando se me acabe la cara de Riño

1. They look like shoe boxes scattered about haphazardly.
2. They lean against the walls in the sun and talk very little.
3. They are simply there. It is not necessary to dance and they just listen to the music.
4. By their clothes and the way they move to the music. Their language is the same for boys and girls.

5. He has long, combed hair, a black jacket and trainers.
6. It is heartless, cold, electronic music.
7. The Sinatras played there and the tickets cost 800 pesetas.
8. She is blonde, is wearing clothes which cost 50 000 pesetas, is a teacher with a degree in Education, lives with her parents and thoroughly enjoys life.
9. They are bricklayers, plumbers, shop assistants, office-boys, and the girls are maids, hairdressers, secretaries or schoolgirls.
10. Rita is 17, does not live with her parents, is from Cuenca, is a maid, earns 1800 pesetas a week and enjoys herself. Trino is 18, listens to the radio, likes being with her friends or boyfriend, is bored by politics or reading, except comics which she finds expensive and does not believe in love, although she has boyfriends but changes them constantly.
11. They close at 10.30 and cost around 200 pesetas.
12. They find them tolerable, and occasionally exclude trouble-makers for a month or two.
13. They want to play in a group.
14. Adults are despised; English and American pop singers serve as models.
15. Madrid is a filthy mess of a place.

Lectura 2
1. Because the fashion in ladies' shoes can change from day to day.
2. In order not to lose important orders.
3. Delivery by air.
4. Because Spain has joined the EEC.
5. They say 'Time is money'.
6. He is certain that some customers have asked for delivery by air.
7. He can offer 40 per week to all the main cities of Europe and Latin America.
8. He encloses some brochures.
9. Examples of costings for Europe and Latin America.
10. He offers Juan López his services and greets him very warmly.

6   GALICIA ES LA HUERTA Y PONFERRADA LA PUERTA

Exercise 1   ¿Qué se dice?
Usted: ¿En qué año murió Franco?
Su amigo: En el año mil novecientos setenta y cinco.
Usted: Y luego vino la democracia, ¿verdad?
Su amigo: Sí, supongo que sí. Ahora tenemos dos cámaras de gobierno.
Usted: ¿Cómo se llaman las dos cámaras?
Su amigo: Se llaman el Congreso de los Diputados y el Senado.
Usted: Y, ¿las dos son elegidas por el pueblo?
Su amigo: Eso es.

Exercise 2   ¿Qué se dice?
Su amigo: ¿Qué significa SDP?
Usted: Significa Social Democratic Party.
Su amigo: ¿Y es derechista o izquierdista?
Usted: Es centrista.
Su amigo: ¿Y la señora Thatcher?
Usted: Es derechista.
Su amigo: ¿Y ese Arthur Scargill?
Usted: Es muy izquierdista en la política inglesa.

Exercise 3   ¿Qué se dice?

Recepcionista: Hotel Montesol. ¿Dígame?

Usted: Buenas tardes. Soy el señor/la señora/la señorita . . . Estuve en su hotel la noche pasada y dejé una maquinilla de afeitar en la habitación.

Recepcionista: ¿Qué habitación, por favor?

Usted: La habitación número ciento veintisiete.

Recepcionista: ¿Qué marca de maquinilla es?

Usted: Es una Remington.

Recepcionista: ¿Cómo? No entiendo. ¿Cómo se escribe, por favor?

Usted: Se escribe R-E-M-I-N-G-T-O-N y tiene los iniciales M.P. en el estuche.

Recepcionista: Sí, la tenemos. La asistenta la encontró esta mañana.

Usted: ¡Qué bien! / Muchas gracias. ¿Quiere devolvérmela a mi dirección en Inglaterra?

Recepcionista: ¿Quiere ser tan amable de escribirnos con una descripción de la maquinilla? Entonces se la devolveremos en seguida.

Usted: Claro. Le escribiré en seguida.

Recepcionista: Gracias. Adiós.

Exercise 4   When did it happen?

1. Margaret Thatcher fue elegida como líder del Partido Conservador en mil novecientos setenta y cinco.
2. América fue descubierta en mil cuatrocientos noventa y dos.
3. Los restos de Mengele fueron descubiertos en mil novecientos ochenta y cinco.
4. La frontera entre España y Gibraltar fue abierta en mil novecientos ochenta y cinco.
5. El Partido Socialista Democrático fue fundado en mil novecientos ochenta y uno.
6. El cuerpo del Apóstol Santiago fue enterrrado en Santiago de Compostela.
7. La televisión fue inventada en Inglaterra.
8. Los jóvenes príncipes fueron matados en la Torre de Londres.

Exercise 5   ¿Por o para?

1. ¿Hay recados para mí?
2. Don Quijote fue escrito por Cervantes.
3. ¿Es éste el tren para Sevilla?
4. Por lo menos, no hace tanto calor hoy.
5. Lo peor de Madrid es que hay muchos drogadictos por la calle.
6. Para ser rico y famoso, hay que trabajar duro.
7. Perdone, señor, ¿hay una farmacia por aquí?
8. ¿Está el señor Posada? Tengo una carta urgente para él.
9. ¿Dónde está Juana? No la veo por ninguna parte.
10. No me digas eso, por favor.

Exercise 6   You can only do that!

1. No practico más que el golf.
2. No cobro más de cien libras.
3. No tengo más de una hija.
4. No hay más de tres dormitorios.
5. No hablo más que el inglés y el francés.

Exercise 7   What do you want me to do?
1. Dime tu dirección.
2. Explícame este mapa.
3. Llévame al centro de la ciudad.
4. Cómprame unos cigarrillos y cerillas.
5. Lávame estas camisas y estos calcetines.
6. Prepárame sopa y una ensalada mixta.
7. Cuéntame las viejas leyendas.
8. Háblame de los partidos políticos de España.
9. Tráeme vino blanco.
10. Mándame unos folletos turísticos.

Exercise 8   Don't do that!
1. No me pidas una cerveza.
2. No me hagas un buen gazpacho andaluz.
3. No me cuentes la historia de tu vida.
4. No me expliques la política actual española.
5. No me presentes a esa señorita.
6. No me des más vino.
7. No me lleves al cine.
8. No me mandes unos folletos publicitarios.

Exercise 9   Ours is like this
1. Los nuestros están en casa.
2. La nuestra es bastante bonita.
3. El nuestro es un Ford.
4. La nuestra tiene veinticinco años.
5. La nuestra es mejor que ésta.

Exercise 10   Vamos a escribir
Your letter should read something like this.

(Your address)

Estimado señor Director:
Pasé la noche del día quince de abril en su hotel con mi esposa y ella cree que dejó una bata en el cuarto de baño al lado de la habitación. Es una bata verde de seda con un cinturón rojo. Llamé por teléfono a su hotel y la recepcionista me dijo que una asistenta encontró la bata. ¿Querría ser tan amable de mandármela a la dirección que figura al principio de esta carta? Por supuesto que le devolveré los gastos de correo.

Le saluda atentamente,

(Signature)

¿Comprende usted el español hablado?
1. The President of the Government was being elected.
2. At 6 pm on 23 February.
3. The Civil Guard came onto the podium.
4. They were ordered to lie down on the floor.
5. The competent military authority will come to explain the situation.

6. Within a quarter of an hour or twenty minutes or half an hour at most.
7. Lieutenant Colonel Antonio Tejero Molina of the Civil Guard led the attack.
8. Two hundred Civil Guards helped in the attack.
9. The members of parliament were held hostage for eighteen hours.
10. The country heard from the radio because Radio Nacional was broadcasting the session live.
11. Jaime Miláns del Bosch took his tanks onto the streets of Valencia.
12. They called it the 'Night of the Transistor Radios'.
13. The King spoke to the nation.
14. He spoke at 1.23 am.

Lectura: Yo estaba dentro
1. The President ordered the vote to begin and the doors to be closed.
2. They went in search of fresh news.
3. He went to the office of the secretary of Luis Gómez Llorente.
4. The article was about 20 lines too long.
5. An usher told him the secretary was in the bar.
6. They heard a loud, sharp sound which they thought was a shot.
7. Three Civil Guards armed with machine-guns prevented them leaving the bar, and ordered them to lie down on the floor.
8. They stayed there for between 20 and 30 minutes with their arms stretched out.
9. He whispered that he thought it was a *'coup d'ètat'*.
10. They had to sit in a circle with their hands on the table.
11. He was young, bearded, wearing a peaked cap and an identity card with his photo on the left upper pocket of his jacket.
12. There were about 35, mostly journalists but with some waiters, officials and guests.
13. He ordered the people in the bar to be searched.
14. They could see Civil Guards running about giving orders and other people in civilian clothes but armed. Also they noticed other journalists and visitors to the parliament building forced to lie down on the floor.
15. He was worried because he was carrying a UGT card and UGT (Union General de Trabajadores) is a left-wing trade union in Spain.
16. He was about 30 years old, medium build, with a round face, wearing jeans and a blue anorak, with a machine-gun in his right hand and an unlit, half-smoked cigar in his left.
17. He was looking for any police inspectors.
18. He ordered them to be searched again.
19. He was worried that they might all have got themselves into a terrible mess.

7 CADA UNO ES HIJO DE SUS OBRAS

Exercise 1   ¿Qué se dice?
Su amigo: ¿Viven aún tus padres?
Usted: Mi padre murió hace seis años, pero mi madre vive aún y tiene setenta y seis años.
Su amigo: ¿Vive contigo?
Usted: No; vive en un asilo de ancianos en la costa sur cerca de Brighton.
Su amigo: ¿Por qué no vive contigo?
Usted: Pues yo quería que viniese a vivir conmigo, pero a mi marido/mujer no le gustaba la idea.

Su amigo: ¿Por qué no quería que tu madre viviese con vosotros?

Usted: Pues mi madre es bastante vieja y a veces se pone bastante rara y muy exigente.

Su amigo: ¿La visitas en el asilo?

Usted: Claro que la visito. Voy todos los domingos por la tarde.

Exercise 2   ¿Qué se dice?

Hombre: Pero, ¿no me vio usted? ¿No tiene ojos en la cara?

Usted: Lo siento, pero yo no tengo la culpa. Yo iba bien, pero usted salió de esa calle sin mirar.

Hombre: ¡No, señor! Usted corría muy de prisa.

Usted: Pero yo no iba a más de treinta y cinco kilómetros por hora, y la culpa la tiene usted porque no paró al llegar a la carretera principal.

Hombre: Usted no es de aquí, ¿verdad?

Usted: No, soy escocés (escocesa).

Hombre: ¡Escocés! (¡Escocesa!) ¡Y usted lleva un coche por las carreteras de España!

Usted: Mire; ahí viene el guardia del pueblo. Oiga, señor guardia, ¿quiere venir un momento? ¿Vio usted lo que pasó aquí hace un momento?

Exercise 3   ¿Qué se dice?

Su amigo: ¿Tienes novia/novio?

Usted: Ahora no; salía con una chica/un chico de la oficina, pero lo dejamos hace poco.

Su amigo: ¿No te gustaría casarte y tener mucha familia?

Usted: No. No digo que no me gusten las chicas/los chicos, pero a veces se ponen muy presumidas/presumidos y tontas/tontos y me sacan de quicio. Tampoco me interesa mucho la idea de ser madre/padre.

Su amigo: Pues te voy a buscar una chica española/un chico español que te guste. ¿De acuerdo?

Usted: De acuerdo, pero que sea muy guapa/guapo y muy inteligente y nada presumida/presumido.

Exercise 4   Will you do it with me?

1. Sí, voy a ir al bar contigo.
2. Sí, quiero visitar el museo contigo.
3. Sí, te buscaba para hablar contigo de los planes.
4. Sí, me gustaría volver al hotel contigo.
5. Sí, me apetece casarme contigo.

Exercise 5   What happened to you?

1. Me puse enfermo (enferma)/malo (mala).
2. Me puse rojo (roja)/moreno (morena).
3. Me pongo gordo (gorda).
4. Me pondría contento (contenta).
5. Me puse furioso (furiosa)/enfadado (enfadada).

Exercise 6   When did you begin?

1. Eso es; me puse a aprender a bailar hace diez meses.
2. Eso es: me puse a trabajar en esta empresa hace un año.
3. Eso es; me puse a conducir un coche hace quince años.

4. Eso es; me puse a jugar al golf hace trece años.
5. Eso es; me puse a tocar el piano hace dos meses.

Exercise 7   What do you want?
1. Quiero un guía que conozca bien la ciudad.
2. Quiero una habitación que tenga vistas bonitas de las montañas.
3. Quiero una guía que esté escrita en español.
4. Quiero un mecánico que sepa arreglar coches.
5. Quiero un camarero que comprenda el inglés.

Exercise 8   Let's be emphatic
1. Claro que te necesito.
2. Claro que te comprendo.
3. Claro que te perdono.
4. Claro que te compro un visón.
5. Claro que te voy a llevar a España.

Exercise 9   Is that so?
1. Sí que quiero visitar el palacio.
2. Sí que fui a Valencia ayer.
3. Sí que comprendí lo que dijo el guía.
4. Sí que compré el regalo en Galerías Preciados.
5. Sí que me gustaría vivir en el sur de España.

Exercise 10   Talking about your clothes
1. Sí, me pongo un traje de baño cuando voy a la playa.
2. Sí, me pongo ropa de sport cuando estoy de vacaciones.
3. Sí, me pongo una camisa de manga corta cuando hace mucho sol.
4. Sí, me pongo un pijama cuando voy a la cama.
5. Sí, me pongo una bufanda y guantes cuando hace mucho frío.

Exercise 11   Vamos a escribir
Your letter should read something like this.

(Your address)

Estimado señor Director:
Quisiera reservar dos habitaciones en su hotel para diez días a partir del trece de agosto. Necesito una habitación doble y una individual, las dos con cuarto de baño, teléfono y televisión. Espero llegar a su hotel sobre las siete de la tarde del trece de agosto y saldré por la mañana del día veintitrés del mismo mes. Espero que usted podrá indicarme los edificios interesantes de la región y también los platos típicos de la región.

Le saluda atentamente,

(Your signature)

Answers to questions

1. He wants three rooms: two double and one single.
2. He hopes to arrive around 6 pm on 2 September, and will leave on the morning of the 10th.
3. He wants information about the historical and cultural places of interest in the area.

¿Comprende usted el español hablado?

1. She is fed up.
2. Because her parents will not let her do anything.
3. She is dressed like a twelve year old.
4. They laugh at her because she cannot wear modern, sexy clothes.
5. Her parents start to scream at her and say she is shameless.
6. The boy thinks the clothes suit her.
7. She has to be in by 10 pm.
8. She has to apologise at around 9.30 pm and return home.
9. Discos become lively after 10 pm.
10. She says they came out of the Ark, and belong to her great grandparents generation.
11. She cannot be alone in the house with a boy.
12. She has to be in the sitting-room.
13. If her parents go out, she has to go out too and go somewhere.
14. Because going somewhere costs money.
15. He offers her the use of his flat to meet her boyfriend.
16. Television, radio, record-player with records and a very comfortable bed.
17. The bed .
18. She may be a modern, independent girl, but she does not go to bed with her boyfriend.
19. She will telephone Miguel to tell him when she wants to visit the flat.

Lectura

(a) *El Camino de Santiago*

1. A group of Christians arrived with the corpse of St James.
2. Queen Lupa helped by giving them a yoke of oxen.
3. They buried it in a field near the river.
4. A star shone over the field and bright lights came out of the earth.
5. Miracles occurred: the blind could see, the deaf hear and the lame walk.
6. 'Campus Stellae' means 'Field of the Star', and the name changed to the modern version with the passage of time.
7. He wrote the first tourist guide.
8. Monasteries and taverns were built for them to spend the night.
9. Because the English 'pirate' Drake attacked Corunna.
10. They were found again in the 18th century and authenticated by the Pope.
11. Pilgrims still follow the Way of St James and can spend the night in the monasteries and taverns which still exist.

Lectura: El frustrado

1. He awakes to the sounds of his mother preparing breakfast in the kitchen.
2. He wanted to be a dancer or a musician.
3. He is 28 and is trapped in his 'golden adolescence'.
4. Independence would mean being capable of taking his own decisions, being able

to forget that his mother cannot stand his girlfriend and leaving behind the small obligations which living at home force on him.

5. They cannot understand that he thinks for himself.
6. He would like to change nothing, but simply join the system and be not too miserable.
7. He feels immature and afraid of life.
8. He will try to make up for lost time, start seriously the long-delayed struggle and stop being a reluctant lodger in his parents' home.
9. He has not fulfilled what he wanted to do and each day it becomes more difficult to do so.
10. It is changing to disillusionment and bitterness.

La independiente

1. Maruya's generation is marked by a feeling of dissatisfaction and social and individual failure.
2. She has enjoyed professional success and a good standard of living.
3. Her father remarried and the situation at home became difficult.
4. Now she can talk to him; they have begun to get to know each other and be friends.
5. She looks after herself, her family and friends and has lost any idea of a better society.
6. She says she feels old, tired and sceptical.
7. It is fearful of the future, insecure when faced with society and generally lacking in any firm beliefs.
8. They protect their children but without real strength, and fail to protect them from drugs or child prostitution.
9. It is flexible; she knows what she likes and what is against her interests or feelings.
10. She works twenty-four hours a day, hates drugs and has love-making as her leisure activity.

8 NI TODOS LOS QUE ESTUDIAN SON LETRADOS NI TODOS LOS QUE VAN A LA GUERRA SON SOLDADOS

Exercise 1   ¿Qué se dice?

Usted: Buenos días, señorita. Usted es turista aquí en Londres, ¿verdad?

Señorita: Eso es, pero, ¿cómo lo sabe usted?

Usted: Por la máquina fotográfica que lleva. Los turistas suelen llevar una máquina fotográfica.

Señorita: Pues entonces usted debe ser turista también, ¿no? Porque usted lleva una máquina fotográfica.

Usted: Es que soy miembro de un club fotográfico y estoy visitando Londres para sacar fotos de los edificios históricos.

Señorita: Ah, sí. Ahora comprendo.

Exercise 2   ¿Qué se dice?

Usted: ¿Cuánto me puede costar la cassette de música folklórica?

Joven: Pues se la puedo dejar por trescientas pesetas.

Usted: Me parece bastante cara.

Joven: No, señor (señora/señorita). Aquí en esta cassette tiene usted toda la tradición de la ciudad.

Usted:　¿Qué clases de instrumentos musicales hay en la cassette?

Joven:　Pues hay mandolinas, laúdes y guitarras.

Usted:　¿Puedo sacar una foto de usted con su guitarra como recuerdo de mi visita a Santiago?

Joven:　Claro que sí. Con muchísmio gusto.

Exercise 3　¿Qué se dice?

Usted:　¡Hola a todos! Os quiero presentar a mi nuevo amigo catalán. ¿Cómo te llamas? Nos podemos tutear ya que somos amigos, ¿verdad?

Su amigo:　Claro que sí. Me llamo Manuel. Mucho gusto en conoceros.

Usted:　¿Eres estudiante en la universidad?

Su amigo:　Eso es.

Usted:　¿Qué curso estás estudiando?

Su amigo:　La física. Estoy en cuarto curso.

Usted:　¿Qué tal va el curso?

Su amigo:　Muy bien. Los profesores ponen mucho interés, el material docente es excelente y los laboratorios son magníficos.

Usted:　¿Tienes una beca del gobierno?

Su amigo:　Sí, tengo una beca muy buena.

Usted:　¿Qué quieres hacer cuando termines el curso?

Su amigo:　Espero ser profesor de física en un instituto.

Usted:　Que tengas suerte.

Exercise 4　¿Qué se dice?

Usted:　¿La Lista de Correos, por favor?

Empleado:　Aquella taquilla.

Usted:　¿Tiene usted alguna carta o tarjeta postal para mí? Soy el señor/la señora/ la señorita (plus name).

Empleado:　Un momentito, por favor. Sí, aquí tiene usted. Una carta y dos tarjetas postales.

Usted:　¿Cuánto hay que pagar?

Empleado:　Nada, ya que la carta y las tarjetas llevan los sellos necesarios.

Usted:　¿Puedo poner un telex a Inglaterra desde aquí?

Empleado:　Sí, en la taquilla número seis.

Usted:　¿Cuánto tardará un telex en llegar a Inglaterra?

Empleado:　No lo sé seguro. ¿Quiere preguntarlo en la taquilla? Allí lo sabrán.

Exercise 5　Where did it happen?

1. Di con Manuel delante de la catedral.
2. ¿Dónde diste con tu marido?
3. María dio con su amigo cerca de la estación.
4. Los niños dieron con su padre en la playa.
5. Di con mi madre en el mercado.

Exercise 6　What must you do?

1. Usted debe ir a la cama.
2. Debemos volver a Madrid.
3. Debes visitar la catedral de Santiago.
4. Debo escribir una carta a mi familia en Londres.
5. Marta debe preparar la cena.

Exercise 7   Who does he look like?
1. Sí, me parezco a mi madre.
2. Sí, la niña se parece a su abuelo.
3. Sí, los niños se parecen a su papá.
4. Sí, me parezco a mi abuela.
5. Sí, mi mujer se parece a su padre.

Exercise 8   He just carried on doing it . . .
1. Estaba leyendo un libro y, al sonar el teléfono, siguió leyendo.
2. Estábamos escuchando la música de la tuna y, al pasar el desfile, seguimos escuchando.
3. Marta estaba jugando al tenis y, cuando empezó a llover, siguió jugando.
4. Los dos amigos estaban andando por la calle y, al ver el accidente, siguieron andando.
5. Yo estaba hablando por teléfono con mi jefe y, al entrar mi secretaria, seguí hablando.

Exercise 9   Oh, I do hope so . . .
1. Ojalá (que) llegue pronto .
2. Ojalá (que) sea bueno.
3. Ojalá (que) haga buen tiempo.
4. Ojalá (que) lo pasen bien.
5. Ojalá (que) vuelva pronto.

('Que' is not essential.)

Exercise 10   How revolting!
1. No, me dan asco.
2. No, me da asco.
3. No, me dan asco.
4. No, me da asco.
5. No, me dan asco.

Exercise 11   How nice!
1. Este hotelito es estupendo.
2. Esta mujercita es muy guapa.
3. Estos zapatitos son muy bonitos.
4. Esta mesita es una monada.
5. Me gusta mucho esa blusita

Exercise 11 Vamos a escribir
Your letter should read something like this.

(Your address)

Muy sr. mío:

Le agradeceré se sirva mandarme a su más pronta conveniencia sus mejores precios y fecha de entregar para los siguientes artículos incluidos en su catálogo 'Moda española'.

Vestidos de verano: de algodón

Faldas de verano: de algodón

Blusas: de nilón

Le pido que tome nota de que en caso de que podamos llegar a un acuerdo necesitaré las citadas mercancías para el día diez del próximo mayo, ya que tengo el proyecto de organizar, a primeros de junio, una exposición especial en la tienda que tengo en el centro de Londres de moda importada de España. En espera de su pronta respuesta, le saluda atentamente,

(Your signature)

Answers to questions
1. He is writing to the manager of a handicraft shop.
2. He wants to know prices and delivery dates.
3. He wishes to order ear-rings, bracelets and brooches, all of 'damask art', and velvet ladies' handbags with 'damask art' decorations.
4. He must have them for 20 September.
5. He is organising a Spanish Week in his three souvenir shops in York, Harrogate and Scarborough.

¿Comprende usted esta canción estudiantil?
These are the facts contained in the song.

1. He is called Pepin.
2. He is the most handsome lad in the school.
3. He is also the most handsome lad in the area which is on the outskirts of the town.
4. He is a muscular lad.
5. No lad is his equal.
6. He has come to join the medicine course.
7. He hopes to convince the man who examines him.
8. He will show off whilst at the school.
9. This will cost his dad lots of money.
10. He will return home having failed.
11. His dad will say he has behaved like a real 'swine'.
12. He is not 'macho'.

Lectura: Estudiar más y mejor
1. 2000 students besieged the campus of the University of Seville.
2. They got in by using a police wagon to ratify the university statutes.
3. A large number of students tried the same thing at the University of Valladolid.
4. The rectors of these two universities had closed them when faced with student unrest.
5. They called them the 'Red Bunker'. (After Hitler's bunker in Berlin.)
6. In the 1970s students were demanding liberty, democracy and freedom from police

harassment. Now they are demanding more grants and investment and less expenditure on arms.
7. He had a beard, wore a flannel shirt, corduroy trousers, country boots and had a book by Sartre under his arm.
8. They want better facilities and more teachers.
9. They discussed grants and the thousands of silly rules which govern universities.
10. It has been like dropping a stone into a quiet pool and even the most sleepy of universities has joined the debate.
11. They have between 20 and 30 per cent representation.
12. It has the greatest degree of student participation of any in Europe.

9 YO ME SOY EL REY PALOMO; YO ME GUISO, YO ME LO COMO

Exercise 1 ¿Qué se dice?
Empleado: Buenos días. ¿Qué le pongo súper o extra?
Usted: Gracias, no necesito gasolina. Es que mi coche no anda bien.
Empleado: ¿Qué le pasa?
Usted: No lo sé seguro, pero es difícil cambiar de marcha. Es posible que sea el embraque, ¿no?
Empleado: ¿Cuándo mandó usted el coche al garaje para el mantenimiento por última vez?
Usted: Hace un mes; antes de venir a España.
Empleado: Pues no creo que sea el embrague.
Usted: Pues, ¿qué cree usted que será?
Empleado: No lo sé. Yo no soy el mecánico aquí, señor. El mecanico ha ido al centro.
Usted: ¿Cuándo volverá?
Empleado: Volverá a las tres.
Usted: ¿Y podrá arreglar mi coche cuando vuelva? Es preciso que lo tenga para esta tarde porque quiero llegar a Barcelona.
Empleado: Pues se lo diré en cuanto vuelva.

Exercise 2 ¿Qué se dice?
Usted: Buenas tardes. ¿Ha podido mirar mi coche?
Mecánico: ¿Cuál es su coche?
Usted: Ese Fiat azul. Creo que el embrague no funciona bien.
Mecánico: No es el embrague, sino los frenos. ¿Frenó usted violentamente hoy?
Usted: Sí, al salir de Gijón, una chica cruzó la calle delante de mí y tuve que frenar de repente.
Mecánico: Y entonces el freno se trabó. Pero está bien ahora.
Usted: Pero, ¿cómo es que no pude cambiar de marcha? ¿La caja de cambios funciona bien?
Mecánico: Sí, la caja de cambios funciona divinamente.
Usted: Muy bien. ¿Qué le debo?
Mecánico: Son diez mil pesetas.
Usted: Aquí tiene usted. Y muchas gracias por haberlo hecho tan deprisa.

Exercise 3 It may be so . . .
1. Es posible que haga sol mañana.
2. Es muy probable que lleguemos a Barcelona antes de las seis.
3. Es posible que vuelva pronto.

4. Es muy probable que nieve mañana en los Pirineos.
5. Es preciso que lo haga esta tarde.

Exercise 4   Do you think so?
1. No creo que la caja de cambios funcione bien.
2. Dudo que tenga más problemas con el coche.
3. Apenas puedo creer que esta carretera vaya a Llanes.
4. No creo que haga buen tiempo en Málaga.
5. Dudo que podamos jugar al tenis en este hotel.

Exercise 5   Didn't you realise that?
1. No, no me di cuenta de que la caja de cambios no funcionaba bien.
2. Sí, Juan se dio cuenta de que su coche andaba mal.
3. No, no nos dimos cuenta de que está prohibido aparcar en esta calle.
4. No, no me di cuenta de que los faros de mi coche no funcionaban.
5. No, no nos dimos cuenta de que no está permitido sacar fotos aquí.

Exercise 6   You must do it
1. Debemos volver al hotel ahora.
2. Debo marcharme porque se hace tarde.
3. Juan debe llevar su coche a la estación de servicio.
4. Debes probar este plato; es muy bueno.
5. Los niños deben acostarse ahora.

Exercise 7   It must be so
1. Deben de estar en la playa.
2. Debe venderse en la estación de servicio.
3. Deben de ser las once.
4. Debe hacerse con huevos y patatas.
5. Debe estar en el bar.

Exercise 8   Be polite!
1. ¿Quiere traerme el menú?
2. ¿Quiere decirme su número de teléfono?
3. ¿Quiere volver mañana a las tres de la tarde?
4. ¿Quiere arreglarme los frenos del coche?
5. ¿Quiere darme tres sellos de treinta pesetas?
6. ¿Quiere explicarme cómo funciona esta máquina?
7. ¿Quiere escribir el precio en este papel?
8. ¿Quiere hablar más despacio?
9. ¿Quiere repetir su dirección?
10. ¿Quiere pedirme una cerveza?

Exercise 9   Do you know Spain?
1. La catedral más grande de España se encuentra en Sevilla.
2. La Mezquita se halla en Córdoba.
3. Los moros se expulsaron de España en 1492.
4. El arroz se cultiva en la región de Valencia.
5. Una tortilla española se hace con huevos, patatas y cebolla.
6. Las rías se encuentran en Galicia.
7. El arte típico de Toledo se llama arte damasquinado.

8. Las naranjas se cultivan en la región de Valencia.
9. Se puede ver una corrida de toros en una plaza de toros.
10. La Torre del Oro se halla en Sevilla.

Exercise 10 What do you need?
1. Me hace falta gasolina y aceite.
2. A Juan le hace falta un coche nuevo.
3. Me hará falta más tiempo.
4. A los niños les hacen falta zapatos nuevos.
5. Nos hacen falta toallas y trajes de baño si vamos a ir a la playa.

Exercise 11 It has just happened
1. Sí, acaba de salir.
2. Sí, acaban de volver.
3. Sí, acaba de empezar.
4. Sí, acabo de echar la carta.
5. Sí, acabo de pedir la cuenta.
6. Sí, acabamos de comer.
7. Sí, acabo de visitar el museo.
8. Sí, acabo de arreglar el coche.
9. Sí, acaban de dormirse.
10. Sí, acabo de encontrar mi habitación.

Exercise 12 It had already happened
1. Cuando llegué a la estación vi que el tren había salido.
2. Al entrar en la habitación me di cuenta de que la criada había hecho la cama.
3. Cuando vi a Marta noté que se había puesto un vestido nuevo.
4. Al entrar en el teatro me dijeron que el concierto había empezado.
5. Cuando Pepe entró en el bar vio que su amigo le había pedido una cerveza.
6. Fui a llamar a la policía porque un ladrón me había robado.
7. Visitamos Toledo porque no habíamos visto la catedral.
8. Llevé mi coche a la estación de servicio porque el embrague se había trabado.
9. Al llegar a la playa me di cuenta de que había perdido mi traje de baño.
10. Me puse muy contento porque mi amigo me había comprado un regalo.

Exercise 13 Vamos a traducir
A university family of four wants to hire a house for three to five weeks between 20 July and 20 August somewhere in England. They can offer an exchange of housing and their house is about 25 kilometres from Barcelona. Anyone interested should write to Dr Antonio F. Tuller. Post Box 41. Bellaterra. Spain.

¿Comprende usted el español hablado?
The dish is Gazpacho andaluz
Ingredients: A quarter of a kilo of tomatoes
              Two green peppers
              A clove of garlic
              5 spoonsful of olive oil
              2 spoonsful of vinegar
              150 grammes of breadcrumbs

Put the garlic, peppers cut into pieces and a little salt into mortar. Crush them all together adding the tomatoes cut into pieces and the dampened breadcrumbs. When well mixed, add the oil drop by drop, working the mixture with the pestle as if it were mayonnaise. When all the oil is absorbed, add the vinegar, season with salt and pour into a soup tureen. Serve chilled.

Lectura 1
The dish is a Spanish Omelette.
Ingredients: $1\frac{1}{4}$ kilos of potatoes
        6 eggs
        $\frac{1}{10}$ of a litre of olive oil
        1 onion
        Salt

Peel the potatoes, wash well and cut into thin strips. Chop the onion finely also. Put the oil into a frying-pan and when hot add the onion. Begin cooking and add the potatoes with salt, cover and cook, moving the mixture from time to time, until all is tender. Beat the eggs with a little salt and make two omelettes over a vigorous heat. Serve on a large dish, one beside the other.

Lectura 2
1. For nature lovers, young people, large families, thrusting executives and housewives.
2. A four-wheel drive car.
3. They were very scarce.
4. You may have to pay Luxury Goods Tax.
5. They prefer small, fast cars which have been modestly 'personalised' with things like sunroofs or alloy wheels.
6. You find them double-parked outside fashionable places.
7. The range has shrunk.
8. The fashion for five-door cars has caused the drop.
9. They are very useful for weekend or holiday journeys.
10. It should be imported, medium size, a prestigious make and with a sporty, youthful appearance.
11. In the majority of cases he will not.
12. They got occasional use of the family car.
13. A rather small one, nippy in city traffic and with a fifth door for loading.
14. Because with children four doors can be dangerous.
15. ?

10   LIBRO CERRADO NO SACA LETRADO

Exercise 1   ¿Qué se dice?
Su amigo: ¿No trajiste ningún libro contigo desde Inglaterra?
Usted: No, porque cuando estoy en España me gusta leer libros escritos en español.
Su amigo: ¿Y qué clase de libros te gusta leer?
Usted: Pues me gustan más las grandes novelas importantes.
Su amigos: ¿Las novelas clásicas como Don Quijote?
Usted: No, las novelas de hoy, del siglo veinte. Me hablaste de un autor latinoamericano pero no me acuerdo de su nombre.
Su amigo: Pues hay muchos autores latinoamericanos . . .
Usted: Me dijiste que había escrito la novela más importante del siglo veinte.

Exercise 2 ¿**Qué se dice?**

Empleado: Buenos días. ¿Qué deseaba usted?

Usted: ¿Tendría 'Cien años de soledad' por Gabriel García Márquez?

Empleado: Claro que sí. Aquí la tiene usted.

Usted: ¿Cuánto vale?

Empleado: Trescientas cincuenta pesetas. ¿Quiere que se la envuelva?

Usted: No, gracias, no hace falta. La voy a leer inmediatamente en la cafetería. Aquí tiene usted quinientas pesetas.

Empleado: Ciento cincuenta pesetas de vuelta. Gracias. Adiós.

Exercise 3 ¿**Qué se dice?**

Su amigo: ¿Qué te apetece leer? ¿La prensa española o la inglesa?

Usted: La española, claro. Siempre puedo leer la prensa inglesa cuando estoy en casa. Y la prensa española ha mejorado mucho en los últimos años, ¿verdad?

Su amigo: Claro. Bajo Franco había la censura, ¿sabes?

Usted: ¿Cómo te enterabas de lo que pasaba en el mundo?

Su amigo: Escuchábamos las noticias de Radio Moscú.

Usted: Pero eso sería peor que la radio de aquí, ¿no?

Su amigo: No. También escuchábamos la BBC de Londres.

Usted: Pero ahora todo ha cambiado, ¿no?

Su amigo: Claro que sí.

Exercise 4 ¿**Qué se dice?**

Su amigo: ¡Huy! ¡Mira aquella chica!

Usted: ¿Cuál?

Su amigo: La rubia; la que lleva el bikini azul minúsculo. ¡Quién tuviera veinte años otra vez!

Usted: Ya empiezas a ser un viejo verde, ¿sabes? Esa chica no tiene más de veinte años y tú tienes más de cincuenta. ¿No te da vergüenza? Tú podrías ser su papá.

Su amigo: En este mundo no hay justicia para los casados.

Exercise 5   What did you do?

1. Vine en avión.
2. Traje a mi hijo.
3. Di mi dirección al recepcionista.
4. Vine a España por el sol.
5. Traje un libro.

Exercise 6   None at all!

1. No compré ninguna blusa en los almacenes.
2. No leí ningún libro interesante durante las vacaciones.
3. No te traeré ningún regalo cuando vuelva de América.
4. No te puedo dejar ningún dinero.
5. No tengo ningún animal en casa.

Exercise 7   He said he had

1. Pues me dijo que la había escrito.
2. Pues me dijo que la había puesto.
3. Pues me dijo que se la había roto.
4. Pues me dijo que la había visto.
5. Pues me dijo que los había devuelto.

6. Pues me dijo que lo había abierto.
7. Pues me dijo que la había dicho.
8. Pues me dijo que lo había descubierto.

Exercise 8   What would you do with it?

1. Pues la bebería.
2. Pues lo escucharía.
3. Pues la leería.
4. Pues lo fumaría.
5. Pues lo comería.

Exercise 9   And then he did it again

1. Besó a la chica y luego volvió a besarla.
2. Habló al guardia y luego volvió a hablarle.
3. Saludó a sus amigos y luego volvió a saludarles.
4. Me miró y luego volvió a mirarme.
5. Nos gritó y luego volvió a gritarnos.

Exercise 10   I just don't care

1. Los quiero por mucho que cuesten.
2. Voy a ir por lejos que esté.
3. Lo voy a comprar por caro que sea.
4. Lo voy a hacer por difícil que sea.
5. No lo quiero por barato que sea.

Exercise 11   I haven't got either

1. No tengo ni un traje de baño ni una toalla.
2. No tengo ni gafas de sol ni crema bronceadora.
3. No tengo ni una hoja de papel ni un lápiz.
4. No tenemos ni periódicos ni revistas.
5. No tenemos ni tiempo ni dinero.

Exercise 12   How I wish that it were so!

1. ¡Quién tuviera un coche nuevo!
2. ¡Quién tuviera veinte años otra vez!
3. ¡Quién viviera cerca de la playa!
4. ¡Quién pudiera hablar bien el español!
5. ¡Quién fuera rico (rica)!

Exercise 13   I want to do that

1. Tengo ganas de tumbarme al sol en la playa.
2. Tengo ganas de tomar una cerveza fría.
3. Tenemos ganas de leer alguna novela interesante.
4. Tengo ganas de comprarme unos periódicos españoles.
5. Tenemos ganas de visitar la antigua catedral de Burgos.

Exercise 14   I'm inclined to do that

1. Estoy por dejar de fumar.
2. Estoy por comprarme un vestido nuevo.
3. Estamos por tomar el sol en la playa.
4. Marta está por comprarse un helado de chocolate.
5. Estoy por volver a casa ahora.

Exercise 15   Are you like that?

1. Sí, soy/No, no soy mandón (mandona).
2. Sí, soy/No, no soy comilón (comilona).
3. Sí, soy/No, no soy dormilón (dormilona).
4. Sí, llevo/No, no llevo zapatones.
5. Sí, tengo/No, no tengo sillones en mi dormitorio en casa.

Exercise 16   Vamos a traducir

Alberto Camacho has travelled throughout central and southern Spain for more than 10 years as a representative selling high quality ladies' shoes for several French and Italian houses. He offers his services as your representative in the areas mentioned. He encloses references from some of his present clients and thinks his long years of experience will improve your sales. He would like information about commission and expenses together with a date to visit your factory to see the models for the new season.

¿Comprende usted el español hablado?

1. It is a weather forecast for motorists.
2. The Spain Royal Automobile Club
3. It is for the weekend.
4. There may be low temperatures in the Pyrenees and this might produce fog.
5. The high accident risk will be on roads that go through the mountains.
6. There may be tailbacks on roads leading to the French border.
7. Both the weather and driving conditions will be good.
8. There will be bottlenecks caused by traffic heading for Barcelona.
9. Drivers should start their return journey before 4 pm.
10. There are roadworks on the National Road no. 2 between Martorell and Sant Esteve.
11. The lorry which was blocking the road has been removed.

Lectura

1. His last book was called '*Elergy for a Lost Generation*.'
2. He says it is really a collection of photographs.
3. Franco won the war and the peace, kept Spain out of the Second World War and was a great statesman capable of changing Spanish life.
4. The 1965 force had one-twentieth of today's numbers.
5. Because he has copies of all the banned books, all bought in the 1950s.
6. He classifies people as being strong or weak, rich or poor, handsome or ugly.
7. They have stopped him publishing *Iberia*, the inflight magazine, and have removed all his official publicity.
8. He believes in God, is a Catholic but has never belonged to any organisation either Catholic or lay.
9. He said, 'Those who love me do not understand me, and those who understand me do not love me'.
10. He said it completed its cycle and was then discarded like a dead skin.
11. He never promised to nationalise the banks or reform agriculture.
12. He says he was a military man with a monarchist background and a deep understanding of Spanish history.
13. He says that the Falange, the Banks, the Church, Christian democracy, monarchists both those who supported Alfonso and the traditionalists all won the war.
14. He says that people sentenced to death three or four times are now seen on television.

15. He did not give his attention to the countryside which did not share in the great developments in Spain in the 1960s.
16. He swears that he knew nothing about it and when he heard the shots on the radio thought it was an ETA commando unit disguised as Guardia Civil.
17. He simply obeyed orders without having any idea what it was all about.
18. Spain needs a new political party capable of giving new life to the Spanish nation and uniting all the various factions.
19. He says he is not an extremist, nor even on the right of politics.
20. He says his economic ideas go far beyond socialism; he would nationalise the banks within twenty-four hours if given the chance, would nationalise credit and bring in a series of profoundly revolutionary measures.

11 EA, EA, QUE BURGOS NO ES ALDEA, SINO CIUDAD Y BUENA

Exercise 1 ¿Qué se dice?
Su amigo: ¡No faltaba más que eso! ¡Un pinchazo!
Usted: No te preocupes. No es nada. Ven, te ayudaré. ¿Dónde tienes el gato?
Su amigo: Está en el maletero, y la rueda de recambio está ahí también.
Usted: Muy bien. ¿Y dónde se coloca el gato?
Su amigo: Aquí cerca de la rueda delantera.
Usted: Bueno. Tú aflojas las tuercas y luego yo levantaré el coche con el gato.
Su amigo: ¿Quieres ayudarme? Pon la mano aquí y tira muy fuerte. Ya está.
Usted: Muy bien. Ahora yo puedo levantar el coche. Ve a buscar la rueda de recambio.

Exercise 2 ¿Qué se dice?
Usted: Buenas tardes. ¿Tiene usted habitaciones libres?
Recepcionista: Sí, ¿Para cuántas personas?
Usted: Para tres. Nos hace falta una habitación doble y una individual.
Recepcionista: Sí, la 65 y la 33 están libres.
Usted: ¿Cuánto valen las habitaciones?
Recepcionista: La doble vale tres mil quinientas pesetas y la individual dos mil ochocientas.
Usted: Muy bien. Y todas tienen cuarto de baño y teléfono, ¿verdad?
Recepcionista: Claro que sí. Todas nuestras habitaciones tienen cuarto de baño y teléfono y también tienen un mini-bar.
Usted: ¿Un mini-bar? ¿Qué será eso?
Recepcionista: Pues hay un pequeño bar en todas las habitaciones.
Usted: ¡Qué bien! ¡Qué idea más magnífica!

Exercise 5 ¿Qué se dice?
Empleada: Buenas tardes. ¿En qué puedo servirle?
Usted: ¿Puede usted limpiarme este traje para mañana?
Empleada: Claro que sí. Y si usted quiere nuestro servicio rápido podrá recogerlo dentro de dos horas. Claro que cuesta un poco más.
Usted: ¿Cuánto más?
Empleada: Pues el servicio normal cuesta trescientas pesetas, y el rápido trescientas cincuenta.
Usted: Entonces el servicio rápido, por favor. ¿Cuándo estará listo el traje?
Empleada: Ahora son las cuatro. Si usted quiere volver sobre las seis.
Usted: ¿Y podrá quitar esta mancha de grasa del traje?
Empleada: Sí, creo que sí.

Exercise 4   ¿Qué se dice?

¿Qué hora es?	Deben de ser las ocho.
¿Dónde se come bien?	El restaurante Sol es muy bueno.
¿Cuánto te costó todo esto?	No mucho; sólo mil pesetas.
¿Quieres un cigarrillo?	Dejé de fumar hace mucho tiempo.
¿Qué te pasa?	Me duele el estómago.
¿Lo pasaste bien?	Sí, lo pasé muy bien.
¿Cuánto vale la habitación?	Tres mil pesetas por día.
¿De qué trata la novela?	De la historia de América.
Déme el País.	Lo siento pero no queda.
¿Qué le pongo, súper o extra?	Lleno de súper.
¿Dónde nos veremos?	Delante de la catedral.
¿A qué hora quedamos?	A las tres y media.
¿Qué es esto?	No tengo ni idea.
¿Qué viste en la televisión?	Un programa de fútbol.
¿Ha salido ya el tren para Toledo?	No, pero está para salir.

Exercise 5   What do you want me to do?
1. Ponte el vestido verde.
2. Ponlas en la mesa.
3. Ven a las cinco.
4. Ven el martes.
5. Ve a Correos.

Exercise 6   ¿Ser o estar?
1.   ¿Cuándo *estarán* listos mis pantalones?
2.   Ese chico lo sabe todo; *es* muy listo.
3.   Siento llegar tarde, pero cuando quería salir, mi marido no *estaba* listo.
4.   ¿*Está* lista la cena?
5.   Yo no sabía que tú *eras* tan lista arreglando coches.
6.   No podemos salir todavía porque mis hijos no *están* listos.
7.   ¡Qué listo *es* usted! Yo no sabía eso.
8.   ¿Qué día *estará* listo mi coche?
9.   Los estudiantes no hoy no *son* tan listos como cuando yo era más joven.
10.   ¿Tú crees que vamos a *estar* listos para salir a las cinco?

Exercise 7   Does it matter to you?
1. ¿Le importa que llegue más tarde?
2. ¿Le importa que traiga a mi amigo?
3. ¿Le importa que vea la televisión?
4. ¿Le importa que cenemos más tarde?
5. ¿Le importa que nos marchemos (vayamos) ahora?

Exercise 8   What did you try to do?
1. Traté de salir sin pagar la cuenta.
2. Traté de sacar una foto de la corrida de toros.
3. Tratamos de subir la montaña.
4. Tratamos de cambiar la rueda.
5. Traté de limpiar el traje.

Exercise 9 Do you mind?

1. ¿Tiene usted inconveniente en que yo venga más tarde?
2. ¿Tiene usted inconveniente en que yo haga una foto del interior de la catedral?
3. ¿Tiene usted inconveniente en que yo me acueste (vaya a la cama) ahora?
4. ¿Tiene usted inconveniente en que yo llame por teléfono a Londres?
5. ¿Tiene usted inconveniente en que yo entregue los planos mañana?

Exercise 10 Vamos a escribir

1. He will arrive at London airport on Monday 15 March at 3.30 pm.
2. He knows you will be working hard in your office.
3. He will catch a taxi and go directly to your home.
4. He will be able to stay ten days.
5. He hopes you will be able to visit interesting places.
6. He mentions Hampton Court which is on the River Thames.
7. He reminds you that you are to play golf, and he will win this time.
8. He is bringing you some chorizo (garlic sausage) to remind you of Spain.

Your letter should read something like this.

Querido amigo:

Te escribo para decirte que espero llegar al aeropuerto de Barajas el próximo miércoles, veintiséis de mayo, a las seis y cuarto de la tarde. Ya sé que a esa hora tú estarás ocupado con tus clientes en tu oficina y, por eso, cogeré un taxi e iré directamente a tu casa. Podré pasar unos quince días en Madrid y espero que me podrás llevar a sitios interesantes. ¿No me dijiste que podríamos visitar Chinchón, ese pueblo histórico cerca de Madrid donde fabrican el anís en un castillo viejo? Tampoco olvides que vamos a jugar al tenis en uno de esos clubs de tenis famosos de Madrid, pero esta vez voy a ganar yo, ya verás. Te traeré un paquete de buen té inglés para que bebas algo bueno y te acuerdes de Inglaterra.

Recuerdos a toda la familia,
Un abrazo,

(Your signature)

¿Comprende usted el español hablado?

1. He says you are inside one of the finest jewels of Gothic architecture in the world.
2. Fernando III began the building in 1221.
3. The nave was built in the 13th century.
4. These were also built in the 13th century.
5. They are off to the right.
6. The nave is 54 metres high and nearly 100 metres long.
7. The towers of the west facade and many of the chapels were built in the 15th century.
8. The most famous chapel was built in 1482.
9. It now contains the tombs of the Constable of Castille and his wife.
10. He proposes to take you to see the Golden Staircase.

Lectura

Doñana

1. Doñana is a reserve of wet marshlands.
2. It is the largest of the national parks.
3. You take the Sevilla–Huelva road, turn off at La Palma del Condado and then go on to El Rocio.
4. There is an information centre.
5. It is best to visit Doñana by car.
6. You can hire chauffeur-driven four-wheel drive jeeps.
7. There are guided tours.
8. They would disappear or suffer important changes.
9. The best time to visit Doñana is in the Spring.
10. There is a fine 'parador' (state-owned hotel) at Mazagón, but it is difficult to find a room in Matalascañas outside the summer season. The Mesón del Tambolilero in Almonte is a good place to eat, offering food with the Andalusian style and taste. The bar snacks and the wine are very good.

Timanfaya: Carne al volcán

1. Timanfaya is a geological park and the attractions are lava formations, sands, etc. thrown up by the volcanoes.
2. Once on the island of Lanzarote, you take the road from Arrecife towards Yaiza and from there head for Islote de Hilario at the foot of the Timanfaya volcano.
3. The best experience is to climb the mountain on camel-back. It is not very comfortable but it is very interesting.
4. There are lots of hotels near the beaches of the island. The most interesting eating experience is to eat sausages or meat cooked on the top of the volcano with heat which emerges from the crater.

12 DE MADRID AL CIELO

Exercise 1 ¿**Qué se dice?**

Usted: ¿No echas de menos a tu hijo cuando estás fuera de España?

Su amigo: No mucho. El tiene su propia vida con su mujer en Toledo y le veo a menudo cuando estoy en casa.

Usted: ¿Qué quieres comprar para tu hijo?

Su amigo: Pues le gustan mucho las corbatas, sobre todo las corbatas llamativas.

Usted: ¿Esta, quizás? Es bastante llamativa.

Su amigo: ¿De qué es?

Usted: No lo sé. Voy a preguntarlo. ¡Señor!

Dependiente: Sí, señor. ¿Qué deseaba?

Usted: ¿De qué es esta corbata?

Dependiente: Es de seda pura, señor.

Usted: ¿La tiene en rojo?

Dependiente: Sí, señor. Aquí tiene usted.

Usted: Sí, me gusta. ¿Cuánto vale?

Dependiente: Vale dos mil pesetas.

Usted: Me la quedo.

Dependiente: Gracias, señor. ¿Algo más?

Usted: No, gracias. ¿Dónde está la sección de bisutería?
Dependiente: Está en la segunda planta, señor.
Usted: Gracias. Aquí tiene usted las dos mil pesetas.
Dependiente: Gracias, y muy buenas tardes.

Exercise 2   ¿**Qué se dice?**
Dependienta: Buenas tardes. ¿Qué desea?
Usted: Quisiera ver algunos pendientes, por favor.
Dependienta: ¿Qué clase de pendientes le gustan?
Usted: Grandes y bastante llamativos.
Dependienta: ¿Estos, quizás?
Usted: Sí, me gustan bastante, pero prefiero aquéllos.
Dependienta: ¿Estos?
Usted: Sí. ¿De qué son?
Dependienta: Son de oro.
Usted: ¿Son de oro macizo?
Dependienta: Sí, son de oro macizo.
Usted: ¿Cuánto valen?
Dependienta: Valen cinco mil pesetas.
Usted: Me los quedo. Aquí tiene usted las cinco mil pesetas.
Dependienta: Gracias. ¿Algo más?
Usted: No, gracias. Adiós.

Exercise 3   ¿**Qué se dice?**

¿Le gusta éste?	Es bonito, pero me gusta más aquél.
¿Dónde tienes el gato?	Está en el maletero.
¿A qué hora se sirve la cena?	A partir de las ocho.
¿De dónde sale el tren para Madrid?	Del andén doce.
¿Se puede aparcar aquí?	No, está prohibido.
¿Dónde se vende la gasolina?	En la estación de servicio.
¿Para qué sirve?	Sirve para abrir latas.
¿Te importa que llegue tarde?	No me importa un pepino.
¿De dónde son?	Son de Colombia.
¿De qué es la blusa?	Es de algodón.
¿Por qué no has comido la chuleta?	Porque no tengo hambre.
¿Qué vas a hacer?	Estoy por bañarme.
¿Qué quieres que te compre?	Cómprame una revista.
¿Qué busca usted?	La salida.
¿Qué le pongo?	Póngame un café solo.

Exercise 4   ¿**Qué número es?**
1. El viernes es el quinto día de la semana.
2. Agosto es el octavo mes del año.
3. La primavera es la primera estación del año.
4. Isabel Segunda es la reina de Inglaterra.
5. Enrique Octavo tuvo muchas mujeres.

Exercise 5   **Do you miss it?**
1. Sí, echo de menos/No, no echo de menos a mi familia cuando estoy fuera de Inglaterra. (No tengo familia).
2. Sí, echo de menos/No, no echo de menos los antiguos tranvías de Londres.

3. Sí, echo de menos/No, no echo de menos mi vida en el colegio.
4. Sí, echo de menos/No, no echo de menos los años cincuenta.
5. Sí, echo de menos/No, no echo de menos el sol de España cuando estoy en Inglaterra.

Exercise 6   Which one do you want?
1. Prefiero aquélla.
2. Quiero éstos.
3. Me gusta más aquélla.
4. Voy a comprar éste.
5. Prefiero ésas.

Exercise 7   ¿Quiere cobrar?
1. Sí, cobro mucho/No, no cobro mucho por mi trabajo.
2. Sí, cobran mucho./No, no cobran mucho.
3. En mi ciudad/pueblo cobran (quantity of money) por entrar en el cine.
4. Cobro el (day of week)./Cobro el (number) del mes.
5. Sí, cobran demasiado/No, no cobran demasiado en los bares de España.

Exercise 8   Vamos a traducir
The main features of the school are as follows:

1. It is approved by the Ministry of Education, is a member of ACEDIM (Association of Language Teaching Schools in Madrid) and of FECEI (Spanish Federation of Language Teaching Schools).
2. It offers teaching in small groups with individual attention.
3. It is situated in the most modern and pleasant part of Madrid and has good technical facilities.
4. All the teachers are highly-qualified graduates.
5. Courses are tailored to the individual needs of pupils who work in a maximum group size of six for from one to six hours per day.
6. The school offers courses for: executives, university students, general students, business students, beginners and advanced students.
7. It also offers: intensive courses, long courses, courses with very small groups or individual tuition and visits and excursions.
8. The school can offer instruction for: passing a specific examination, obtaining a diploma, learning business Spanish, technical Spanish, teaching Spanish.
9. The school can also arrange lodgings in a hostal or a hotel near the school.

Exercise 9   Vamos a escribir
1. They arrived home safe and sound.
2. They arrived in London at 5 pm and their daughter was waiting for them.
3. She was in London with her husband who was attending a doctors' congress.
4. They had a meal with their daughter and son-in-law.
5. They were green with envy.
6. They intend to go to Spain with their parents.
7. They will never forget the sunny days full of laughter.
8. In particular they will never forget a magnificent dinner they had in a Galician restaurant in Vigo.
9. They hope to see their Spanish friends in England.
10. They cannot promise that the weather or the food will be as good as that which they enjoyed in Spain.

Your letter should read something like this.

Queridos amigos:

Volvimos a casa sanos y salvos después de pasar unas vacaciones magníficas con vosotros. Llegamos a Manchester a las tres de la tarde donde nos estaba esperando nuestro hijo que estaba en Manchester asistiendo a un congreso de estudiantes. Cenamos con él antes de coger el tren para Wakefield y cuando le contamos lo bien que lo habíamos pasado en España se puso verde de envidia y nos dijo que el año próximo va a venir con nosotros.

Ahora os escribimos para agradeceros otra vez el habernos ofrecido las mejores vacaciones de nuestra vida. Nunca olvidaremos aquellos días magníficos en la playa ni olvidaremos nunca aquella comida magnífica que tomamos juntos en aquel restaurante cerca de la playa de Benidorm.

Esperamos veros aquí entre nosotros por Navidad, pero no podemos prometer que ni el tiempo ni la comida serán tan buenos como los que hemos disfrutado en España.

Un abrazo muy fuerte de
vuestros amigos ingleses,

(Your first names)

¿Comprende usted el español hablado?

The announcements were as follows:

1. Miss Isabel González, representative of the Miramar Company to Gate two at once.
2. Mr Ramón Pérez, passenger on Iberia flight no. 127 to Buenos Aires to Passport Control.
3. Iberia Airlines announce the arrival of Flight no. 125 from Sevilla.
4. Iberia flight no. 142 for Caracas will leave shortly. All passengers to Gate 20.
5. British Air announce the arrival of Flight no. 80 from London. The delay is due to bad weather in London.
6. Iberia Airlines announce the departure of Flight no. 236 for Manchester. All passengers to Gate 18.

Lectura

1. He says the bull does not suffer at all.
2. He finds the risk of death attractive, but the shedding of blood and seeing an animal die unattractive.
3. She is learning that bullfighting is an art and is learning to watch bullfights.
4. When the bullfighter is inept and the fight becomes mere butchery.
5. He would ban it and distribute the meat from all the bull-rearing farms to the unemployed.
6. He finds it a painful spectacle, but can see that it is attractive to many and he respects their opinion. When he has gone he has found it painful to watch.
7. Because of his British, Protestant education, but he would not ban it.
8. He loves bullfights, sees the inhumanity and thinks he likes it because he is accustomed to it. He sees it as 50% art and 50% barbarity.
9. She can find artistic things in the bullfight, but finds it a painful spectacle, being herself incapable of seeing a fly killed.
10. He finds them hypocritical. They use bullfighting to denigrate Spain but fill the bullrings.

GRAMMAR

SUMMARY

This section draws together for easy reference the different grammatical subjects covered in the explanations sections. The grammar found in *Mastering Spanish* is listed to indicate which aspects of Spanish grammar were covered in the earlier book, and reference is occasionally made to this grammar.

CONTENTS

Grammar found in *Mastering Spanish*

1	Nouns and articles	304
2	Adjectives	304
	(i) Agreement	304
	(ii) Adjectives of nationality	305
	(iii) Modifying adjectives	305
	(iv) Possessive adjectives	305
	(v) Demonstrative adjectives	306
	(vi) Comparisons	306
	(vii) Forming nouns from adjectives	307
3	Numbers, dates and time	307
4	Negatives	308
	(i) No	308
	(ii) Nunca	309
	(iii) Nada	309
	(iv) Nadie	309
5	Pronouns	309
	(i) Direct Object pronouns	309
	(ii) Indirect object pronouns	310
	(iii) Possessive pronouns	311
	(iv) Demonstrative pronouns	311
	(v) The personal a	311
6	Adverbs	312
7	The Present tense	312
	(i) Regular verbs	312
	(ii) verbs with irregular first person	313
	(iii) Reflexive verbs	313
	(iv) Radical-changing verbs	314

	(v) Four irregular verbs – ser, ir, dar, estar	314
8	Ser and estar	314
9	The immediate future – ir a + Infinitive	315
10	There is, are – hay	315
11	Giving orders – the Imperative	315
12	Talking about the weather	316
13	To know – saber, conocer, poder	316
14	Impersonal verbs – gustar, etc.	317
15	Idioms using tener	318
16	The past tense – the Preterite	318
	(i) Regular verbs	318
	(ii) Verbs with irregular first person	319
	(iii) Verbs with spelling changes in the third person	320
	(iv) Irregular verbs – the Pretérito Grave	320
17	Talking about the immediate past – acabar de + Infinitive	321
18	The Imperfect tense	321
	(i) Regular verbs	321
	(ii) Irregular verbs	322
19	The Imperfect Continuous – I was . . . ing	322

Grammar found in *Mastering Spanish 2*

20	The Future tense	284
21	The Conditional tense	285
22	The Perfect tense	285
23	The Pluperfect tense	287
24	The Infinitive Perfect	287
25	The Conditional Perfect	287
26	The Familiar Imperative: giving orders to a friend	287
27	Extension of the Present Continuous tense	289
28	The tenses of Hay	289
29	The use of the Infinitive after certain prepositions	289
30	The Subjunctive mood	290
31	Verbs with special or idiomatic meanings	294
32	The Ordinal Numbers: 1st–10th	297
33	Negatives	298
34	Por and Para	298
35	Only: No . . . más que (de)	298
36	Expressing concepts of time	299
37	Expressing frequency: siempre, nunca, de vez en cuando, a veces, esta vez	299
38	The emphatic use of Subject Pronouns	299
39	Referring to a previous idea: lo que	299
40	Adjectives which change their meaning	299
41	Adjectives which shorten	300
42	Mí, ti and si when found with con: conmigo, contigo, consigo	300
43	'But', after a negative	300
44	Y changing to e	300
45	Augmentative and diminutive suffixes	301

20 THE FUTURE TENSE

The Future Tense is formed from the Infinitive with a set of endings.

Comeré en casa.	I shall eat at home.
Comerás mucho.	You will eat a lot.
Comerá bien.	He/she will eat well.
Usted comerá conmigo.	You will eat with me.
Comeremos a las dos.	We shall eat at 2 o'clock.
Comeréis demasiado.	You will eat too much.
Comerán con su hijo.	They will eat with their son.
Ustedes comerán más tarde.	You will eat later.

Certain verbs are irregular, with a different stem but the endings as found above.

Decir	*To say, tell*
Te lo diré mañana.	I'll tell you tomorrow.
Hacer	*To make, do*
Lo haré mañana.	I'll do it tomorrow.
Obtener	*To obtain*
Lo obtendré en la farmacia.	I'll get it at the chemist's.
Poder	*To be able*
Podré venir a las seis.	I'll be able to come at six o'clock.
Poner	*To put, place*
Lo pondré en la nevera.	I'll put it in the fridge.
Ponerse a	*To begin*
Me pondré a trabajar ahora.	I'll begin to work now.
Querer	*To want, wish (love)*
Mañana no querré nada.	Tomorrow I shan't want anything.
Saber	*To know*
Pronto lo sabré	I'll soon know.
Salir	*To go out, leave*
Saldré a las cinco.	I'll leave at five o'clock.
Suponer	*To suppose*

Supondré que no lo quieres.	I'll suppose that you don't want it.
Tener	*To have*
Tendré más tiempo mañana.	I'll have more time tomorrow.
Venir	*To come*
Vendré en coche.	I'll come by car.

The Future Tense is used in Spanish much as it is in English.

21   THE CONDITIONAL TENSE

Like the Future, this tense is formed from the Infinitive but with the endings of an -er Imperfect.

Comería en casa.	I would eat at home.
Comerías mucho.	You would eat a lot.
Comería bien.	He/she would eat well.
Usted comería conmigo.	You would eat with me.
Comeríamos a las dos.	We should eat at two o'clock.
Comeríais demasiado.	You would eat too much.
Comerían con su hijo.	They would eat with their son.
Usted comerían más tarde.	You would eat later.

If the verb is irregular in the Future, it is also irregular in the Conditional.

Si lo supiera, se lo diría a usted.	If I knew, I would tell you.

(See 31 below for an explanation of supiera.)

The Conditional Tense is used in Spanish much as it is in English with the differences explained later.

22   THE PERFECT TENSE

As in English, this is formed with an auxiliary verb and the past participle. For -ar verbs, the past participle ends -ado and for other verbs -ido:

He visitado España dos veces.	I have visited Spain twice.
Has comido mucho.	You have eaten a lot.
¿Ha salido Juan?	Has John gone out?
Usted ha dormido mucho.	You have slept a lot.
Hemos estado en Toledo.	We have been in Toledo.
¿Habéis comprado algo?	Have you bought anything?
Han llegado tarde.	They have arrived late.
Ustedes no me lo han explicado.	You have not explained it to me.

Certain verbs have irregular past participles but follow the pattern above in other respects.

(i) -er verbs

Hacer	*To make, do*
¿Qué has hecho?	What have you done?

Poner	*To put, place*
He puesto las flores en la mesa.	I have put the flowers on the table.

Romper	*To break*
Se ha roto la pierna.	He has broken his leg.

Ver	*To see*
¿Ha visto usted la película?	Have you seen the film?

Volver	*To return*
Han vuelto a casa.	They have returned home.

Devolver	*To return, give back*
Te he devuelto el dinero.	I have given you the money back.

(ii) -ir verbs

Abrir	*To open*
He abierto el paquete.	I have opened the packet.

Cubrir	*To cover*
La nieve ha cubierto el paisaje.	The snow has covered the landscape.

Decir	*To say, tell*
Te he dicho la verdad.	I have told you the truth.

Descubrir	*To discover*
Hemos descubierto un túnel secreto.	We've discovered a secret tunnel.

Escribir	*To write*
¿Has escrito a tus padres?	Have you written to your parents?

Freír	*To fry*
He frito el pescado.	I've fried the fish.

Morir	*To die*
Mi perro ha muerto.	My dog has died.

The Perfect Tense refers to the past with a tendency to include present time as well.

He escrito hoy a mi padre.	I wrote to my father today. (*includes present time*)
Escribí a mi padre el sábado pasado.	I wrote to my father last Saturday. (*excludes present time*)

Once formed, the Perfect Tense does not change even if it is made negative with pronouns in front of it.

He dicho.	I have said.
¿No te lo *he dicho*?	Haven't I said it to you?

23   THE PLUPERFECT TENSE

This is formed in a similar fashion to the Perfect, except that the auxiliary verb haber is in the Imperfect.

Había visitado España dos veces.	I had visited Spain twice.
Habías comido mucho.	You had eaten a lot.
¿Había salido Juan?	Had John gone out?
Usted había dormido mucho.	You had slept a lot.
Habíamos estado en Toledo.	We had been in Toledo.
¿Habíais comprado algo?	Had you bought something?
Habían llegado tarde.	They had arrived late.
Ustedes no me lo habían explicado.	You had not explained it to me.

If the verb has an irregular past participle in the Perfect Tense, it will have one in the Pluperfect.

¿Qué habías hecho?	What had you done?

The Pluperfect in Spanish is used in much the same way as in English.

24   THE INFINITIVE PERFECT

This is formed with the Infinitive of the auxiliary verb haber and the past participle. In English the form found is often 'Having . . .'.

No recuerdo haberlo visto.	I don't recall having seen it.
Gracias por haberlo hecho.	Thanks for having done it.

25   THE CONDITIONAL PERFECT

This tense is formed with the Conditional of haber and the past participle.

Yo habría dicho que es inglés.	I would have said he is English.

26   THE FAMILIAR IMPERATIVE: GIVING ORDERS TO YOUR FRIENDS

For regular verbs, this is the same as the 3rd Person Singular of the Present Tense, if one person is being addressed.

Habla despacio.	Speak slowly.
Trae a tu amiga.	Bring your friend.
Escribe el precio.	Write the price down.

If more than one person is addressed, -d is added to the first two conjugations:

Hablad despacio.	Speak slowly.
Traed a vuestra amiga.	Bring your friend.

The third conjugation drops the final -e and adds -id:

Escribid el precio.	Write the price down.

Pronouns are placed on the end of positive commands.

Háblame despacio.	Speak to me slowly.

Reflexive pronouns are also placed on the end of the verb, with a loss of the -d in the plural.

Lávate las manos.	Wash your hands.
Lavaos las manos.	Wash your hands.

Nine verbs have irregular singular imperatives.

Infinitive	Sing.	Plur.	Meaning of Infinite
decir (to say, tell)	di	decid	say, tell
hacer (to make, do)	haz	haced	make, do
ir (to go)	ve	id	go
poner (to put)	pon	poned	put
salir (to go out, leave)	sal	salid	go out, leave
ser (to be)	sé	sed	be
tener (to have)	ten	tened	have
valer (to be worth, avail)	val	valed	avail, help
venir (to come)	ven	venid	come

If the command is negative, the 2nd Person Singular or Plural of the Present Subjunctive are used. (See 30 below.)

No hables tan despacio.	Don't speak so slowly.
No traigas a tu amiga.	Don't bring your friend.
No escribas el precio.	Don't write the price down.

Pronouns revert to their normal position before the verb.

No me hables despacio.	Don't speak to me slowly.
No te laves las manos.	Don't wash your hands.

For commands in the plural, the 2nd Person Plural is found. For example:

No habléis tan despacio.	Don't speak so slowly.

27 EXTENSION OF THE PRESENT CONTINUOUS TENSE

The Present Continuous Tense expresses 'I am . . . ing', and is formed with the Present Tense of estar and the present participle.

Estoy cantando.	I'm singing.

(i) -ando for all -ar verbs

Estás comiendo.	You're eating.

(ii) -iendo for all -er and -ir verbs

Está leyendo.	He's reading.

(iii) -yendo for verbs where the -i falls between two vowels
By substituting ir (*to go*) for estar, the verb comes to mean 'Go along . . . ing':

Voy cantando por la calle.	I go along the street singing.

By substituting seguir (to continue, carry on) for estar, the verb means 'Carry on . . . ing':

Al verme, los niños siguen charlando.	On seeing me, the children carry on chatting.

28 THE TENSES OF HAY

Hay (*there is*, *there are*) enjoys the full range of tenses.

Hay una farmacia en esta calle.	There is a chemist's in this street.
Había una farmacia en esta calle.	There used to be a chemist's in the street.
Ha habido una huelga en la fábrica.	There has been a strike at the factory.
Hubo un accidente muy serio.	There was a very serious accident.
Habrá una fiesta mañana.	There will be a party tomorrow.

29 THE USE OF THE INFINITIVE AFTER CERTAIN PREPOSITIONS

Certain prepositions are followed by the infinitive of the verb.

Antes de	*Before*
Antes de acostarte, límpiate los dientes.	Before going to bed, clean your teeth.
Después de	*After*
Después de ver la película, volvieron a casa.	After seeing the film, they went home.
Sin	*Without*
Sin decirme una palabra, se marchó.	Without saying a word to me, he left.
Al	*Upon, on*
Al ver el incendio, llamé a los bomberos.	On seeing the fire, I rang the fire brigade.

Para	*In order to*
Para ser rico, hay que trabajar mucho.	In order to be rich, you have to work hard.

30 THE SUBJUNCTIVE MOOD

(i) The Present Subjunctive
The formation of the Present Subjunctive is straightforward and follows the same pattern as the Imperative.

Infinitive	*1st Person Sing.* *Present Tense*	*Present Subjunctive*
hablar	hablo (delete -o and add -e)	hable
comer	como (delete -o and add -a)	coma
escribir	escribo (delete -o and add -a)	escriba

The full form of the Present Subjunctive then follows:

hable	coma	escriba
hables	comas	escribas
hable	coma	escriba
hablemos	comamos	escribamos
habléis	comáis	escribáis
hablen	coman	escriban

If the 1st Person Singular of the Present Tense is irregular, so is the Subjunctive.

hacer	hago (delete -o and add -a)	haga
poner	pongo (delete -o and add -a)	ponga
etc.		

Radical-changing verbs have the change in the Subjunctive where it occurs in the Present Tense.

volver	vuelvo (delete -o and add -a)	vuelva
		vuelvas
		vuelva
	but:	volvamos
		volváis
		vuelvan

If the pattern given above is followed, very few verbs are genuinely irregular; these are:

ir (*to go*)	voy	vaya
		vayas
		vaya
		vayamos
		vayáis
		vayan

saber (*to know*)	sé	sepa
		sepas
		sepa
		sepamos
		sepáis
		sepan
ser (*to be*)	soy	sea
		seas
		sea
		seamos
		seáis
		sean

(ii) Use of the Subjunctive

The Subjunctive will be found in the subordinate clause when there is a change of subject from the main clause to the subordinate clause.

Quiero ir a Madrid.	I want to go to Madrid. (*A common subject*: I want . . . and I shall go.)
Quiero que usted vaya a Madrid.	I want you to go to Madrid. (*Change of subject*: *I* want . . . *you* to go to Madrid.)

Thus the Subjunctive will be found when the verb of the main does clause not make the verb of the subordinate clause into a certainty.

Quiero que usted vaya a Madrid.	I want you to go to Madrid. (I *want* you to, but you *may* not.)

The Subjunctive is commonly found after:

Verbs of wishing or wanting
Quiero que me compres un regalo.   I want you to buy me a present.

Verbs of disbelief
No creo que sea verdad.   I don't believe that it is true.

Verbs of liking
No me gusta que fumes, hijo.   I don't like you to smoke, son.

Verbs expressing emotion
Me alegro de que estés bien.   I am pleased that you are well.

Verbs of preference
Prefiero que no salgas esta tarde.   I prefer you not to go out this evening.

Verbs expressing doubt
Dudo que llegue antes de las seis.   I doubt that he'll arrive before six o'clock.

Phrases reaching into the future

Se lo diré cuando le vea.	I'll tell him when I see him.
Esperaré hasta que lleguen.	I'll wait until they arrive.
Se lo daré en cuanto venga.	I'll give it to him as soon as he comes.

Phrases which imply the person may not actually exist

Necesito un mecánico que sepa arreglar esta marca de coche.	I need a mechanic who knows how to repair this make of car. (He may not exist.)

Expression of preference

Es mejor que hable usted con el jefe.	It's better if you speak with the boss.

Evocations of hope

Ojalá (que) venga pronto.	I do hope he comes soon.

Impersonal verbs which do not make anything certain

Es posible que Juan lo sepa.	It's possible that John may know.
Es muy probable que llueva mañana.	It's very probable that it will rain tomorrow.
Es preciso que lo tenga para mañana.	It's necessary that I have it for tomorrow.

Saying 'However much. . '

Lo quiero por mucho que cueste.	I want it, however much it may cost.

Note: The above notes by no means explore all the rich possibilities of the uses of the Subjunctive in Spanish, but they do explain the uses found in this book.

(iii) The Imperfect Subjunctive

The formation of the Imperfect Subjunctive is very easy, and uses the 3rd Person Plural of the Preterite Tense as a basis.

Infinitive	*3rd Plur. Preterite*	*Imperfect Subjunctive*
hablar	hablaron (delete -ron and add -se:	hablase
	or -ra:	hablara
comer	comieron (delete -ron and add -se:	comiese
	or -ra:	comiera
escribir	escribieron (delete -ron and add -se:	escribiese
	or ra:	escribiera

The full forms of the Imperfect Subjunctive then follow:

hablase	hablara	comiese	comiera
hablases	hablaras	comieses	comieras
hablase	hablara	comiese	comiera
hablásemos	habláramos	comiésemos	comiéramos
hablaseis	hablarais	comieseis	comierais
hablasen	hablaran	comiesen	comieran

escribiese	escribiera
escribieses	escribieras
escribiese	escribiera
escribiésemos	escribiéramos
escribieseis	escribierais
escribiesen	escribieran

There are no exceptions.

The two forms are interchangeable, but in conditional clauses the -ra form seems to be preferred.

(iv) Uses of the Imperfect Subjunctive

When the sentence is in the past, but has the same element of doubt as in the examples given for the Present Subjunctive, the Imperfect Subjunctive is found.

Quería ir a Madrid.	I wanted to go to Madrid.
Quería que fuesen a Madrid.	I wanted them to go to Madrid.

Verbs similar to those which required the Present Subjunctive in the Present Tense, will require the Imperfect Subjunctive in the past tense.
The Imperfect Subjunctive is also found in conditional sentences, which often begin with 'If . . . ':

Si yo fuera rico, no trabajaría aquí.	If I were rich, I wouldn't work here. (*But I'm not rich.*)
Iban por la calle como si fuesen fantasmas.	They were going along the street as if they were ghosts. (*But they are not.*)

(v) The Perfect Subjunctive

This is formed with the Present Subjunctive of haber and the past participle. It is used to replace the Perfect Tense in conditions similar to those outlined above.

Siento mucho que su coche haya sufrido daños.	I'm very sorry that your car has been damaged.
Me alegro de que hayas aprobado el examen.	I'm so glad you've passed the exam.

(vi) The Pluperfect Subjunctive

This is formed with the Imperfect Subjunctive of haber and the past participle. In *Mastering Spanish 2*, it is only found in exclamatory expressions.

¡Quién lo hubiera creído!	Who would have believed it!

31   VERBS WITH SPECIAL OR IDIOMATIC MEANINGS

Many verbs in Spanish extend their meanings in many directions. Those found in this book are as follows:

Andar
Andaba por la calle.
Mi coche no anda bien.
¿Cómo anda tu vida?

To walk, go (of machines, life, etc.)
I was walking along the street.
My car is not going well.
How's life treating you?

Bastar
¡Basta ya!
Basta decir que es muy bueno.
Nos basta saber que está bien.

To be enough, sufficient
That's quite enough of that!
Suffice it to say that he's very good.
It is enough for us to know that he's well.

Cobrar

Cobro los viernes.
¿Quiere cobrar?
Me han cobrado demasiado.

To receive payment, charge, get what's coming to you
I get paid on Fridays.
What's the damage?
They've overcharged me.

Dar
Doy dinero a mi hija.

To give
I give money to my daughter.

Dar con
Di con Juan en el mercado.
Di con la idea en el baño.

To meet, encounter, run into
I ran into John in the market.
I hit on the idea in the bath.

Dar la gana
Me da la gana de salir.

To wish to
I'm inclined to go out.

Dar una vuelta
Dimos una vuelta por la plaza.

To go for a stroll
We took a stroll round the square.

Dar vergüenza
Me da vergüenza decírtelo.

To make one ashamed
I am ashamed to tell you.

Darse cuenta (de que)
No me di cuenta.
No se dio cuenta de que yo comprendía bien.

To realise
I didn't realise.
He didn't realise that I understood well.

Deber
Debo marcharme ahora.
¿Qué le debo?

To have to, must, (owe)
I have to go now.
What do I owe you?

Deber de
Debe de estar en el museo.

Must (assumption)
He must be in the museum.

Dejar
Dejé el colegio a los quince años.
Mi médico no me deja fumar puros.
¿Puede usted dejarme mil pesetas?

To leave, quit, let, allow, lend
I left school when I was fifteen.
My doctor doesn't let me smoke cigars.
Can you lend me a thousand pesetas.

Dejar de
Dejé de jugar al tenis hace años.

To stop . . .ing
I stopped playing tennis years ago.

Echar
Luego se echa la leche y se mezcla bien.
Tengo que echar esta carta.

To pour, post (letter)
Then you pour in the milk and mix well.
I've got to post this letter.

Echar de menos
Echo de menos a mi familia.

To miss (people or things)
I miss my family.

Estar para
El avión está para salir.

To be about to, on the point of
The plane is about to leave.

Estar por
Estoy por aprender a jugar al golf.

To be inclined to, be thinking of
I'm thinking about learning to play golf.

Explicarse
Esto no me lo explico.

To understand, comprehend
I can't understand this.

Faltar
Nos falta dinero.
¿Falta algo?

To lack, be missing
We lack (need) money.
Is anything missing?

Llevar
Siempre llevo un traje cuando estoy
en la oficina.

To wear (clothing)
I always wear a suit when I'm in the
office.

Llevar

To take (someone somewhere)

Te llevaré al cine si quieres.

I'll take you to the cinema if you like.

Llevar + expression of time: *to have been . . .*
Llevo veinte minutos aquí.
Llevo veinte años estudiando el
español.

I've been here for twenty minutes.
I've been studying Spanish for twenty
years.

Meterse
Mi jefe se mete en todo.

To get involved in, meddle
My boss meddles in everything.

Poner
Puse las flores en la mesa.

To put, place
I put the flowers on the table.

Poner la mesa
¿Has puesto la mesa?

To lay the table
Have you laid the table?

Poner + name
¿Qué nombre le van a poner?

To give the name of
What are they going to call him ?

Ponerse
Se puso el bikini y bajó a la playa.

To put on (clothing)
She put on her bikini and went down to the beach.

Ponerse de acuerdo
No nos pusimos de acuerdo.

To come to an agreement
We did not come to an agreement.

Ponerse + adjective
Usted se pondrá gorda.

To become
You'll get fat.

Ponerse a + the infinitive
Me pondré a trabajar a las tres.

To begin to
I shall begin to work at three o'clock.

Querer
¿Qué quiere usted?
Te quiero mucho.

To want, wish, love
What do you want?
I love you very much.

Soler
No suelo beber mucho.

To be accustomed to
I'm not accustomed to drinking a lot.

Tardar
¿Cuánto se tardará en arreglar el coche?

To take (time)
How long will it take to fix the car?

Tener
Tengo tres hijas.

To have, possess
I have three daughters.

Tener la culpa
Nadie tiene la culpa.

To be to blame for, guilty of
No one is to blame.

Tener fama de
Tiene fama de poco escrupuloso.

To have the reputation of
He has the reputation of being unscrupulous.

Tener inconveniente
No tengo inconveniente.

To have an objection to
I don't mind.

Tener lugar
¿Dónde tuvo lugar el robo?

To take place
Where did the robbery take place?

No tener más remedio
No tuve más remedio que ayudarle.

To have no alternative
I had no alternative but to help him.

Tener que ver con
¿Qué tiene que ver con usted?

To have to do with
What's it got to do with you?

Tener vergüenza
¿No tiene usted vergüenza?

To be ashamed
Aren't you ashamed?

Tomar el pelo
¡No me tomes el pelo!

To mock, ridicule
Don't mock me!

Tratar de	*To try to, deal with*
Traté de llamarte por teléfono.	I tried to ring you.
¿De qué se trata?	What's it all about?
Volver	*To return*
Volvieron tarde.	They returned late.
Volver a + the infinitive	*To do something again*
Volvió a decírmelo.	He told me again.

32   THE ORDINAL NUMBERS: 1st–10th

These are rarely used beyond tenth.

> primero
> segundo
> tercero
> cuarto
> quinto
> sexto
> séptimo
> octavo
> novena
> décimo

Primero and tercero lose their final o before masculine singular nouns.

El primer día de la semana.	The first day of the week.
El tercer hombre.	The third man.

Ordinals are used:

(i) In titles

Ricardo Tercero	Richard III

(ii) In series

La cuarta planta	The fourth floor

(iii) For the first of the month

El primero de mayo (But El uno de mayo is also found.)

Beyond tenth, numbers revert to cardinals:

El siglo veinte	The twentieth century

Ordinal numbers are like adjectives and agree with the noun they qualify.

Las primeras cinco páginas.	The first five pages.

33   NEGATIVES

(i) None, no: ninguno
Ninguno shortens to ningún before a masculine singular noun.

Ningún español cree eso.	No Spanish believes that.

Otherwise it agrees with the noun it qualifies.

Compra libros pero no lee ninguno.	He buys books, but reads none.

(ii) Neither . . . nor: ni . . . ni
No tengo ni parientes ni amigos.	I have neither relations nor friends.

(iii) Not even: ni siquiera
No le conozco ni siquiera de vista.	I don't even know him by sight.

34   POR AND PARA
Por: *along, through, about, around involving motion*

Fuimos por la calle.	We went along the street.
Viajé por España.	I travelled through Spain.
Di una vuelta por la ciudad.	I took a stroll around the town.

Por: *in, around of time*

Venga por la mañana.	Come in the morning

Por: *by (in most senses), for, because of, for (exchange)*

Cien pesetas por hora.	100 pesetas an hour
El robo fue descubierto por la policía.	The theft was discovered by the police.
Por eso estoy aquí.	Therefore I'm here.
¿Por qué lo quiere?	Why do you want it? (For what reason?)
Pagué mil pesetas por el reloj.	I paid 1000 pesetas for the watch.

Para: *for (destination, use)*

¿Es éste el tren para Madrid?	Is this the train for Madrid?
¿Hay cartas para mí?	Are there any letters for me?
¿Para qué sirve?	What's it used for?

35   ONLY: NO . . . MÁS QUE (DE)

'Only' is conveyed by using 'no . . . more than':

No hablo más que francés.	I only speak French.

If a number is involved, de replaces que:

No tiene más de quince años.	He is only fifteen years old.

36 EXPRESSING CONCEPTS OF TIME

Spanish sometimes prefers the Present Tense when English uses the Past. This is particularly true when an action has been going on and is still going on. There are several ways of doing this.

(i) Using llevar (*See* 31)

(ii) Using hace

Estoy aquí desde hace media hora.	I've been here for half an hour. (. . . *and I'm still here*.)
Hace seis meses que la conozco.	I've known her for six months. (. . . *and I still know her*.)

37 EXPRESSING FREQUENCY: SIEMPRE, NUNCA, DE VEZ EN CUANDO, A VECES, ESTA VEZ

Siempre tomo vino con la comida.	I always have wine with lunch.
Nunca tomo vino con la comida. No tomo nunca vino con la comida.	I never have wine with lunch.
De vez en cuando voy al cine.	From time to time I go to the cinema.
A veces me pongo triste.	At times I become sad.
Esta vez quiero visitar Toledo.	This time I want to visit Toledo.

38 THE EMPHATIC USE OF ADDING SUBJECT PRONOUNS

Although not normally used, with the exception of usted and ustedes, the subject pronouns can add emphasis to a sentence.

Yo hablo español.	I *do* speak Spanish.
¿Tú eres de Barcelona?	*You*'re from Barcelona?
El es el jefe de esta empresa.	*He*'s the boss of this firm.
Ella no quiere postre.	*She* doesn't want a dessert.
Nosotros vamos a salir ahora.	*We*'re going to leave now.
Vosotros sois de Londres.	*You*'re from London.
Ellos no comprenden el español.	*They* don't understand Spanish.

39 REFERRING TO A PREVIOUS IDEA: LO QUE

Lo que refers to a previous idea, thought or sentence and not to any person or thing.

Eso es precisamente lo que quiero.	That is precisely what I want.
¿Ha visto lo que he comprado?	Have you seen what I've bought?

40 ADJECTIVES WHICH CHANGE THEIR MEANING

Ser listo = *to be clever*

Esa chica es muy lista.	That girl is very clever.

Estar listo = *to be ready*

¿Estan ustedes listos?	Are you ready?

Mismo before the noun = same
Está en esta misma calle.   It's in this same street.

Mismo after the noun = himself, herself, etc.
El jefe mismo no lo sabía.   The boss himself did not know.

Propio before the noun = own
Tengo mi propio coche.   I have my own car.

Propio after the noun = peculiar, special, characteristic
Es un plato propio de esta región.   It's a characteristic dish of this region.

41   ADJECTIVES WHICH SHORTEN

Two numerical adjectives have been referred to earlier (*see* **32**). Others are as follows:

   (i) Bueno and malo shorten to buen and mal before a masculine singular noun.
   Hace buen tiempo hoy, ¿verdad?   The weather's good today, isn't it?
   Hace mal tiempo hoy, ¿verdad?   The weather's bad today, isn't it?

  (ii) **'Grande' shortens to 'Gran' before a singular noun of either gender.**
   Franco era un gran general.   Franco was a great general.
   Sevilla es una gran ciudad.   Seville is a great city.

42   MI, TI AND SI WHEN FOUND WITH CON: CONMIGO, CONTIGO,C CONSIGO

¿Quieres venir conmigo?   Will you come with me?
Voy contigo al teatro.   I'm going with you to the theatre.
Siempre está hablando consigo.   He's always talking to himself.

43   'BUT' AFTER A NEGATIVE

Pero changes to sino after a negative.

No quiero vino sino agua.   I don't want wine but water.

A stylistic ploy much loved of Spanish writers is the balancing effect of 'No sólo . . . sino también . . .'.

García Lorca no era sólo un gran poeta   Garcia Lorca was not only a great
sino también un gran hombre del pueblo.   poet but also a great man of the people.

44   Y CHANGING TO E

This change occurs when the following word begins with i or hi:

Hablo español e inglés.   I speak Spanish and English.
Padre e hijo.   Father and son.

45 AUGMENTATIVE AND DIMINUTIVE SUFFIXES

Certain nouns can take a suffix to increase their size:

una silla – chair	un sillón – an easy chair, armchair
un hombre – man	un hombrón – a strapping young fellow
una soltera – a spinster	una solterona – old maid (really 'on the shelf')
unos zapatos – shoes	unos zapatones – big shoes

Other nouns can diminish their size with a suffix:

poco – little	poquito – very little
un chico – lad	un chiquito – tiny lad

Note that señorito which can be formed from señor has overtones of 'little gentleman' and is best avoided.

USEFUL BOOKS
AND
ADDRESSES

GRAMMAR BOOKS

H. Ramsden, *An Essential Course in Modern Spanish* (Harrap)
L. C. Harmer and F. J. Norton, *A Manual of Modern Spanish*
R. N. de M. Leathes, *A Concise Spanish Grammar* (Murray)
D. Michalson and C. Aires, *Spanish Grammar*, Un buen repaso (Prentice-Hall)

DICTIONARIES

Collins Spanish/English, English/Spanish Dictionary (Collins)
Maria Moliner *Diccionario de uso del español* (Editorial Gredos S. A.)
M. Raventós, *A Spanish Dictionary* (Hodder & Stoughton)
G.A. Gillhoff, *Black's Spanish Dictionary* (A. & C. Black)
M. Seco, *Diccionario de dudas y dificultades de la lengua española* (Aguilar)
Real Academia Española, *Diccionario de la lengua española* (Espasa Colpe)

BUSINESS SPANISH

J. Bray and M. Gómez-Sánchez, *Spanish in the Office* (Longman)

REFERENCE BOOKS

M. Perceval, *The Spaniards, how they live and work* (David & Charles)
Camping and Caravanning in Europe (AA Publications)
Spain & Portugal, Fodor's Modern Guides
Spain (Michelin: Red series for hotels, etc., and Green series for history and culture)
P. E. Russell (ed.), *Spain*, a companion to Spanish Studies (Methuen)
G.Brenan, *The Literature of the Spanish People* (Peregrin)
R. J. Michel & L. López Sancho, *ABC de civilización hispánica* (Bordas)
W. C. Atkinson, *A History of Spain and Portugal* (Pelican)

ADDRESSES

Centre for Information on Language Teaching
Regent's College,
Inner Circle,
Regent's Park
London NW1 4NS

Hispanic Council
Canning House,
2 Belgrave Square,
London SW1X 8PJ

Spanish Institute
102 Eaton Square,
London SW1W 9AN

Spanish Tourist Office,
57 St James Street,
London SW1A 1LD

Dictionaries from Hippocrene Books

Albanian-English Dictionary
0744 ISBN 0-87052-077-6 $14.95 paper

Elementary Modern Armenian Grammar
0172 ISBN 0-87052-811-4 $8.95 paper

Kangaroo Comments and Wallaby Words
0160 ISBN 0-87052-580-8 $7.95 paper

Bulgarian-English/English-Bulgarian Dictionary
0331 ISBN 0-87052-154-4 $8.95 paper

Byelorussian-English/English-Byelorussian Dictionary
1050 ISBN 0-87052-114-4 $9.95 paper

Catalan-English/English-Catalan Concise Dictionary
0451 ISBN 0-7818-0099-4 $8.95 paper

Czech-English/English-Czech Concise Dictionary
0276 ISBN 0-87052-981-1 $9.95 paper

Czech Phrasebook
0599 ISBN 0-87052-967-6 $9.95 paper

Danish-English English-Danish Practical Dictionary
0198 ISBN 0-87052-823-8 $12.95 paper

Dutch-English/English-Dutch Concise Dictionary
0606 ISBN 0-87052-910-2 $8.95 paper

American English For Poles
0441 ISBN 83-214-0152-X $20.00 paper

American Phrasebook For Poles
0595 ISBN 0-87052-907-2 $7.95 paper

English for Poles Self-Taught
2648 ISBN 0-88254-904-9 $19.95 cloth

English Conversations for Poles
0762 ISBN 0-87052-873-4 $9.95 paper

American Phrasebook For Russians
0135 ISBN 0-7818-0054-4 $8.95 paper

Estonian-English/English-Estonian Concise Dictionary
1010 ISBN 0-87052-081-4 $11.95 paper

Finnish-English/English-Finnish Concise Dictionary
0142 ISBN 0-87052-813-0 $8.95 paper

French-English/English-French Practical Dictionary
0199 ISBN 0-88254-815-8 $6.95 paper

Georgian-English English-Georgian Concise Dictionary
1059 ISBN 0-87052-121-7 $8.95 paper

German-English/English-German Practical Dictionary
0200 ISBN 0-88254-813-1 $6.95 paper

English-Hebrew/Hebrew English Conversational Dictionary
0257 ISBN 0-87052-625-1 $7.95 paper

Hungarian Basic Coursebook
0131 ISBN 0-87052-817-3 $14.95 paper

Hungarian-English/English-Hungarian Dictionary
2039 ISBN 0-88254-986-3 $9.95 cloth

Hungarian-English/English-Hungarian Concise Dictionary: with Complete Phonetics
0254 ISBN 0-87052-891-2 $7.95 paper

Icelandic-English/English-Icelandic Concise Dictionary
0147 ISBN 0-87052-801-7 $7.95 paper

Irish-English/English-Irish Dictionary and Phrasebook
1037 ISBN 0-87052-110-1 $7.95 paper

Italian-English/English-Italian Practical Dictionary
0201 ISBN 0-88254-816-6 $6.95 paper

Mexico Language and Travel Guide
0503 ISBN 0-87052-622-7 $14.95 paper

Norwegian-English English-Norwegian Concise Dictionary
0202 ISBN 0-88254-584-1 $9.95 paper

Polish-English/English Polish Practical Dictionary
1014 ISBN 0-87052-083-0 $11.95 paper

Polish-English English-Polish Concise Dictionary
0268 ISBN 0-87052-589-1 $7.95 paper

Polish-English English-Polish Standard Dictionary
0207 ISBN 0-87052-882-3 $14.95 paper
0665 ISBN 0-87052-908-0 $22.50 cloth

Polish Phrasebook and Dictionary
0192 ISBN 0-87052-053-9 $9.95 paper

Portugese-English/English-Portugese Dictionary
0477 ISBN 0-87052-980-3 $14.95 paper

Romanian-English/English-Romanian Dictionary
0488 ISBN 0-87052-986-2 $19.95 paper

Romanian Conversation Guide
0153 ISBN 0-87052-803-3 $19.95 paper

Romanian Grammar
0232 ISBN 0-87052-892-0 $6.95 paper

English-Russian Standard Dictionary with Phonetics
1025 ISBN 0-87052-100-4 $11.95 paper

Russian-English/English-Russian Standard Dictionary with Phonetics
0440 ISBN 0-7818-0083-8 $16.95 paper

A Dictionary of 1,000 Russian Verbs
1042 ISBN 0-87052-107-4 $9.95 paper

Russian Phrasebook and Dictionary
0597 ISBN 0-87052-965-X $9.95 paper

Slovak-English/English-Slovak Concise Dictionary
1052 ISBN 0-87052-115-2 $8.95 paper

Spanish Verbs: Ser and Estar
0292 ISBN 07818-0024-2 $8.95

Spanish Grammar
0273 ISBN 0-87052-893-9 $8.95

Spanish-English/English-Spanish Practical Dictionary
0211 ISBN 0-88254-814-X $6.95 paper
2064 ISBN 0-88254-905-7 $12.95 cloth

Spanish-English/English-Spanish Dictionary of Computer Terms
0036 ISBN 0-7818-0148-6 $16.95 cloth

Swedish-English/English-Swedish Dictioanry
0755 ISBN 0-87052-870-X $18.95 paper
0761 ISBN 0-87052-871-8 $19.95 cloth

Ukrainian-English/English Ukrainian Dictionary
1055 ISBN 0-87052-116-0 $8.95 paper

Welsh-English/English-Welsh Standard Dictionary
0116 ISBN 0-7818-0136-2

English-Yiddish/Yiddish-English
Concise Conversational Dictionary
1019 ISBN 0-87052-969-2 $7.95 paper

TO PURCHASE HIPPOCRENE'S BOOKS contact your local bookstore, or write to Hippocrene Books, 171 Madison Avenue, New York, NY 10016. Please enclose a check or money order, adding $3.00 shipping (UPS) for the first book, and 50 cents for each of the others.

Write also for our full catalog of maps and foreign language dictionaries and phrasebooks.